学校では教えてくれない
日本史の授業 悪人英雄論

井沢元彦

PHP文庫

○本表紙図柄＝ロゼッタ・ストーン（大英博物館蔵）
○本表紙デザイン＋紋章＝上田晃郷

「歴史を動かした人物」——まえがきに代えて

現在の日本史の教科書では、あまり人物伝にはページは割《さ》かれていません。伝えなければならないことが多すぎて、到底個々の人物に言及する余裕がない、ということだろうとは思います。しかし、本当にそれでいいのでしょうか。

実は戦前の日本史の教科書は、基本的に人物伝でした。

今のように歴史を年代誌として記述するのではなく、楠木正成《くすのきまさしげ》とか織田信長とか個人の伝記を年代順に学ぶことによって、歴史の基本知識を習得させるというスタイルをとっていました。これは大変優れたやり方だと思います。

ＮＨＫの大河ドラマも基本的には個人の主人公が活躍する体裁をとっています。その方が歴史としてわかりやすいからです。もちろん、いくら歴史を動かした人物とはいえ、一人に限定してしまうと、歴史を正確に記述するという点で問題はあります。たとえばドラマとして本人の魅力を引き立たせるために、本人の歴史上の失敗や性格上の欠点をあまり明確に描かないなどということが起こるからです。

それでも歴史に興味を持たせるという、教育上いちばん大切なことについて効果を上げるためには、このやり方はまだまだ有効だと思います。そこで「学校では教えてくれない日本史の授業」の第3巻目に当たるこの本では、人物伝を年代順に並べるという形式にしました。もっとも戦前の日本の歴史の教科書とスタイルは同じでも内容は全く違います。

戦前の歴史の教科書には人物の善悪を判断する絶対的な基準がありました。

それは「天皇家に忠義を尽くしたか否か」、あるいは「天皇の忠臣だったかどうか」という基準です。これは人間を天皇崇拝という観点から振り分けたものです。もちろん私は天皇という存在を尊重していないわけではないのですが、歴史上の人物の価値判断基準にこれは持ち出すべきではないと思います。

あくまで私が問題にしたいのは「その人物が歴史をどのように動かしたか」です。そういう視点で人物像を新たに見直したものだとご理解ください。

井沢元彦

学校では教えてくれない日本史の授業　悪人英雄論

◆目次

第二章　持統天皇

――なぜ、自分の遺体を「火葬」にしたのか？

第三章　中臣鎌足と藤原不比等

――二人の壮大な野望が日本の歴史を動かした！

第四章 藤原仲麻呂と道鏡

――誰が二人を称徳の愛人に仕立て上げたのか

第五章 藤原氏
――天皇家に巣くう寄生虫の謎

第六章 平将門

——当時は極悪人、二百年後だったら大英雄

第七章 源頼義と義家

――奥州制覇への夢と陰謀

第八章 源頼朝と義経

――「政治の天才」と「戦術の天才」の悲劇

第九章　後醍醐天皇

——天皇親政の英雄か、傲慢不遜の帝王か

第十章 足利尊氏

――「英雄」でも「悪人」でもなかった「善人」の武士

第十一章

足利義満

――南北合一の英雄は「中国人」となった！

第十二章　北条早雲

―戦国大名第一号は「気配りの達人」だった

第十三章　斎藤道三

―国を盗み取った「まむしの道三」の謎

第十四章　毛利元就

——日本史上稀にみる「謀略の天才」

第一章

天智天皇

——「天智」という名には「悪」が込められている！

蘇我入鹿暗殺を描いた『多武峯縁起絵巻』〈部分〉（談山神社蔵）

◇朝鮮半島の情勢が日本の中央集権化を進めた

これまでのシリーズでも繰り返し言ってきたことですが、「正史（国家が作った歴史書）の記録は絶対に正しい」と思っている限り、歴史の真実にたどり着くことはできません。むしろ、ちょっと意地悪なぐらい、正史の記録の矛盾を追及していくことこそが歴史の真実にたどり着く道だと私は考えています。

しかし残念なことに、**今の日本の歴史教科書はどれも「正史は絶対に正しい」というスタンスで書かれています。その結果、正史に悪人と描かれている人は悪人、英雄と描かれている人は英雄と、多くの日本人が信じてしまっているのです。**本書では、そうした正史の記述によって植え付けられてしまった歴史上の人物のイメージにとらわれることなく、真の人物像を追求していきたいと思います。

最初に取り上げる人物は、第三十八代天皇・天智《てんじ》天皇（在位六六八〜六七一年）です。

天智天皇と聞いてすぐにイメージできない人も、彼がまだ天皇に即位する前の名前「中大兄《なかのおおえ》皇子」と聞けばおわかりになることと思います。そうです、中臣鎌足《なかとみのかまたり》（後の藤原鎌足）とともに皇極《こうぎょく》天皇の前で蘇我入鹿《そがのいるか》を討つというクーデターを成し遂げ、政治の表舞台に立った人物です。

ちなみに、以前の教科書ではこのクーデター事件は「大化の改新」と書かれていました。でも現在では、中大兄皇子を中心とした中央集権化を目指した諸改革を「大化の改新」とし、蘇我入鹿を討ち、蘇我氏を滅ぼした事件そのものは、その事件の起きた年にちなんで「乙巳《いっし》の変」としています。

倭では、蘇我入鹿《そがのいるか》が厩戸王《うまやとおう》（聖徳太子）の子の山背大兄王《やましろのおおえのおう》を滅ぼして権力集中をはかったが、中大兄皇子《なかのおおえのみこ》は、蘇我倉山田石川麻呂《そがのくらやまだのいしかわまろ》や中臣鎌足《なかとみのかまたり》の協力を得て、王族中心の中央集権をめざし、６４５（大化《たいか》元）年に蘇我蝦夷《そがのえみし》・入鹿を滅ぼした（乙巳《いっし》の変《へん》）。

（『詳説日本史　改訂版』山川出版社　32ページ）

蘇我蝦夷《えみし》・入鹿の親子は、聖徳太子の子であった山背大兄王《やましろのおおえのおう》を滅ぼして権力を一手に握ろうとしました。中大兄皇子は、その蝦夷・入鹿親子を滅ぼして中央集権化を目指しました。権力の座にある者がその力の一極集中を目指すのは常ですが、この時代は特にそれを強く推《お》し進めなければならない理由がありました。

その理由とは、朝鮮半島における動きでした。当時の朝鮮半島は「高句麗《こうくり》」「百済《くだら》」

「新羅」という三つの国がありました。そしてその三国は、力関係で言うと、北の高句麗が一番強く、半島の南東部に位置する新羅が一番弱く、半島の南西の百済が両国の間に位置するという状態でした。

日本が当時、中央集権化を進めなければならなくなったのは、この三国鼎立《ていりつ》の安定を揺るがすことが起きたからでした。それは、大国中国の朝鮮半島侵攻です。

当時中国を統一していたのは、西のローマ帝国にも匹敵する大国に成長していた王朝「唐《とう》」でした。中国は昔から朝鮮半島に食指を延ばしていたのですが、北の高句麗が徹底抗戦し、その侵攻を食い止めていました。唐の前の統一王朝「隋《ずい》」も朝鮮半島侵攻を試みていますが、失敗しています。ちなみに、隋というのは、聖徳太子が「日出《いづ》る処《ところ》の天子、書を日没する処の天子に致す」という文面の有名な国書を送ったとされる国ですが、その隋が滅んだ原因のひとつは、高句麗侵攻に敗北したことだと言われているのです。

その強い高句麗を滅ぼすために、唐は一計を講じます。それは、微妙な力関係の中で鼎立状態を保っている朝鮮半島のうちの一国と手を結ぶことで、残りの二国を討つというものでした。そしてこのとき、唐が手を結ぶ相手に選んだのが、三国の中では一番力の弱い新羅でした。

何もよりによって一番弱い国をパートナーに選ばなくても、と思われるかも知れませんが、実はこれは、「遠交近攻」と言われる戦略のひとつでした。**実は遠交近攻とは、遠くの国と交流を結び（遠交）、近くの国を攻撃する（近攻）ということで、『戦国策』という中国の古典にも載っている伝統的な戦略なのです。**

当時の新羅は、位置的に三国の中では一番遠いというだけでなく、唐と手を結びやすい事情があったことも、唐にとっては好都合でした。その事情とは、百済に攻められ、滅亡の危機に瀕していたということでした。つまり、新羅からすれば、唐と手を結ぶことは、滅亡の危機を脱し、国力を回復する最後の可能性を秘めたものだったのです。

もちろん、唐の援助の裏に朝鮮半島への野望があることは新羅もわかっていました。今、唐と手を結ぶことは、自分たちが唐の手先となって民族を滅ぼすことになりかねないのです。ですから、これは新羅にとっては危険な賭けでした。しかし、同じ民族である百済に攻められて滅亡の危機に瀕していた新羅が生き残るためには、他に選択肢はありませんでした。

この「唐・新羅同盟」の成立によって、百済と高句麗は滅び、最終的に朝鮮半島は「新羅」によって統一されます。しかしこの統一は、表向きは新羅によるものですが、その実情は唐の傀儡《かいらい》政権による統一に等しいものでした。

新羅による朝鮮半島の統一は、日本にとっても大事件です。なぜなら、滅ぼされた百済は日本にとって古くからの大切な友好国だったからです。つまり、これまでは友好国の百済が存在していたから日本は大陸の大国「唐」の脅威に怯《おび》えなくてすんでいたのが、新羅の統一によって、唐の援助を受けた新羅が日本に攻めてくるかも知れないからです。

日本がこの時期に中央集権化を急いだのは、国力を強め、こうした大陸の脅威に対抗する必要に迫られていたからでした。

◇なぜ天智天皇は百済救済に兵を送ったのか

日本は、昔から百済と友好関係にありました。

なぜ百済と仲がいいのか？

この問いに対するはっきりとした答えはわかっていませんが、昔から根強いのは、百済の王族と天皇の一族のルーツが同じだったからではないか、という説です。

確かに、日本の神話を見ると、天皇家は海の向こうから来ているようです。その海の向こうというのが、この百済の一部だったのではないか、というわけです。そして、**その証拠と言われたのが、朝鮮半島の「任那《みまな》（加羅《から》、もしくは伽耶《かや》）」の存在でした。任那は、朝鮮半島の南部に位置し、日本の「飛び地領」だったという記録がある場所です。**

最近はこの記録の信憑性を疑問視する声も多く、任那の存在を否定する人もいるのです

●7世紀の東アジア

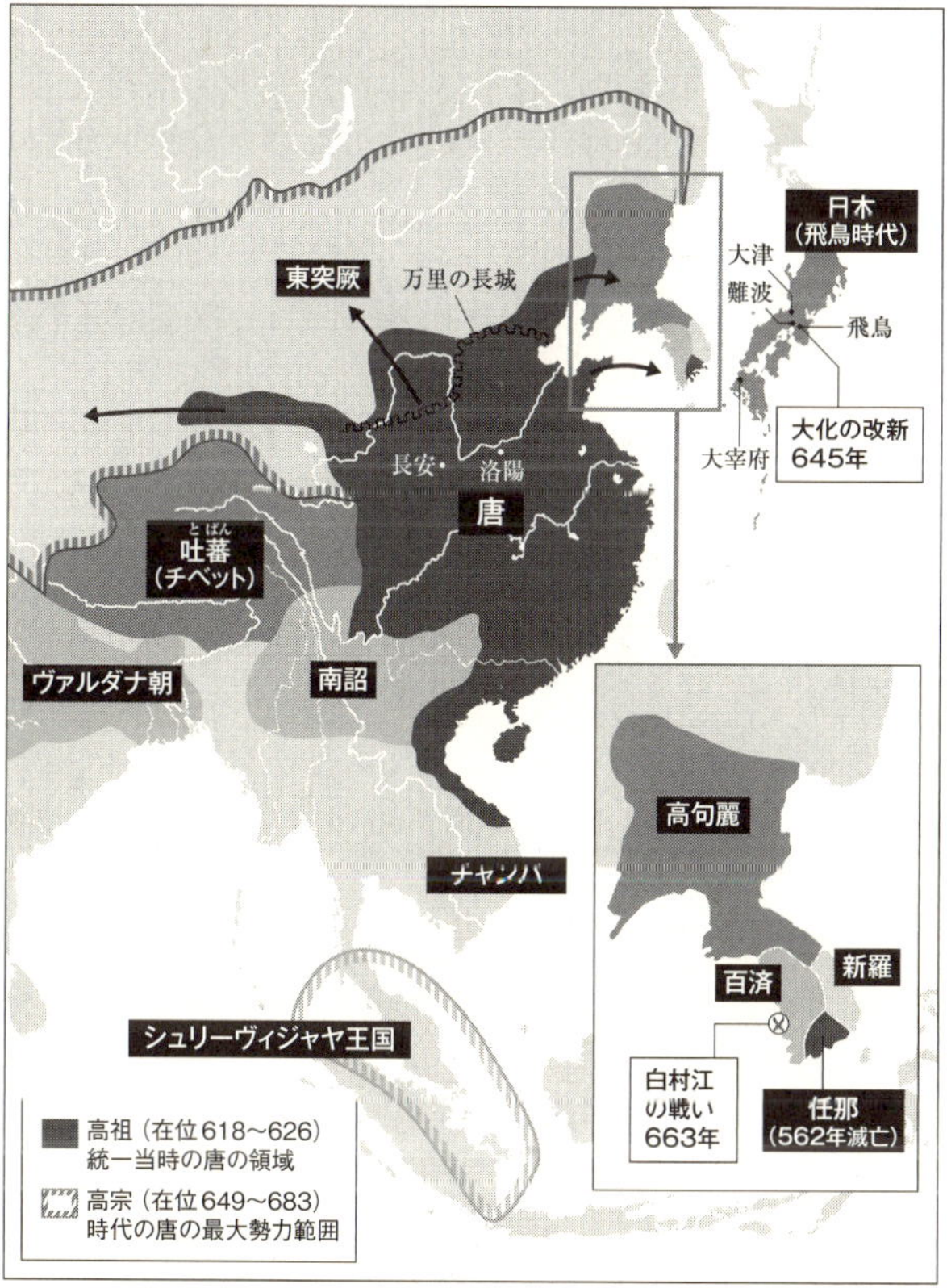
日本
(飛鳥時代)
大津
難波
飛鳥
大宰府
大化の改新
645年
東突厥
万里の長城
長安
洛陽
唐
吐蕃《とばん》
(チベット)
ヴァルダナ朝
南詔
チャンパ
シュリーヴィジャヤ王国
高句麗
百済
新羅
白村江
の戦い
663年
任那
(562年滅亡)
高祖（在位618〜626）
統一当時の唐の領域
高宗（在位649〜683）
時代の唐の最大勢力範囲

が、私は、天皇家の故郷は朝鮮半島あるいは中国大陸だったと考えているので、任那の存在もあながち否定すべきものではないと思っています。任那が実在したかどうかはともかく、友好国である百済が滅亡したことは、日本に大問題をもたらしました。

というのも、百済という朝鮮半島の国は失われましたが、百済の王族が全部死に絶えたわけではなく、百済の王子・余豊璋《よほうしょう》という人物が人質として日本に来ていたからです。豊璋という人物は、長年日本に暮らしていたこともあり、日本の朝廷関係者ともきわめて親しく、その実態は「人質」というよりも、むしろ百済国在日大使のような存在でした。そこで、乙巳の変によって始まった大化の改新によって政権を握った中大兄皇子は、この豊璋を援助して百済の復興を目指しました。

もちろん、友好国とはいえ、日本もタダで百済の救済に手を貸したわけではありません。その陰には日本の利益に通じる密約がありました。

それは、百済復興が成ったあかつきには、「百済は日本の頼もしい味方になる」というものでした。このように言うと、「えっ、それだけ?」と思うかも知れませんが、このとき中大兄皇子は「日本の天皇が豊璋王子を百済国の王に任命した」という形を取って軍団とともに半島へ送ったので、その結果、百済が復興すると、百済国王は日本の天皇に任命された王なので、百済が日本の属国になることを意味していたのです。

百済にとってこれはかなり不利な密約でしたが、百済が軍事援助を得るためにはこの条件を呑まざるを得なかったのでしょう。

こうして六六三年、ついに日本は一度滅びた百済の王族である豊璋を助け、彼を頼って半島から日本に逃げてきた百済の軍とともに連合軍を編成し、百済の復興を目指して唐と新羅の連合軍に対し、こちらから攻めていきました。このとき、百済・日本連合軍と新羅・唐連合軍が戦いを繰り広げたのが、「白村江《はくすきのえ》」でした。

> 朝鮮半島では、唐と新羅《しらぎ》が結んで660年に百済《くだら》を、668年には高句麗を滅ぼした。難波から飛鳥へもどった斉明《さいめい》天皇（皇極《こうぎょく》天皇の重祚《ちょうそ》）のもとで、倭は旧百済勢力による百済復興を支援するため大軍を派遣したが、663年に白村江《はくそんこう》（はくすきのえ）の戦《たたか》いで唐・新羅連合軍に大敗した。この後、新羅が半島の支配権を確立し676年に半島を統一した。
>
> （『詳説日本史　改訂版』山川出版社　33ページ）

教科書の記述にあるように、日本・百済連合軍はこの戦いに敗れます。

実は数の上では日本・百済連合軍のほうが勝っていたのですが、この連合軍にはひとつ

大野城跡・水城跡。天智天皇は、新羅の侵攻から大宰府を防衛するために、664年、水城を築き、翌年には大野城を築いた。手前から山へとつながる直線上の堀と土塁が水城跡である（「福岡県大野城市教育委員会」提供）。

の大きな問題がありました。それは「船」に関する技術が低かったということです。

基本的に当時は日本の造船技術がまだ低かったということもあるのですが、それ以上に問題だったのが、外国と戦ったことのない日本軍は船を使った戦術、今風に言えば「海軍の戦術」が非常に幼稚だったということでした。これが白村江で日本が大敗した原因だと考えられています。結局この敗戦によって百済再興の希望は潰《つい》え、かろうじて新羅の攻撃に耐えていた高句麗も六六八年に滅び、朝鮮半島は新羅によって統一されてしまいます。

◇畿内《きない》ではない近江宮《おうみのみや》に遷都が行われた理由

白村江の戦いが行われたときの日本には、実は、天皇が存在していませんでした。

先に引用した教科書の記述では、白村江の戦いは斉明《さいめい》天皇のもとで行われたように見えますが、実際に百済援助を決断し、軍隊を派遣したのは中大兄皇子でした。

乙巳の変の後、中大兄皇子は実権を掌握しますが、彼自身は即位せず、退位した皇極天皇の同母弟・孝徳《こうとく》天皇を立てて自分は皇太子の地位に留まります。その後、孝徳天皇が崩《ほう》御《ぎょ》しても皇太子であった中大兄皇子は即位せず、皇極天皇を斉明天皇として重祚《ちょうそ》（同じ人が再び皇位に即《つ》くこと）させ、皇太子の地位に留まります。しかし、その斉明天皇も百済滅亡の翌年である六六一年には崩御しています。

通常は、天皇が崩御するとすぐに皇太子が皇位に即くのですが、このとき中大兄皇子は即位しませんでした。ですから、白村江の戦いのとき、日本には天皇は存在していなかったのです。

結局、中大兄皇子が即位するのは、白村江の戦いに敗れた五年後の六六八年になってからでした。ちなみに、この年は半島では高句麗が滅亡した年でもあります。

この間に中大兄皇子は、ふたつの大事業を行っています。それはいずれも大陸からの攻撃に備えるための、国防策でした。

即位よりも何よりも国防を急がなければならないほど、日本にとって唐・新羅連合による侵攻は差し迫った脅威だったということです。

では、その国防策とはどのようなものだったのでしょう。

ひとつ目の国防策は、北九州の北部沿岸地域、つまり朝鮮半島から新羅軍が攻めてきた際に最前線となると考えられる場所に「水城《みずき》」と呼ばれる朝鮮式の一種の堤防を築くことでした。私は以前、実際に天智天皇が築いた水城のひとつを福岡に訪ねたことがありますが、それは堀と土塁から成る長大な堤防で、その雄大さに驚くとともに、こうしたものを北九州の各地に築いた皇子の強い恐怖を身にしみて感じました。

唐・新羅連合軍の侵攻をそれほどまでに恐れていた中大兄皇子が行ったもうひとつの国

防策は、近江宮《おうみのみや》（大津宮《おおつのみや》とも言う）への遷都でした。

古代日本では天皇の代替わりのたびに遷都が行われていたので、遷都自体は珍しいことではありませんが、問題はその場所です。

それまでの日本の都は、奈良の飛鳥宮《あすかのみや》や、大阪の難波宮《なにわのみや》など各地を転々としているように見えますが、実はすべて「畿」と呼ばれる地域の中に限られていました。いわゆる「畿内《きない》」です。実はこの「畿」とは、「王の住む土地」という意味なのです。

ところが、中大兄皇子が都の場所に選んだのは、「畿」に含まれない場所である「近江」だったのです。近江宮があったのは、現在の地名でいうと滋賀県大津市錦織《にしこおり》という琵琶湖に面した場所です。**国防を最優先としていた天智天皇にとって、この場所が考え得る最も防衛に適した場所でした。**

大津に都を置く最大のメリットは、琵琶湖に面しているということです。この場所なら、いざというときに琵琶湖をつたって東北に逃げることも、東北の兵を呼び寄せること

Point

「大化の改新」は大陸の情勢と深く関わっていた！

もできます。

実際には、唐・新羅連合軍が日本に侵攻してくることはなかったので、こうした国防策が実際に活かされることはありませんでしたが、ここまでの国防策を施してやっと中大兄皇子は天皇に即位したのでした。

◇なぜ大海人《おおあま》皇子は出家して吉野に身を隠したのか

六六八年に即位した天智天皇は、その後わずか三年で崩御してしまいます。

天智天皇の死について『日本書紀』では、天智天皇は病の床に同母弟である大海人《おおあま》皇子を呼んで後事を託そうとしたけれど、大海人皇子は「大友《おおとも》皇子（天智の息子）に任されればいいでしょう」とこれを固辞して自らは出家して吉野の山にその身を隠してしまった、と記しています。この記述を素直に読むと、大海人皇子は皇位に即くことを自ら諦《あきら》めたということになります。

しかし実際には、天智天皇が崩御すると、大友皇子と大海人皇子の間で皇位継承を巡る争い「壬申《じんしん》の乱」が起きてしまいます。

天智天皇が亡くなると、翌672年に、天智天皇の子の大友皇子《おおとものみこ》と天智天皇の弟大海人皇子《おおあまのみこ》とのあいだで皇位継承《こういけいしょう》をめぐる戦い（壬申《じんしん》の乱）がおきた。大海人皇子は美濃《みの》を本拠地とし、東国からの軍事動員に成功して大友皇子の近江朝廷《おうみちょうてい》をたおし、翌年飛鳥浄御原宮《あすかきよみはらのみや》で即位した（天武《てんむ》天皇）。乱の結果、近江朝廷側についた有力中央豪族が没落し、強大な権力を手にした天武天皇を中心に中央集権的国家体制の形成が進んだ。

（『詳説日本史　改訂版』山川出版社　33ページ）

壬申の乱は、日本古代史上最大の内乱と言われる大乱です。天智天皇の申し出を断っておきながら、なぜ大海人皇子はこれほどの大乱を起こしてまで、大友皇子と皇位を争ったのでしょう。

教科書の記述にはその辺の詳しい説明はありませんが、もしも学校の先生が生徒に質問されたら、おそらく次のように答えるでしょう。

大海人皇子が天智天皇の申し出を断ったのは、皇位を望んでいなかったからではありません。本当は皇位に即きたかったのですが、そう答えれば、天智天皇に殺されてしまうのがわかっていたからです。

つまり、天智天皇の「政権を譲る」という言葉は罠《わな》で、もしも大海人皇子が喜んでこの申し出を受けたら、そのときは自分の息子である大友皇子の政権を安泰なものにするために、大海人皇子を殺してしまうつもりだった。そのことがわかっていたので、大海人皇子はこの申し出を固辞し、出家して吉野の山奥に隠れてしまったのだということです。

では、なにを根拠に先生はそう答えるのかというと、実は『日本書紀』の天武《てんむ》天皇の治世の記録にそう書いてあるからなのです。そしてこれは、今の日本の歴史学会の通説でもあります。

この通説に対し、私は昔から「それはおかしい」と異論を呈し続けています。

なぜなら、『日本書紀』は、壬申の乱に勝利し、皇位に即いた天武天皇が、自分の息子である舎人《とねり》親王に命じて編纂させた歴史書だからです。

多くの学者や先生は、「正史である『日本書紀』に書いてあるから正しい」と言いますが、そもそも、この「正史は正しい」という考え方自体がおかしいというのが私の意見です。なぜなら、これも何度も繰り返し主張していることですが、**戦争に勝った人間が書かせた本の内容は、自分を正当化しているに決まっているからです**。私に言わせれば、なぜこんな単純なことが学者や先生にわからないのか、その方が不思議です。

もちろん、もともと史料の少ない古代で、しかも正史によって意図的に葬られた歴史の真実を探るのは簡単なことではありません。

それでも、丹念に調べていくと小さな手がかりをいくつか見つけることができます。

◇『日本書紀』は天武の正統性を主張するものだった

まず、最初の手がかりは、なぜ『日本書紀』に天武天皇の生まれた年が書かれていないのか、ということです。

天皇は公人中の公人です。しかも『日本書紀』は、天武天皇が自分の息子に命じて編纂させたものです。そしてその編纂作業には何人もの学者が携わっているのですから、他の歴代天皇の生没年が書かれているのに、最も重要な人物である天武天皇の生まれた年だけをうっかり書き忘れたということがあるはずがありません。

うっかりミスでないとすれば、考えられることはひとつだけです。

そう、**天武天皇の年齢を隠すために、意図的に書かなかったということです。**

書かなかったのであれば、そこには必ず「書けない理由」があります。

ちなみに、同じ両親から生まれた兄とされる天智天皇の生没年はちゃんと明記されています。そして、大海人皇子（＝天武天皇）の生年だけ書かれていないのです。

こうした事実から私がたどり着いた結論は、天智と天武、この二人の天皇の兄弟関係には、天武天皇にとって公にしたくない真実が隠されているのではないか、というものです。

『日本書紀』には、天智天皇と天武天皇は同じ母から生まれた兄弟で、天智が兄、天武が弟であると書かれています。もしも、これが嘘だとしたら、そうした嘘を書かなければならなかった理由で最も可能性が高いのは、天智が兄で天武が弟という兄弟関係が真実ではない、ということでしょう。つまり、**生まれた年を書けなかったのは、それを書いてしまったら、天武天皇が天智の弟ではなく兄だったことがばれてしまうから**、ということです。もし、天武の方が兄だとわかると、「なぜ年上なのに先に天皇にならなかったのか」という疑問が当然のごとく生じてしまうからです。この二人が本当に同じ両親から生まれた兄弟なら、兄が先に皇位を継ぐはずです。そう考えると、天智と天武が両親を同じくする同母兄弟だということがことさらに明記されていることも不自然に思えます。

こうした小さな手がかりから導かれるのは、天武の生年が書かれていないのは、**実は天武の方が天智より年上だったからで、兄である天武が先に皇位に即けなかったのは、天武の母親の身分が天智の母親より低かったからではないか**、というものでした。

今ではなくなった言葉ですが、「庶兄《しょけい》」という言葉があります。これは、正妻ではない女性が産んだ兄を意味する言葉です。昔は今のように一夫一婦制ではありません。まして、天皇のように身分の高い人は跡継ぎを確実にもうけるために、正妻以外の妻を何人も持つのが当たり前でした。そのため、正妻の産んだ子供が必ずしも「長男」であるとは限らず、場合によっては、正妻を娶《めと》る前に、何人もの女性との間に子供をもうけているケースがいくつもありました。

私たちはついつい自分の常識に基づいて物事を見たり考えたりしてしまうので、漠然と「跡継ぎは長男がなるもの」と考えてしまいますが、それは間違いです。跡を継ぐ資格を持つのは「長男」ではなく、正妻が産んだ最初の男子「嫡男《ちゃくなん》」なのです。

天武天皇は、おそらく身分の低い女性が産んだ天智天皇の兄だったのでしょう。だからこそ、天智天皇は身分の低い女性から生まれた大海人皇子より、自分の息子である大友皇子のほうが後継者にふさわしいと思ったのでしょう。

こう考えていくと、**そもそも天武天皇が『日本書紀』を書かせたのも、こうした自分の出自をごまかすためだったのではないか**、と考えられるのです。

つまり、自分は確かに天皇の血は引いているが、母親の身分が低いので本来なら皇位を継ぐ資格はない。正統性という意味では、大友皇子のほうが勝っている。そうした事実を隠すために、「天智天皇は当初、大海人皇子を跡継ぎにしようとしていたのに、自分の息子ができると心変わりし、自分の息子に皇位を継がせるために大海人皇子に罠を仕掛けて殺そうとした」という嘘の話をでっちあげたのではないか、というのが私の説なのです。

◇『扶桑略記《ふそうりやっき》』に記された天智の死の真相

私のこの説は、確かに推論のひとつに過ぎません。しかし、この推論にはこれまで手がかりとしてきたものの他にも、いくつか論拠となるものがあります。

そのひとつは、天智天皇は本当に病死だったのか、という問題です。

実は『日本書紀』には、**天智天皇の御陵《ごりょう》、つまりお墓の場所が明記されていないのです。**これもわからなかったはずはないので、わざと隠されたと考えるべきでしょう。

実際の天智陵「御廟野《ごびょうの》古墳」は、現在の京都市山科《やましな》にあります。でも、そのことは『日本書紀』にも、その次の時代の正史『続日本紀《しょくにほんぎ》』にも何も書かれていないのです。

この事実とともに見過ごすことができないのが、『扶桑略記《ふそうりやっき》』の天智天皇に関する記述です。『扶桑略記』は、平安時代の末期に比叡山《ひえいざん》功徳院《くどくいん》の皇円《こうえん》という高僧が書いた歴史書ですが、実はここに、『日本書紀』とはまったく異なる天智天皇の最期が記されているのです。

『日本書紀』では天智天皇は病が原因で亡くなったと書かれているのですが、『扶桑略記』には、天智天皇は山階（＝山科）の郷に遠乗りに出かけたまま帰ってこなかった。探したが道に天皇の沓《くつ》が片方、落ちていたのを発見できただけで、天皇の姿を見つけることはついにできなかった。仕方がないので、その沓の落ちていた場所を陵とした、と記されているのです。

これこそが天智陵に比定されている御廟野古墳なのですが、『扶桑略記』の記述を裏付けるように、地元の人はこの古墳を古くから「沓塚」と呼んでいるのです。

もちろん学者の多くは、『日本書紀』と異なるこの記述を認めません。なぜなら、『扶桑略記』は民間人が書いた歴史書「野史《やし》」である上、書かれた時代もずっと後のものだからです。そのためなのかどうかはわかりませんが、地元に古くから伝わる「沓塚」という呼び名も、今では御陵の鳥居の前に置かれた石が平たく、沓脱石《くつぬぎいし》のようなので沓塚と呼んでいるのだ、ということにされてしまっています。

でも、私はこの『扶桑略記』の記述こそ真実を伝えたものなのではないか、と考えています。もしこれが真実だとすれば、**天智天皇は病死ではなく、遠乗りに出かけた際に殺されて遺体は隠されてしまったということになります。**

では、誰が天皇暗殺などという恐ろしいことをしたのか。それはこの事実を隠蔽した人物以外考えられません。ということは……、もうこれ以上説明する必要はないでしょう。

さらにもうひとつ、私が論拠と考えていることがあります。

天智天皇が亡くなったのは六七一年、壬申の乱はその翌年の六七二年であるにもかかわらず、天智天皇の息子・大友皇子が「皇子」のまま大海人皇子と皇位を争ったと『日本書紀』に書かれているということです。

普通は天皇が亡くなるとすぐに皇太子が即位します。仮に、何らかの理由ですぐに即位しなかったとしても、他に皇位を狙《ねら》うものが現れ、争いになれば、大友皇子は自分の正統性を主張するためにも、その時点で天皇になっていたはずです。ところが、『日本書紀』をどこからどう読んでも、大友皇子が天皇になったとは書いていないのです。

なぜ書かれていないのか、これも天武天皇にとって隠しておきたい事実だったからだと仮定すると、簡単に理由を説明できます。

もし、大友皇子が天皇に即位していると、壬申の乱は叔父と甥による皇位継承争いではなく、皇子にすぎない大海人皇子が、正統な天皇に反逆する大逆《たいぎゃく》、許されざる罪を犯したことになってしまうからです。

このことを疑問視したのは何も私が最初ではありません。実はこれは、江戸時代からすでにあった考え方なのです。国学者の伴信友《ばんのぶとも》という人は、歴史論文『長等《ながら》の山風』の中で、このことを取り上げ、大友皇子は天皇に即位していたはずだとして、大友天皇と呼んでいます。

そして、**そういう考え方を初めて大々的に広めたのは、誰あろう『大日本史』を編纂**

し、水戸黄門として有名な徳川御三家の水戸家の当主であった、水戸光圀《みとみつくに》なのです。

また、明治政府も明治政府の文部省も、水戸光圀、あるいは伴信友の考え方を認め、明治三（一八七〇）年に正式に「弘文《こうぶん》天皇」という諡《おくりな》を贈っています。事実、明治時代の日本史の教科書には「弘文天皇」と載っています。

しかし学会は『日本書紀にそんなことは書いていない』という理由で、以上のような考え方をまったく認めていません。

◇百済派と新羅派の対立

大海人皇子は正統な皇位継承者ではなく、すでに大友皇子が皇位に即いていたとなると、ひとつの疑問が生まれます。それは「じゃあ、なんで大海人皇子が壬申の乱に勝利することができたのか」という疑問です。

教科書には「東国からの軍事動員に成功」したからだと書かれていますが、なぜ東国の人々が中央政府である近江朝廷に逆らって大海人皇子の味方についたのか、その理由は書かれていません。

私は、この理由こそ、この項の最初で詳しく述べた「天智天皇の百済救済策」と深く関わっていたのではないかと考えています。

天智天皇というのは、百済復興軍をサポートしたことからもわかるように、明確な百済派でした。これは見方を変えて百済を滅ぼした新羅に対する関係でいうと、「反新羅派」だったと言えます。事実、白村江の敗戦後、天智天皇は新羅からの攻撃にひどく怯え、いくつもの国防策を講じています。それは、日本が半島を統一した新羅にとって明確な「敵国」であることを自覚していたからです。

天智天皇の正統な後継者である大友天皇（弘文天皇）の政策も、おそらくは父・天智天皇の方針を継承するものだったと考えられますが、これは日本にとってある意味危険なことだと考える人たちもいたのではないでしょうか。

何しろ、もう友好国・百済は存在しないのです。そんな中で日本が半島からの脅威を払《ふっ》拭《しょく》するためには、現在の反新羅派の天皇を排除し、新たな天皇のもと親新羅政策に路線を変更するべきだと考えた人たちも多く存在したということは十分考えられます。そして、**その新たな天皇にふさわしい人物として人々の期待を担ったのが、大海人皇子だったのではないでしょうか。**

これから述べることは、あくまでも可能性のひとつですが、もしも、大海人皇子が『日本書紀』に書かれているように天智天皇と母を同じくする兄弟だった場合、大海人皇子が兄なのに先に皇位に即けなかったのは、父親が違ったからだという可能性も実は否定できません。

天智天皇の父親は舒明《じょめい》天皇、母親はその皇后である皇極天皇（＝斉明天皇）です（55ページの系図参照）。皇極天皇は舒明天皇が早くに亡くなってしまったので、天皇になった女性天皇です。大海人皇子が天智と母を同じくする兄弟で、しかも兄だったのに天皇位に即けなかったと仮定すると、考えられるのは父親が舒明天皇ではなかった可能性が浮上します。

日本の皇位継承は、男系男子が基本です。つまり、いくら母親が天皇であっても、父親が天皇でなければ皇位継承権はないということです。

結論をわかりやすく言うと、天武は天智と母を同じくする兄だったけれど、天武は皇極天皇が舒明天皇に嫁ぐ前に、別の男性との間にもうけた子供だったので皇位継承権を持っていなかったのではないか、ということです。

もしそうだとすれば、そして、それにもかかわらず、人々が天武を親新羅政策の旗印として担ごうとしたのだとしたら、考えられるのは、彼の父親が新羅の血を引く人物だった可能性です。

要するに、壬申の乱というのは単なる叔父・甥の皇位継承争いではなく、日本国内における百済派（反唐派）と新羅派（親唐派）の代理戦争で、そうした争いが起きた背景には、超大国である唐との付き合いをどうするかという、日本国の存亡がかかった切実な外交課題があったのではないか、ということです。そして、結果的に親新羅派、つまり親唐路線を取るべきだと主張する人々の勢力が勝ったというのが、私が考える大海人皇子が壬申の乱に勝利できた理由であり、天智天皇が暗殺されてしまった理由でもあります。

◇「天智」という諡《おくりな》に込められた驚くべき意味とは？

最後に、私の説を裏付ける論拠をもうひとつ述べておきたいと思います。

それは何かというと、「天智」という諡《おくりな》です。

登場人物を整理しやすくするため、天智天皇、天武天皇という呼称を使っていますが、この「天武」とか「天智」という呼び名は、その天皇が亡くなってから贈られる名前で、「諡」というものです。これに「号」をつけて「諡号《しごう》」と言う場合もあります。現在は、こうした言い方をせず、「追号《ついごう》」と言いますが、「諡」も「諡号」も「追号」も、基本的にはほぼ同じものです。

現在は、その天皇の治世に用いられた「元号」がそのまま追号として用いられます。大正天皇の「大正」、昭和天皇の「昭和」がそうです。

でも昔は、諡は基本的に天皇が亡くなったときに、その天皇の人柄や業績、好みなどにちなんだものが学識経験者によって選ばれ贈られました。たとえば、平安期の中頃に醍醐《だいご》天皇という天皇がいますが、なぜ「醍醐」が追号にされたのかというと、この天皇が醍醐という食べ物がとてもお好きだったからだとも言われています。ちなみに「醍醐」というのは、牛乳を煮詰めて作られるチーズのような食べものです。

天智天皇の「天智」という諡は、奈良時代に淡海三船《おうみのみふね》という天智天皇の子孫がつけたという説が定説とされているのですが、私はこの説も真実とは違うと思っています。

では「天智」という名はどこから取ったものなのでしょう。

実は、歴代の天皇の諡号はどこから取ったのかということを全部克明に調べた人がいるのです。それは誰かというと、明治の文豪として知られる森鷗外なのです。

基本的に天皇の諡号は中国の古典から取られたものであることはわかっていたのですが、それがどのような古典のどの文章から取られたものなのかということまでは、長い間わかっていませんでした。その調査を晩年の仕事として取り組んだのが、森鷗外だったのです。

Point

「百済派の天智」は「新羅派の天武」に暗殺された！

鷗外が丹念に中国の古典を調べた結果わかった「天智」の出典は、実に驚くべきものでした。

天智というのは、中国古代の王朝「殷《いん》」の王が身につけていた首飾りについていた「天《てん》智玉《じぎょく》」という宝石に由来するらしいというのです。これだけ言うと、「王様が身につけていた宝石の名前なら、素晴らしいじゃないか」と思うかも知れませんが、事はそう単純なものではありませんでした。問題は、その首飾りをつけていた王様が誰だったのかということです。

実は天智玉を身につけていたのは、殷王朝最後の王であった紂王《ちゅうおう》で、酒池肉林《しゅちにくりん》といわれる贅沢三昧で人々を苦しめ、焙烙《ほうらく》（火あぶり）という残酷な刑を行ったことから人々に恐れられた、悪い王様の代名詞のような王なのです。その紂王がいちばん愛していた首飾りについていたのが天智玉なのです。

これが何を意味するかおわかりでしょうか？

そうです、**この「天智」という諡号には、「天智天皇というのは、紂王のごとき悪い王だ」という意味が込められていたのです。**

常識的に考えて、そんな悪い意味の諡号を玄孫《やしやご》に当たる淡海三船がつけるはずがありません。やはりこれは、天智天皇と対立し、その政権を奪い取った天武周辺の人物がつけたものだと考えるべきでしょう。

私がその証拠と考えているのが、「天武」という諡号です。中国の歴史では、この極悪な王・紂王を倒したのは、周王朝の創始者「武王《ぶ》」という人物です。

ここまで言えば、聡明な読者諸兄はもうおわかりでしょう。「天智」「天武」という諡号の背景には、**天智玉を愛した悪い紂王を倒し、善政をしいた名君・武王という中国の歴史が踏まえられていたのです。つまり、天智は日本の紂王であり、天武は正しい武王であるということです。**

そして、これは私も最近気がついたことなのですが、歴史を知った上で天智が紂王で天武が武王だとしたのだとすると、これはある意味、天智を殺したのは天武であるという告白になっているのではないか、とも考えられるのです。なぜなら、武王は紂王を殺しているからです。

私はこの自説が真実に限りなく近いのではないかと考えていますが、もちろん現段階ではこれは通説から外れた異説のひとつに過ぎません。この説が真実であるか否かはともかく、正史『日本書紀』の記述をやみくもに信じている限り、少なくとも歴史の真実は見えてこない、ということだけはご理解いただけたのではないでしょうか。

さて、天智天皇と天武天皇、あなたはどちらが本当の悪人だと思いますか？

第一章のまとめ

・壬申の乱というのは、日本国内における百済派（反唐派）と新羅派（親唐派）の代理戦争で、そうした争いが起きた背景には、唐との付き合いをどうするかという、日本国の存亡がかかった切実な外交課題があったのではないでしょうか。

・天武天皇が『日本書紀』を書かせたのは、自分の出自をごまかすためだったのではないか、と考えられます。

・「天智」「天武」という諡号の背景には、天智玉を愛した悪い紂王を倒し、善政をしいた名君・武王という中国の歴史が踏まえられていたのです。

第二章

持統天皇

――なぜ、自分の遺体を「火葬」にしたのか？

天武・持統天皇陵（奈良県高市郡明日香村）

◇『古事記』によって天皇は神格化された

古代日本最大の内乱、壬申《じんしん》の乱で勝利した大海人《おおあま》皇子は、飛鳥浄御原宮《あすかきよみはらのみや》で即位し、天皇（天武《てんむ》天皇）となります。そして、この大乱に勝利し、国を治めたことで、天武天皇は、それまでの天皇にはなかった絶対的な権力を手にすることになります。

そのことを如実に伝える歌が『万葉集』に残っています。

大君《おおきみ》は神にしませば赤駒《あかこま》のはらばう田井《たゐ》を京師《みやこ》となしつ

これは、壬申の乱の際に天武軍の将軍を務めた大伴御行《おおとものみゆき》が詠《よ》んだ有名な歌です。天武サイドの人間が詠んだ歌なら天皇を讃えるのは当然だろうと思うかも知れませんが、実は、この「大君は神にしませば」という天皇を神のごとき超人的存在として讃える文句は、これ以降繰り返し歌に詠まれるようになります。

大君は神にしませば天雲の雷《いかづち》のうえにいおりせるかも　（柿本人麻呂）

大君は神にしませば水鳥のすだく水沼《みぬま》を皇都《みやこ》となしつ　（作者不詳）

地方ごとに有力な豪族がいたこの時代は、それぞれの地方で権力を持っていた者が「きみ」という尊称で呼ばれていました。そうした各地の「きみ」に対し、天皇家が出雲《いずも》や吉《き》備《び》（現・岡山県）などを征服し、強大になっていったことで、特に「おおきみ」と呼ばれるようになったのだと思われます。

ちなみに、「きみ」はもともと日本語（大和言葉）なので漢字はありません。『万葉集』では「おおきみ」に「大君」の字があてられていますが、その後「大工」の文字が用いられるようになります。これは、中国の文化が入ってきたことで、中国語で読むと「だいおう」となるこの文字が用いられるようになったのだと考えられます。

日本で「天皇」という称号の使用が正式に規定されるのは、八世紀初頭に制定された大宝律令ですが、「天皇」という称号が使われ始めたのは、その直前の天武天皇から持統《じとう》天皇の治世にかけてのことだと考えられています。奈良県明日香《あすか》村の飛鳥池《あすかいけ》遺跡からは、「天皇」と記された木簡《もっかん》が出土されたことからも、律令制度が整った天武・持統天皇の時代に、「天皇」という称号が存在したことがわかります。

実は、天皇に用いられている「皇」というのは特別な字で、本来は中国の皇帝にしか使えないものでした。そのため中国では、中国本土を治める人間が「皇帝」で、周辺国家の首長はすべて「国王」という称号を用いていました。つまり、「王」という称号には、「皇」と比べて一段格下の存在という意味があるのです。実際、朝鮮半島にあった三国（新羅《しらぎ》・高句麗《こうくり》・百済《くだら》）の首長もすべて「国王」という称号を用いています。そうすることで中国に対して臣従の姿勢をとっていたわけです。これは当時、中国と国交を持っていた琉球王国も同じでした。

そんな中で日本だけが「皇」の文字を用いた「天皇」という称号を使ったのです。東アジアの国の中でこのようなことをしたのは日本だけです。そんなことができたのは、日本が海に囲まれていたお陰で大陸からは攻めにくいという地理的利点があったからだとされています。でもそれ以上に、我々は中国皇帝の配下ではない、特別な立場なんだということを明確にしたいという意識があったことも確かでしょう。だからこそ、聖徳太子は、「日出る処《いづところ》の天子　書を日没する処の天子に致す」という、対等の立場であることを強調した国書を中国皇帝に送り、そのことが中国の歴史書に、こんな無礼な国書を日本という野蛮な国が送ってきたと記録されているのです。

このときの国書には「天子」という言葉が用いられているので、聖徳太子の頃すでに「天皇」という称号を使っていたかどうかはわかりませんが、「天子」というのは、天からこの世を治めることを命じられた特別な人物という意味なので、意味としては天皇とほぼ同じです。

天皇家は天照大神《あまてらすおおみかみ》の血統を受け継ぐ万世一系《ばんせいいっけい》の血筋であるとされていますが、この論拠となっている『古事記』の編纂を命じたのも天武天皇です。その神話に基づき、天皇家の祖神である天照大神を祀《まつ》る伊勢神宮では、主祭神・天照大神の名は「皇」の字をつけた「天照坐皇大御神《あまてらしますすめおおみかみ》」と表記しています。

おわかりでしょうか、天武天皇は、「皇」という特別な文字を使うことで天皇の神格化を進めていったのです。

つまり、まずは「大君は神にしませば」という文句を歌に詠ませることで「大君（大王）＝神」というイメージを植え付け、その後、「天皇」という異なる意味を持った称号を用いることで、それまでの「大君（大王）」という称号が持っていたグループの中のトップというニュアンスを払拭《ふっしょく》し、他の王とはまったく違う、絶対的な権力を持つ特別な存在に作り上げたのです。

「天智天皇」の項で『日本書紀』の編纂が、天武天皇の出自と血統を隠すために利用されたということを申し上げましたが、同じように、天武天皇が編纂を命じた『古事記』には、天皇の神格化という大きな意味が隠されていたのです。

『古事記』と『日本書紀』、似て非なる二つの書物がほぼ同時代に、同じ天皇の命によって編纂されたのには、それぞれに異なった目的があったからなのです。

◇皇統断絶の危機を救った天皇

さて、持統天皇をテーマとしているのに、なぜその冒頭で『古事記』と『日本書紀』に隠された二つの編纂目的を述べたのかというと、この二つの書物の編纂には天武天皇の跡を継いだ持統天皇の強い思いが深く関わっているからなのです。

天武天皇の治世は六七三年〜六八六年の約十三年間、その後、皇位を受け継いだのが天武天皇の皇后であった鸕野讃良皇女《うののささらのひめみこ》でした。これが持統天皇です。鸕野讃良皇女の父親は天智天皇なので、二人は今風に言えば叔父・姪の結婚ということになりますが、当時はこういうことはよくあることでした。

ここで疑問を持っていただきたいのは、なぜ皇后が天皇位を受け継いだのか、ということです。というのも、天武天皇には多くの皇子がいたからです。でも、今の教科書には「なぜ、皇子ではなく皇后が皇位を受け継いだのか」、その理由は何も書かれていません。

天武天皇のあと、皇后が即位して持統《じとう》天皇となった。

(『新日本史B』桐原書店　47ページ)

●天智と天武の関係略系図

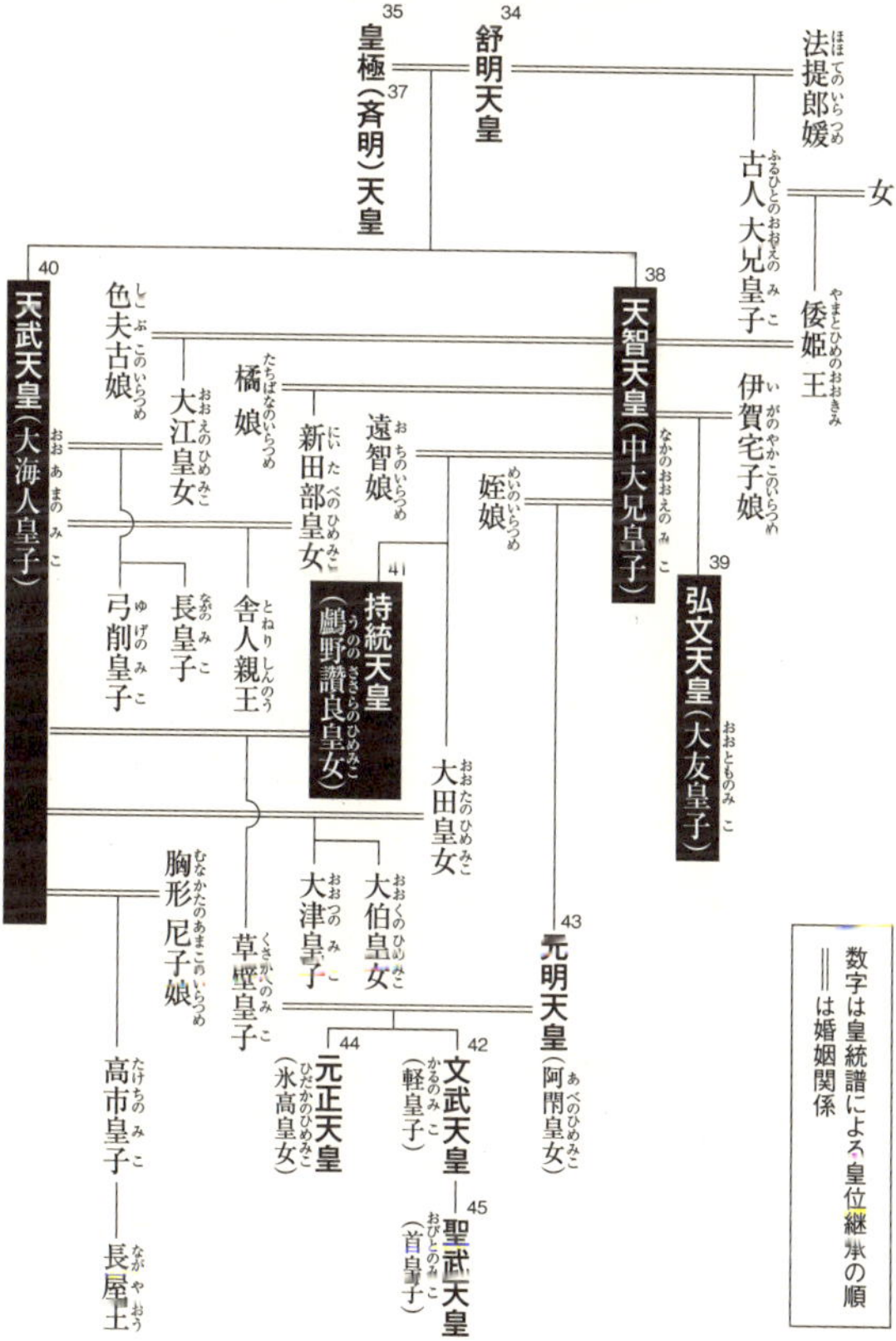

『日本書紀』によれば、天武天皇は六八一年に多くの皇子の中から草壁《くさかべ》皇子を皇太子にしたとされています。草壁皇子が皇太子に選ばれたのは、彼が皇后である鸕野讃良の産んだ唯一の皇子だったからです。

しかし、残念なことに草壁皇子は病弱でした。しかも『日本書紀』によるとその能力も一歳年下の異母弟・大津《おおつ》皇子より見劣りがしたようです（持統天皇が編纂に関わった『日本書紀』にそう記録されているぐらいですから、おそらくこれは事実だったと思われます）。それでも草壁皇子が皇太子になれたのは、壬申の乱から天武天皇の治世を支え続けてきた鸕野讃良皇女の強い後押しがあったからだと思われます。

天武天皇は病の床で、皇后と皇太子に後事を託して亡くなります。それでも皇后は才能豊かで健康な大津皇子の存在が気がかりだったのでしょう。天武天皇の死後わずか一カ月で、大津皇子は謀反の嫌疑をかけられ、自害させられてしまいます。これには反対もあったようですが、ここでも皇后が押し切るかたちで刑は執行されます。

ところが、何としても我が子・草壁皇子に皇位を継がせたいという鸕野讃良皇女の思いとは裏腹に、病弱だった草壁皇子は、天武天皇の喪が明けきらないうちに亡くなってしまいます。

自分の血を受け継ぐ者に天皇位を継がせたいと思う鸕野讃良皇女は、ここで亡くなった我が子・草壁皇子のまだ幼い遺児・軽《かる》皇子に望みを託します。しかし、いかにしても軽皇子は幼すぎました。そこで、孫の軽皇子が成長するまでの間を繋《つな》ぐために自ら即位したのです。

これまでも皇后が息子が皇位を継げるようになるまでの「中継ぎ」の天皇として即位することはありました。たとえば、聖徳太子が摂政《せっしょう》を務めたことで知られる推古《すいこ》天皇がそうですし、天智《てんじ》天皇の母である斉明《さいめい》天皇の即位もそうでした。でも、**息子ではなく「孫」のために即位したのはこの持統天皇が初めてでした。**

孫は目の中に入れても痛くないと言われるほど可愛いと言われますが、他に皇位継承権を持つ成年男子がいた当時の状況を考えると、持統天皇の異常と言っても過言ではないほどの執念を感じます。

なぜ持統天皇はこれほどまでに自分の直系の子孫が皇位を継承することに拘《こだわ》ったのでしょう。

この謎を解く手がかりのひとつが「持統」という諡《おくりな》に隠されています。前項でも申し上げましたが、諡というのは死後有識者によってつけられるものです。そのため、その天皇がどのような人であったのかを知る重要な手がかりとなるのです。

明治の文豪・森鷗外が天皇の諡号《しごう》についてまとめた著書『帝諡考《ていしこう》』によれば、持統天皇の「持統」という諡号は、「継体持統」という決まり文句から取ったものだと言います。このことから、持統天皇は、継体《けいたい》天皇（第二十六代天皇）と共通点を持っていたことがわかります。

継体天皇というのは、切れかかった皇統をかろうじて繋いだ天皇、つまり、皇統を断絶の危機から救った天皇です。**この継体天皇と持統天皇が共通しているのであれば、持統天皇もまた、皇統断絶の危機を救った天皇であったということになります。**

◇天孫降臨《てんそんこうりん》は、なぜ天照大神の「子供」ではなく「孫」だったのか

ここで思い出していただきたいのが、前項で述べた天武天皇の庶兄《しょけい》だったという出自に関する「天武天皇は天皇家の正統な後継者ではなかったのではないか」という疑問です。もしこれが事実だったとすれば、天武天皇と持統天皇の間に生まれた草壁皇子は、正統な後継者の血を受け継いでいるが、天武天皇が他の女性に産ませた子供は、天皇家の血は受け継いでいるけれど、正統な後継者の血は受け継いでいないことになってしまいます。

持統天皇が草壁皇子の即位に、その皇子が亡くなると孫の軽皇子の即位に拘ったのには、こうした事情があったのではないでしょうか。

もうひとつ、この仮説を裏付ける証拠と言えるものがあります。それは、持統天皇の和風諡号です。

実は、前項では触れませんでしたが、この時代の天皇には、「和風（日本風）」と「漢風《かんぷう》（中国風）」という、二種類の諡号が贈られていました。持統というのは、その出典が中国の古典に求められていることからもわかるように漢風諡号です。

和風諡号はこの後、平安期に入るとなくなってしまうので、今の私たちには馴染みのないものですが、『日本書紀』を見ると、各天皇の項に和風と漢風、二種類の諡号が必ず書かれています。

問題の持統天皇の和風諡号はふたつあります。ひとつは「大倭根子天之広野日女尊《おおやまとねこあめのひろのひめのみこと》」、もうひとつは「高天原広野姫天皇《たかまのはらひろのひめのすめらみこと》」。

カギとなるのは、ふたつ目の和風諡号に含まれている「高天原」です。

「高天原」は、「たかまのはら」あるいは「たかまがはら」と読みますが、これは日本神話において天照大神がいたとされている場所の名称です。ギリシャ神話で言えばオリンポス山、キリスト教やイスラム教で言えば天国に当たる場所と考えていいと思います。少なくとも日本とは異なる場所であることだけは確かです。

高天原は日本神話に出てくる地名なので、神話をまとめた『古事記』にはたくさん登場しますが、『日本書紀』は歴史書なのでほとんど登場しません。その「高天原」を女帝である持統天皇の和風諡号になぜ用いたのでしょう。この謎に対して、梅原猛氏は『NHK市民大学「記紀・万葉のこころ」』という著書の中で、次のように語っています。

記紀神話の中心は天孫降臨ですが、それは祖母が幼孫を、この日本の国の支配者として、天降しさせるという話です。この降臨が天皇の即位と関係があることは、すでに多くの学者が指摘しているところであります。つまり、天孫降臨の神話は、祖母から孫への譲位を神話化したものです。

ところで、日本において祖母から孫への譲位は、ただ一度あるのみです。それは、文武元年（六九七）、持統帝から孫の文武天皇への譲位であります。

『古事記』に書かれた天孫降臨《てんそんこうりん》は、現実の世界に起きた持統天皇から孫の軽皇子への譲位を反映したものだということです。

つまり、古くからの言い伝えでは、息子が跡を継ぐという話だったのに、記紀を編纂するときにたまたま孫に継がせることを正当化しなければならない事情があったので、『古事記』としてまとめられた日本神話では、天照大神の孫が日本の支配者として降臨する

「天孫降臨」になったというのです。そして、持統天皇は天照大神と同じ立場なので、「高天原」という他には出てこない名前が和風諡号として贈られたのではないか、というのです。

これはかなり有力な説だと思いますが、残念ながら、この説を立証する明確な証拠はありません。

でも、天武天皇が壬申の乱に勝ち、天皇家の絶対的権力を作り上げ、続く持統天皇がそれを完成に導いたことは事実です。そして、**その過程で天皇家の万世一系の血統の正統性を確立させる神話『古事記』と、天皇家の歴史を確立する『日本書紀』の編纂が行われたことを考えれば、これらが当時の天皇家が抱える問題の解決に用いられたであろうことは十分に考えられます。**

天孫降臨は、なぜ天照大神の「子供」ではなく「孫」だったのか。やはり私は、持統天皇から孫の文武《もんむ》天皇（軽皇子）への譲位を正当化するためだったのだと思います。

◇持統天皇は天皇で初めて「火葬」にされた

持統天皇は、実はもうひとつ、とても重要なことを行っています。

それは何かというと、「火葬」です。

もともと日本に火葬の習慣はありませんでした。では、なぜ天皇自ら自分の遺体を火葬するように命じたのでしょう。

結論から先に言うと、それは日本に首都と言える本格的な「都」を構築するためでした。事実、日本初の本格的な都と言われる藤原京が造られたのは持統天皇の時代です。でも教科書には、本格的な都・藤原京が持統天皇の時代に造営されたことは書かれていますが、火葬のことにはまったく触れられていません。

689年、天武天皇の皇后《こうごう》であった持統《じとう》天皇は飛鳥浄御原令《きよみはらりょう》を施行し、690年、庚寅《こういん》年籍をつくり、人びとを公民《こうみん》として直接支配できるようにし、これ以降、6年ごとに戸籍をつくるようにした。さらに大和三山《やまとさんざん》に囲まれた地に唐《とう》の都の長安《ちょうあん》にならって、はじめての本格的な条坊制による都として藤原京が造営された。

（『日本史B　改訂版』三省堂　31ページ）

天武天皇のあと、皇后が即位して持統《じとう》天皇となった。天皇は、飛鳥浄御原令を施行するとともに、唐の条坊《じょうぼう》制にならい、わが国最初の永続的な都である藤原京をつくった。藤原京は、持統・文武《もんむ》2代を中心に15年間続いた。

（『新日本史B』桐原書店　47ページ）

持統天皇は日本で最初に火葬された天皇です。持統天皇までの天皇はすべて土葬でした。当時の天皇の墓は古墳で、古墳の中に遺体を納めた棺がそのまま安置されていました。持統天皇の墓所も古墳ですが、骨壺に納められた火葬骨が入れられました。これはとても重大なことなのですが、残念ながら日本の歴史学会ではこのことをあまり高く評価していません。だから教科書にも「持統天皇は最初に火葬された天皇である」という記述がなされていないのです。

◇火葬は持統天皇本人の遺言だった

なぜこれが重大なことなのかというと、まず伝統を変えるには、ものすごく強い意志が必要だからです。しかも、遺体をそのまま土葬にするか火葬にするかという問題は、単な

Point

「天孫降臨」の神話によって血統の正統性を守った！

る習慣上のものではありません。宗教の問題なのです。

たとえば、アメリカは今でも九〇％以上の人が土葬です。もちろん、遺体をそのまま持ち帰ることができないような場所で亡くなった場合などでは例外的に火葬されることもありますが、通常はほとんどの人が土葬されます。日本は国土が狭く、アメリカは国土が広いからと言う人もいますが、土葬か火葬かというのは国土の広さが決めているわけではありません。アメリカが土葬なのは、彼らがキリスト教信者だからです。

キリスト教には終末にキリストが再臨し、死者を甦《よみがえ》らせて、生前悪いことをした者は地獄に落とされ、生前いいことをした人は永遠の命を与えられる「最後の審判」という考え方があります。

神様が甦らせてくれるのですから肉体は必ずしも必要ないと思うのですが、昔からキリスト教の世界では、最後の審判のときまで、できるだけよい状態で遺体を保存しておいたほうがいいとされてきました。だから火葬ではなく土葬なのです。アメリカで遺体から血を抜いて防腐剤を入れる「エンバーミング」が盛んなのもこのためです。

エンバーミングというのは、遺体の腐敗を防止するとともに、病気でやつれた顔をふっくらさせたり、事故などで破壊された遺体を生前の元気なときの状態に修復したりする技術です。そういう技術を駆使してでも、できるだけ生前のかたちを残しておきたいという思いがキリスト教徒には強いのです。

こうした宗教的伝統は非常に根深く、変えるのは簡単なことではありません。たとえば、フィリピンは非常に厳格なカトリックの国なのですが、戦前日本軍の遺体処理を巡って、日本軍が非常に強く非難されたことがありました。というのも、現地の人間が死んだとき、日本軍は自分たちの習慣に基づき丁重に火葬してしまったからでした。日本人にしてみれば、よかれと思って火葬して丁寧に葬ったのですから非難される謂《い》われはないのですが、フィリピン人たちは、この日本軍の行為に対して「野蛮な日本軍は我々を焼き殺した」と、烈火のごとく激怒し、非難したのです。決して焼き殺したわけではありません。亡くなった人の遺体を火葬にしただけです。でも、それがわかった上でも、日本軍の行為は許されざる蛮行として非難されたのです。

古代日本の土葬に、キリスト教の最後の審判のように、遺体を保存しなければならない強い宗教的思想があったわけではありませんが、そうした習慣がなかったのですから、遺体を焼くという行為に当時の人が大変な抵抗を感じたであろうことは容易に想像できます。ましてや、それは天皇の遺体なのです。

実際、時代的には持統天皇の少し後なのですが、長屋《ながや》王という皇族の一人が、無実の罪を着せられて自死に追いやられる「長屋王の変」という事件が起きます。このときの長屋王の遺体処理についての記述が、日本初の説話集と言われる『日本霊異記』に残っているのですが、それによると「長屋王の遺体は焼却処分されてから川に流された」と書かれているのです。

おわかりでしょうか、この記述は、火葬ではなく焼却処分という刑罰に処せられたと言っているのです。**遺体をどのように処理するのかという問題は、宗教に根ざした最も変えがたい習慣のひとつなのです。**

今の日本人は、もう火葬が当たり前になっているので、遺体を焼くということに疑問も抵抗も感じませんが、火葬は世界的に見ると主流の遺体処理法ではありません。実は、火葬は仏教に根ざした遺体処理法なのです。仏教では遺体を焼却することを「荼毘《だび》に付す」と言いますが、開祖であるお釈迦様も死後、荼毘に付されています。

では、なぜ仏教では世界的に珍しい「火葬」の風習ができたのでしょう。

これは私の仮説ですが、仏教がインドという非常に暑い国で生まれた宗教だからではないでしょうか。暑い場所ではものが腐りやすく、それは遺体でも同じです。そのため遺体をそのまま保存しておくと衛生的にも見た目的にも悪かったので、「焼く」という選択肢が選ばれたのだと考えられます。

日本はインドほど暑くありません。では、持統天皇はなぜ自分の遺体を仏教の風習である「火葬」で処理するように命じたのでしょう。

ここまで「持統天皇が」と申し上げてきましたが、実は、誰が火葬にするように命じたのかということがはっきりと記録に残っているわけではありません。でも、他の人間が火葬を命じるというのはまず考えられないのです。

たとえば、持統天皇がなんの遺言もしないまま亡くなったとしましょう。その後、臣下、あるいは跡を継いだ天皇が先帝の遺体を先例のない火葬にしようなどということはあり得ません。確かに、この時代はすでに仏教が伝来しているので、火葬という考え方が日本に伝わっていたことは事実です。でも、それを実際にやった人はほとんどいなかったのです。**そんな中で天皇の遺体を火葬するということは、本人が遺言していたということ以外考えられないのです。**

火葬は持統天皇本人の遺言だったと言える証拠がもうひとつあります。

それは、持統天皇以後の天皇は、再び土葬されているという事実です。先ほど、長屋王の遺体処理の話をしましたが、やはり火葬に対する抵抗感はすぐにはぬぐえなかったのでしょう。

習慣的に天皇の遺体が火葬にされるようになるのは平安京遷都以降です。ちなみに、平安京遷都を行った桓武《かんむ》天皇の遺体は火葬ではありません。

つまり、持統天皇が思い切った「火葬」をしたことがターニングポイントになったことは間違いありませんが、だからといってすぐに伝統を変えることができたわけではなく、続く文武天皇、元明天皇、元正天皇は火葬されましたが、その後百年以上も火葬の習慣は日本に定着しなかったということです。それほど伝統や宗教に根ざした習慣を変えるのは大変なことなのです。

◇ケガレを忌《い》み嫌う思想が度重なる「遷都」を行わせた

ここで、先の問い「なぜ持統天皇は自分の遺体を火葬するよう命じたのか」ということを考えていきましょう。

実は、日本の歴史学者はこのことをまったく問題にしていません。

なぜなら、彼らには火葬にするということが当時の人にとってどれほどとんでもないことなのか、ということ自体がわかっていないからです。とんでもないということがわかっていないから、その理由についても詮索しない、ということです。

なぜとんでもないとわからないのか、それは、私が繰り返し言ってきていることですが、**日本の歴史学者の視点から「宗教」が欠けているからです。**

日本には、古くから「ケガレ（穢れ）」を忌《い》み嫌うという宗教的思想があります。

「ケガレ」というのは、人間の死によって発生するもので、それは目に見えない汚染です。そして、故人が生前偉大な存在であればあるほどその死の汚れ、これを「死穢《しえ》」と言いますが、これが大きくなってしまうと考えられました。

このことを別の言葉でたとえると、我々普通の人間が一本のバラだとすると、天皇のような偉大な人は一〇〇本のバラなのです。花が元気に咲いているときは一本より一〇〇本のバラの方が美しいし香りもいいけれど、花が萎《しお》れると、一〇〇本のバラは一本のバラとは比べようがないほど酷《ひど》い悪臭を放つことになります。つまり、元気に生きているとき素晴らしく偉大な存在であればあるほど、死んだときの死穢も大きくなってしまう、と考えられたのです。

こうしたケガレを忌み嫌う思想が具体的な形となって現れているのが、古代日本で天皇一代ごとに繰り返されてきた「遷都」なのです。

天皇のような偉大な人が亡くなると、都はその大きな死穢で汚染されてしまう。ケガレは諸悪の根源なので、そんな死穢に汚染された場所はもう使えない、ということで場所を移して新たな都を造り、そこを使うということが繰り返されてきたのです。さらに、こうした遷都では、建物を移築するということもできません。ケガレてしまったわけですから全部潰して埋めてしまうのです。

でも、考えてみてください。天皇一代ごとにわざわざ都を造り替えるというのは、非効率的かつ不経済極まりないことです。天皇の治世は何年と決まっているわけではありません。在位期間の短い天皇では、わずか数年で遷都しなければならないケースもあるのです。

持統天皇は初代の神武《じんむ》天皇から数えて四十一代目の天皇ですが、それまで日本の都というのは天皇一代ごとに新たな都が造られていました。場合によっては天皇一代で二回も遷都した例もあります。

これに対し、朝鮮半島の国々や中国の首都は一度決まれば、王朝が変わるなどよほど大きな変化が起きない限り動きません。そのため、たとえば初代の皇帝が宮殿を建て、二代目の皇帝がその周りを整備し、三代目の皇帝が街を拡大し美化し、四代目の皇帝がさらに離宮や別荘を造営するという、長期にわたる「都の拡充」が可能になります。

持統天皇は、外国との交流の中で、日本で伝統的に行われている天皇の代替わりごとの遷都が、日本という国の発展の大きな足かせになっていることに気がついたのだと思います。

そして、それに終止符を打ったのが、正確に言えば打とうとしたのが、持統天皇だったと言えるのです。その手段が他ならぬ「火葬」なのです。

◇ケガレ防止のために仏教式の遺体処理法を命じた

なぜ天皇の遺体を火葬にすることが遷都を防止することになるのかというと、遷都を行わなければならない根本的原因、つまり死穢の発生を遺体を火葬することで防げると考えられたからです。

天皇が死ぬことによって、死のケガレによってその周辺は汚染されて使えなくなるというのが日本古来の考え方です。

でも、外来宗教である仏教にはそうした思想はありません。その仏教では遺体を焼却するというそれまで日本にはなかった方法で遺体処理を行います。こうしたことから、新しい宗教である仏教を導入し、そこで行われる火葬という儀礼を用いれば、諸悪の根源である「ケガレ」の発生を防止できるのではないか、と考えたのです。

持統天皇は、自分が死ねば、その死によってケガレが発生することを恐れて、また遷都

Point

遷都を防ぐために「火葬」という手段をとった！

が行われることがわかっていました。

でも、そんなことを繰り返していたのでは、日本はいつまで経っても都が発展せず、大陸の国々と肩を並べるような大国になることはできません。

日本を発展させるためには、どうしても永続的な「首都」を造ることが必要だと考えたからこそ、持統天皇は、自らの遺体を火葬することでケガレの発生を防ぎ、次代の天皇にも遷都せずに今の都を使い続け、発展させることができるようにしたのです。

事実、文武天皇は持統天皇の造った都「藤原京」をそのまま使い続けます。

教科書の藤原京についての記述を読むと、「唐の都の長安にならって、はじめての本格的な条坊制による都」とか、「唐の条坊制にならい、わが国最初の永続的な都」というように、条坊《じょうぼう》制の導入ばかりが重要視されていますが、形だけ取り入れてもそれまで日本が天皇の代替わりごとに都を移さなければならなかった根本原因を絶たない限り、都の継続的使用は不可能だったということに私たちは気づかなければなりません。

しかし、今の学校教育では、都の継続的使用と持統天皇の火葬の因果関係をまったく取り上げていません。

もしかしたら、いい先生だと「持統天皇は初めて火葬にされた天皇なんだよ」ということは教えてくれたかも知れませんが、なぜ火葬にしたのか、という説明はまったくなされ

藤原京大極殿跡（三猿舎提供）。藤原京は694年、中国の都にならってつくられた、日本史上最初の本格的な都である。平城京に遷都されるまで持統・文武・元明の天皇が居住した約15年間、日本の首都だった。大極殿は藤原京の中心となる建物で、それを囲む、東西115メートル、南北155メートルの範囲を大極殿院という。

なかったのではないかと思います。

持統天皇の藤原京が日本初の継続的都になったのは偶然ではありません。

そこには持統天皇の「都を継続的に使うことで首都として発展させる」という明確な意志があったのです。

ちなみに条坊制とは、「朱雀大路《すざくおおじ》を中心にして左右両京を南北に引く大路によって『坊』に分け、東西に引く大路によって『条』に分ける」という古代の都の市街区画のことです。条坊制を導入したのも、将来的に都を拡充させていくためにはその方がいいと思ったからに違いありませんが、条坊制の導入だけでは自分の死後も藤原京を使い続けることができないことも彼女にはわかっていたのです。

だからこそ自分の遺体を、ケガレの発生を防ぐことができる遺体処理法、つまり仏教方式の火葬にするよう命じたのです。

◇国家繁栄の礎《いしずえ》を築いた天皇

持統天皇の遺言が実行され、その遺体は火葬され、文武天皇は藤原京を使い続けました。そして、文武天皇の跡を継いだ元明《げんめい》天皇が七一〇年に平城京に遷都するまでの約十五年間、藤原京は継続的使用がなされました。

その後、文武・元明・元正と火葬が続くも、聖武天皇から再び土葬の習慣が復活しており、すぐに宗教的思想に裏付けられた伝統的習慣が変わったわけではありませんでした。しかし、都の継続的使用による首都機能の拡充を目指すという持統天皇の考えは奈良の「平城京」に受け継がれ、京都の「平安京」で完成します。

日本の現在の歴史教育は、「宗教」という視点を失ってしまっています。でも、「宗教」はいつの時代にも人の行動原理に深く結びついています。先に、アメリカが土葬なのはキリスト教を信仰しているからだと言いました。**現代社会ですらそうなのですから、古代の人々の行動原理を考える上では、宗教という視点は絶対に切り捨ててはいけないものなのです。**

たとえば、インドと同じような灼熱の国でありながら、古代エジプトでは腐りやすい遺体を焼却するどころか、大変な手間暇をかけて「ミイラ」にして保存しています。これは、「復活」という思想がエジプトの信仰にあるからです。

古代エジプトの神話には、最高の神様であるオシリスが、弟神の妬《ねた》みを受けて殺され、その遺体はバラバラにされてナイル川に投げ込まれてしまうが、オシリスの妹であり妻でもあるイシス神によって遺体が拾い集められ、つなぎ合わされて魂が呼び戻されて復活する、という話があります。

つまり古代エジプト人には、人間は一度死んだとしても、肉体を保存しておけば再び生き返らせることができるという信仰があったのです。だから、彼らは大変な手間暇をかけてでも遺体をミイラにして大切に保存したのです。

古代エジプトやキリスト教のように遺体を保存することを重視する人々の宗教的キーワードは「復活」です。

一方、遺体を荼毘《だび》に付す仏教が目指す境地は「解脱《げだつ》」です。解脱というのは、六道輪廻《ろくどうりんね》という生まれ変わりの世界から抜け出すことです。つまり、ごく簡単に言えば、仏教では生まれ変わりが前提の世界の中で、復活をしなくなることが最終的な目標なのです。だから、遺体を保存する必要はそもそもない、ということになるのです。仏教で遺体の保存に執着しないのはそのためだと思います。

日本の信仰は、これらとはまた違います。

もともとの古代日本人は、基本的に来世のことはほとんど考えていなかったようです。というのは、日本人は死というものを非常に嫌《いや》なものだと考えていたからです。事実、『古事記』には死というものはどうしようもなく嫌なものだと書かれています。

死は「ケガレ」という諸悪の根源を生み出す原因だと考えられたからです。

そのため、日本の天皇は偉大な存在であるにもかかわらず、亡くなった後、その遺体を防腐処理するようなことは一切行われませんでした。遺体に触れること自体、嫌なことだったのでしょう。そして、ただただケガレを恐れ、死によって発生したケガレによって汚染されたと思われるものを古墳に封じ込める、ということが繰り返されていたのです。

こうした古代日本人の宗教を知ることができるのは、『古事記』のお陰です。その『古事記』が編纂されたのが、持統天皇の時代であることを考えると、彼女の決断がいかに画期的なものであるか、そして、日本という国を発展させたいという思いがいかに強いものであったかということが感じられます。

今も宗教的伝統を変えるというのは簡単ではありません。古代社会においてはなおさらだったでしょう。

それを、今から十何百年も前に、それまでずっと土葬こそが絶対に正しい遺体処理法だという思想の中で、外来宗教である仏教の儀式を導入し、こうすればケガレが発生しない、と言い切り実行した持統天皇は、日本を発展させた偉大な「英雄」だと言っていいと私は思います。

彼女は自分の血を受け継ぐ、つまり、天智天皇の血を受け継ぐ孫に皇位を譲るために皇位に即いたのだろうと思います。そういう意味では、他の女性天皇と同じように「中継ぎ天皇」だったと言えます。

でも、彼女が行ったことを見ると、それは単なる中継ぎ天皇として片付けてしまえない偉大な業績だということがわかります。

日本はこのままではいけない。日本が中国のように発展するためには、首都というものを恒久化することが絶対に必要であり、そのためには、今のように天皇が代替わりするたびに都の場所を変えていたのではダメだ。都を一カ所に固定し、何代もの天皇がそこを使い続けることでインフラを整備し、首都機能を拡充していかなければならない。でも、「ケガレ」という大問題がある限り、都を使い続けることはできない。

こうした難問を「仏教の教えに基づく火葬」を導入することで解決したのです。

永続的な「首都」を考え、国家繁栄の礎《いしずえ》を築いた彼女を英雄と言わずして、誰を英雄と言うのでしょう。

第二章のまとめ

・『古事記』の天孫降臨は、天皇家の万世一系の血統の正統性を確立させる神話でもあったのです。

・「死穢《しえ》」を忌み嫌う思想が具体的な形となって現れているのが、古代日本で天皇一代ごとに繰り返されてきた「遷都」なのです。

・日本を発展させるためには、どうしても永続的な「首都」を造ることが必要だと考えたからこそ、持統天皇は、自らの遺体を火葬することでケガレの発生を防ぎ、次代の天皇にも遷都せずに今の都を使い続け、発展させることができるようにしたのです。

第三章

中臣鎌足と藤原不比等

――二人の壮大な野望が日本の歴史を動かした！

中臣鎌足〈中央〉と藤原不比等〈左〉（談山神社蔵）

◇持統《じとう》天皇の野望を支えた男とは？

平安時代、朝廷の権力を独占した藤原氏。

藤原氏は「関白《かんぱく》」という臣下の立場を超越した官職を作り出し、それを藤原氏の人間に独占させることで、実質的に天皇の上に君臨しました。

こうした専横とも言うべき藤原氏の繁栄の基礎を築いたのは、藤原氏の始祖である中臣《なかとみの》鎌足《かまたり》と、鎌足の子で天皇の外戚《がいせき》という立場を利用して陰から天皇家を操るシステムを構築した藤原不比等《ふじわらのふひと》という二人の陰謀家でした。

彼らはどのようにして一族繁栄の基礎を築いたのでしょうか。そして、彼らは本当はどのような人物だったのでしょうか。

天武《てんむ》天皇に後事を託された鸕野讃良皇女《うののささらのひめみこ》は、我が子・草壁《くさかべ》皇子を皇位に即《つ》けようとしますが、草壁皇子は天武天皇の喪が明けきらないうちに二十八歳の若さで早世してしまいます。そこで、なんとしても草壁皇子の血を受け継ぐ者に皇位を譲りたいと思った鸕野讃良皇女が白羽の矢を立てたのが孫の軽《かる》皇子でした。

しかし、まだ幼い軽皇子を皇太子にすることは周囲が認めません。そこで鸕野讃良皇女は、軽皇子に皇位を譲るために、まず自らが皇位を継ぐことにしました。そうすることによって、持統《じとう》天皇から孫の文武《もんむ》天皇（＝軽皇子）への譲位が実現したのです。

持統天皇は、壬申《じんしん》の乱のときから夫・大海人《おおあま》皇子を助け、大海人皇子が即位し、天武天皇となったのちは、夫とともに天皇家の権力を絶対的なものにするため尽力しました。持統天皇は天智《てんじ》天皇の娘ですから、壬申の乱で敵対した大友《おおとも》皇子は異母弟になります。こうした事実を見ると、持統天皇は実家より夫を選んだかのように見えますが、その後の彼女の行動を見ると、彼女の本当の野望が、実は別のところにあったことがわかります。

持統天皇の本当の野望とは何だったのでしょう。

それは、一言で言うなら、**父・天智天皇から自分が受け継いだ天皇家の正統な血統を受け継ぐ者を皇位に即けることです。ここで重要なのは「自分が受け継いだ正統な血統」でなければならないと彼女が考えていたのではないか、ということです。**

前項で私は「天武と持統天皇の間に生まれた草壁皇子は、正統な天皇家の血を受け継いでいるが、天武が他の女性に産ませた子供は、天皇家の血は受け継いでいるけれど、正統な後継者の血は受け継いでいないことになってしまいます」と、述べました。

天武天皇には、多くの皇子がいました。確かに、その中で皇后である持統天皇が産んだ皇子は草壁皇子ただ一人です。でも実は、草壁皇子の他にもう一人、天智天皇の血を受け継いだ、つまり、正統な後継者の血を受け継いだ皇子がいたのです。それこそが、持統天皇が息子・草壁皇子の即位の妨げになるとして葬った大津《おおつ》皇子なのです。

大津皇子の母親は大田《おおた》皇女と言いますが、実はこの人は持統天皇の同母姉なのです。つまり、大田皇女と持統天皇は姉妹で天武天皇に嫁いだのです。姉ではなく妹の持統天皇が皇后になったのは、天武天皇が即位したときには、大田皇女はすでに亡くなっていたからです。もしも、天武天皇が即位したとき大田皇女がまだ生きていれば、姉である大田皇女の方が皇后になっていたと考えられます。

もしも、持統天皇が「天智天皇から受け継いだ正統な後継者の血統を守る」ということだけを望んでいたのなら、姉の産んだ大津皇子が皇位に即いてもよかったはずです。でも彼女は、大津皇子に無実の罪を着せたうえ、周囲の反対を押し切るようにして葬ってしまいました。

私はここに「母親のエゴ」を感じずにはいられません。

しかし、いくら彼女が強い女性であっても、天皇の位に即いていたからと言っても、身内の男子と言えば幼い孫しかいないという境遇で、天武の残した皇子たちと張り合っていくのは相当大変なことだったはずです。事実、彼女が皇位に即いたとき、まだ八歳の幼い軽皇子を皇太子にすることは許されず、天武の残した皇子の中で最も年長だった高市《たけち》皇子を太政大臣《だいじょう》にしています。ちなみに、この高市皇子の長男が、前項で少し触れた長屋《ながや》王です。

持統天皇が皇位に即いたとき、天武の血を引く皇子は、高市皇子、忍壁《おさかべ》（刑部とも）親王、長《なが》皇子、舎人《とねり》親王などまだ七人もいたのです。中でも高市皇子は朝廷の最高位である太政大臣に就けなければならないほどの有力者でした。

それでも、彼女は野望を達成し、軽皇子（＝文武天皇）の即位を成し遂げます。

身内の男子は幼い子供しかいない持統天皇がライバルを廃し、野望を達成するためには、有力な協力者が必要不可欠だったはずです。いったい、誰が彼女の野望達成の手助けをしたのでしょう。

私は、この持統天皇の野望を陰で支え、達成させた者こそ藤原不比等だと考えています。

◇持統政権は実は連立政権だった⁉

私がそう考える論拠はいろいろあるのですが、今の教科書の記述の中にもそのヒントは隠されています。

天武天皇のあとを継いだ皇后の持統《じとう》天皇はそれらの諸政策を引き継ぎ、689年には飛鳥浄御原令《あすかきよみはらりょう》を施行し、翌６９０年には戸籍（庚寅年籍《こういんねんじゃく》）を作成して民衆の把握を進めた。そして６９４年には、飛鳥の地から本格的な宮都藤原京に遷都《せんと》した。

（『詳説日本史　改訂版』山川出版社　34ページ）

７０１（大宝《たいほう》元）年に刑部親王《おさかべしんのう》や藤原不比等《ふじわらのふひと》らによって大宝律令《たいほうりつりょう》が完成し、律令制度による政治の仕組みもほぼ整った。律《りつ》は今日の刑法《けいほう》にあたり、令《りょう》は行政組織・官吏の勤務規定や人民の租税・労役などの規定である。

（『詳説日本史　改訂版』山川出版社　35ページ）

まず最初の記述で疑問を持っていただきたいのが、なぜ都の名が「藤原京」なのか、ということです。ここで誤解のないように言っておきますが、当時から「藤原京」という名称が使われていたわけではありません。この名が使われるようになったのは近代になってからなのです。では、当時は何と呼んでいたのでしょう。『日本書紀』によれば「新益《あらましの》京《みやこ》」と呼んでいたようです。これは新たに拡張した都という意味です。それを藤原京と言うようになったのは、宮、つまり今で言えば皇居を「藤原宮」と言っていたからです。

壬申に、高市皇子、藤原の宮地を観す。公卿百寮従なり。

（『日本書紀』持統天皇四年十月条）

辛酉《しんゆう》に、天皇、藤原に幸して宮地を観す。公卿百寮、皆従なり。

（『日本書紀』持統天皇四年十二月条）

『日本書紀』の記述を読むと、宮の場所がもともと「藤原」という場所だったようなのですが、家臣の姓と同じものが宮の名前として使われるというのは不自然です。通常こういう場合は、家臣が遠慮して名を変えるか、さもなければ宮に異なる名前をつけて、同じ名前は使わないようにするものです。

にもかかわらず、「藤原宮」という名が使われたのです。いかに藤原氏の力が大きなものであったかということが、この名前からわかります。

次の律令についての記述には、藤原不比等の名前がはっきりと書かれ、大宝律令を作るにあたり、不比等が大きな役割を果たしていたことがわかります。

このふたつの事実からだけでも、持統天皇の政権というのは、その実態は、言わば「持統・藤原連立政権」であったことがわかるのです。

◇持統―草壁―文武の天智血統ライン

高市皇子は天武天皇の長男で、壬申の乱の際には一軍を任せられ、天武の片腕として活躍した人物です。母親の実家は宗像《むなかた》地方（福岡県）の豪族です。大津皇子も草壁皇子も亡くなった後、彼を次期天皇に推《お》す人々が多かったであろうことは容易に想像がつきます。

その高市皇子は持統天皇が皇位に即いてから十年目の六九六年に亡くなります。どのような経緯で亡くなったのかは史料に何も書かれていないのでわからないのですが、持統天皇は彼の死を待っていたかのように、その翌年、軽皇子に譲位しています。そして、文武天皇の誕生を見届けて安心したのでしょうか、持統天皇は七〇二年に亡くなります。

でも、実は安心するのはまだ早かったのです。なぜなら、苦労して譲位した文武天皇も七〇七年にわずか二十五歳で早世してしまうからです。

このとき、文武天皇には皇子がいました。でも、その皇子・首皇子《おびと》はまだ七歳、周りには高市皇子の子・長屋王など皇位継承権を持ったライバルが存在していました。まさに、天武天皇が亡くなったときと同じ状況になってしまったのです。

状況が同じなら、対策も同じでした。文武天皇の遺児・首皇子に皇位を譲るために、草壁皇子の后《きさき》だった阿閇《あべ》皇女が、つまり祖母が孫のために天皇位に即いたのです。これが元《げん》明天皇《めい》です（55ページの系図参照）。

元明天皇は、持統天皇の異母妹なので、やはり天智天皇の血統を受け継いでいます。このときすでに持統天皇はいませんが、**残された持統派の人々は、藤原氏と協力して持統―草壁―文武と続く血統を何としても死守するように言われていたのだと思います。**

首皇子は、後に皇位に即いて聖武《しょうむ》天皇となりますが、その皇位は祖母の元明天皇から直接譲られたものではありませんでした。元明天皇は、自分の娘であり、文武天皇の姉である氷高《ひだか》皇女にいったん皇位を譲ります。そして、氷高皇女が即位した元正《げんしょう》天皇から譲位されたのが聖武天皇なのです。つまり、今度は二人の女帝が中継ぎをすることで、やっと首皇子への譲位が成し遂げられるのです。

◇鎌足は中大兄皇子を助けて出世街道をばく進した

聖武天皇が即位するのは七二四年、この間に、持統天皇を支えた藤原不比等も亡くなっています。それでも藤原一族は持統派の人々を全面的に支えています。持統・藤原連立政権はなぜこれほど強い絆《きずな》で結びついたのでしょう。そこには藤原不比等の野望が関係しています。

持統天皇が野望を達成するために不比等の助けが必要不可欠だったように、不比等の野望もまた、達成させるためには天皇家との強い結びつきが必要不可欠だったのです。

では、不比等の野望とは何だったのでしょう。

それを語る前に、そもそも藤原氏というのはどのような一族なのか、そのルーツを述べておきたいと思います。

藤原氏は、不比等の父・鎌足から始まります。

鎌足のもともとの名は「中臣鎌足《なかとみのかまたり》」と言います。つまり鎌足は、最初は中臣という一族の中の一人に過ぎなかったわけです。彼が歴史に登場するのは、「天智天皇」の項でお話しした乙巳《いっし》の変がきっかけでした。

鎌足は、天智天皇がまだ中大兄《なかのおおえ》皇子であった時代に、朝廷で権勢を誇っていた蘇我《そが》氏を滅ぼすという皇子の計画に協力した功をもって出世します。

このとき中大兄皇子が蘇我氏を討ったのは、蘇我氏の専横が行きすぎ、天皇家を蔑《ないがし》ろにしたからだと『日本書紀』には記されています。

これまで私は『日本書紀』は信用できないと言ってきましたが、それはあくまでも編纂に関わった天武天皇の記述についてであって、それ以前のことはわりと信用できる部分が多いのではないかと思っています。なぜなら、嘘をつく必要がないからです。

事実関係はともかく、中大兄皇子が中臣鎌足と協力して蘇我氏の中心人物である蘇我入《いる》鹿《か》を討ち、蘇我氏を滅ぼし、実権を握ったのは事実です。

中大兄皇子と中臣鎌足の二人が結びつくきっかけとなったのは、これも確か『日本書紀』にあった話だと思いますが、宮中の蹴鞠《けまり》の儀式だったとされています。

蹴鞠というのは、何人かで輪になって、脚だけで鹿革で作った鞠（ボール）をパスしあうというゲームです。

その蹴鞠のときに、鞠を蹴った拍子に脱げてしまった中大兄皇子の沓《くつ》を鎌足が素早く拾いあげて差し出したのが、二人が同志となるきっかけだったと言います。

当時、中大兄皇子は自分に協力してくれる仲間を探していました。でも、蘇我氏を討つというのは、現政権を滅ぼすということですから「クーデター」に相当します。計画は秘密裏に進めなければならず、仲間は口が堅く、意志が強く、そして知恵のある人物でなければなりませんでした。そうした人物を探しているときに、目をつけたのが当時無名だった鎌足だったのです。

Point

藤原氏数百年の栄華は鎌足の努力の賜物《たまもの》だった！

中大兄皇子が政権を取った後も、中臣鎌足は大いに皇子を助け、大化の改新を通して国家の骨格をつくりあげるのに尽力します。鎌足の中大兄皇子に対する忠誠は、皇子が天智天皇になった後も、鎌足が死ぬまで続きます。

年上だった鎌足が先に亡くなったとき、天智天皇はその病床を見舞い、それまでの忠誠に報いるためにふたつのものを授けます。ひとつは、「大織冠《たいしょくかん》」という冠です。「冠《かんむり》」というのは、中国・朝鮮でもそうですが、身分を証明するとても大切なものです。

古代の東洋ではむき出しの頭を人前にさらすのはとても失礼なことだとされていました。そのため、日本の「烏帽子《えぼし》」や朝鮮や琉球で使われた「ハチマチ」もそうですが、古代東洋において男子は外出するとき必ず頭を隠すものを身につけていました。中でも「冠」は公の場で身につけるもので、冠を見ればその人の身分がわかるというものでした。天智天皇が鎌足に「おまえの功績は比類がない」と言って授けた「大織冠」は、それまでにないとても立派なものだったと言います。

この大織冠とともに天智天皇が鎌足に授けたもうひとつのもの、それが「藤原」という姓でした。**天皇が姓を授けるというのは、「おまえは中臣の一族から抜けて、新たに藤原という一族の始祖となりなさい」ということで、これは大変に名誉なことです。**

こうして中臣一族の一人に過ぎなかった鎌足は、藤原一族の第一世になったわけです。

その息子が、藤原不比等なのです。

◇なぜ不比等は持統から絶大な信頼を勝ち得たのか

藤原不比等は鎌足の次男ということになっていますが、実は鎌足の息子ではなく天智天皇の御落胤《ごらくいん》だという説が昔からあります。この説を伝える書物のひとつ、平安時代の歴史物語『大鏡《おおかがみ》』は、次のようなエピソードを伝えています。

天智天皇はあるとき、妊娠した自分の女御《にょうご》を鎌足に下げ渡し、「生まれてくる子が男子だったら汝《なんじ》の子となすように。女子なれば我が子となす」と言った。そうして生まれた子供は男子だったので、約束通り鎌足の子供として育てられた。

これが不比等だというのです。

どこかで聞いたような話だと思われた方も多いことと思います。そうです、平安時代末期の平清盛の出生にまつわる噂と非常によく似ているのです。二〇一二年の大河ドラマ「平清盛」の設定でも、清盛は実は平忠盛《たいらのただもり》の実子ではなく、白河《しらかわ》法皇の御落胤だということになっていました。

どうも当時は本当にこうしたことがあったようです。もちろん、こうしたことがあるのは、天皇家に何人もの後継者候補がすでにいる場合に限られます。

●天皇家と藤原氏の関係系図

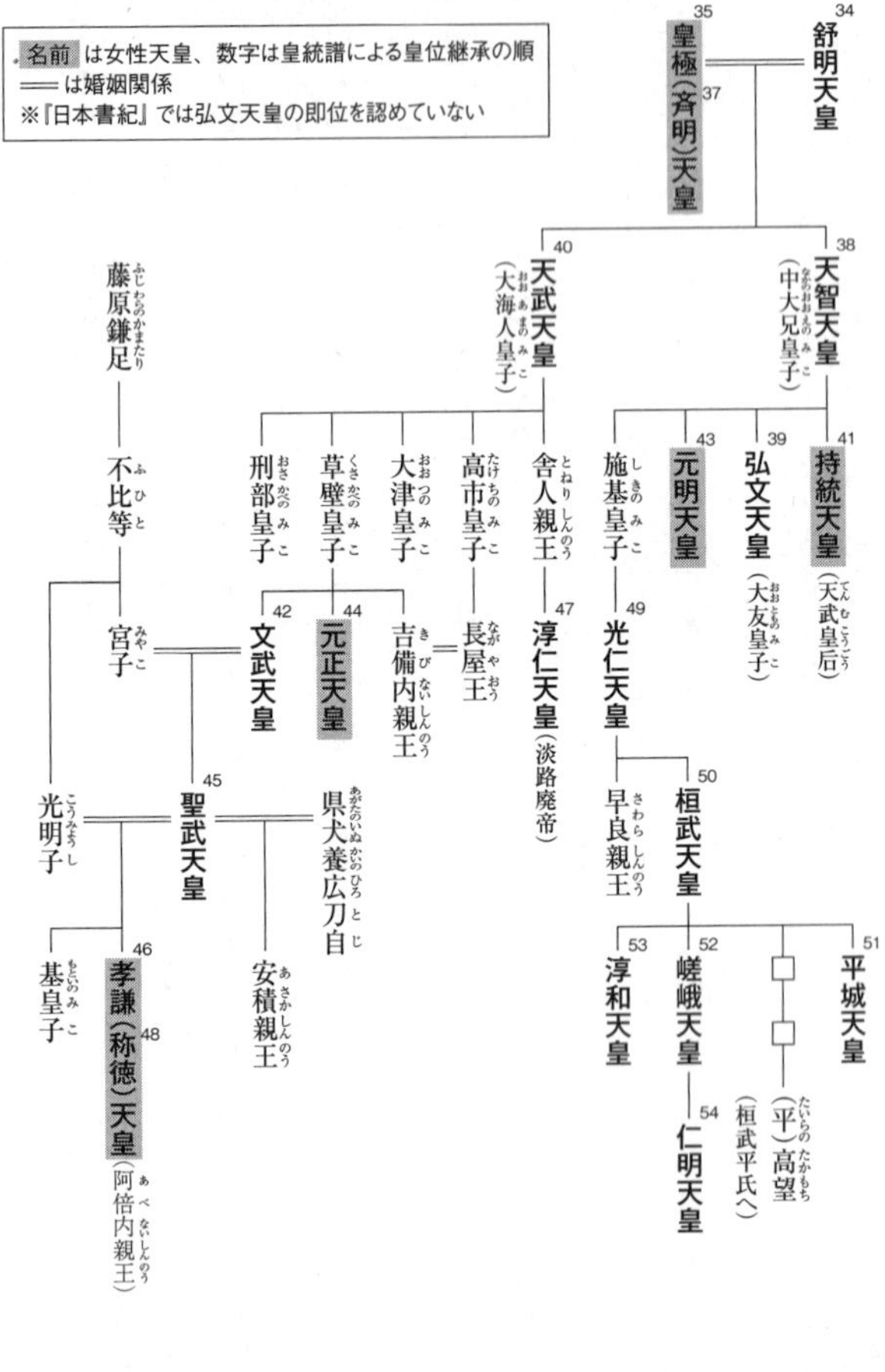

「子供が男の子なら汝の子とし、女の子なら自分の子とする」というのは、逆のように思えるかも知れませんが、天皇からすると、いろいろな血筋に自分の影響を与えることができるので、「男だったらおまえの子にして跡継ぎにせよ」というような言い方をしたのです。

もっとも清盛の場合は、彼が前例のない出世をしたので、貴族たちの嫉妬から、「彼があのような異例の出世をしたのは、実は忠盛の子ではなく白河法皇の御落胤だったからに違いない」と言われた可能性も否定できません。

清盛はただの武士ではなく天皇の血を受け継いでいるのだということになれば、「それならば仕方がない」と、ほんの少しではありますが、今の不満な状況を納得することができるからです。身分社会の嫌な習慣ですが、清盛の場合は、そういう理由からこうしたことが噂された可能性もあります。

では、藤原不比等の場合はどうだったでしょう。

Point

天皇の血統はさすがの不比等も絶やせなかった！

彼も清盛ほどではありませんが、異例の出世を遂げた人物であることに違いはありません。ただ、DNA検査もできない以上、真実を調べるすべはありません。本当に天智天皇が自分が妊娠させた女性を鎌足に押しつけたのかどうか、それを鎌足が喜んでもらったのかどうか、真実はわかりませんが、不比等に昔から御落胤説があることは事実です。そして、鎌足がなぜか長男とは折り合いが悪く、次男である不比等に跡を継がせたのも事実です。

さらには、**時代背景というものを考えても、不比等の異例の出世は、彼と持統天皇の間に特別な繋がりがあったことがうかがえる節があります。**

不比等は天智天皇の腹心だった鎌足の跡継ぎです。ということは、当時としては壬申の乱で滅ぼした前政権側の人間、ということですから、本来なら天武政権では藤原氏は出世できないはずなのです。

なぜ前政権の有力者だった藤原氏が、新政権のもとで権勢を振るうことができたのでしょう。

さらに、「不比等」という名が使われたのも不自然です。不比等という名は、当時実際にあった名前「多比等《たひと》」と相対するものと思われます。多比等というのは、「多くあるものと同じ」という意味なので簡単に言えば「凡人」ということです。それに対して不比等は、「他に比べるものなし」という意味なので、とてもいい名前なのです。

そして、不比等は最初からこの字を用いていたのではなく、もともとの名は「史《ふひと》」だったのではないかと言われています。というのも、彼の名が初めて歴史に登場したときは「史」と表記されているからです。

「史」は歴史という意味ですが、昔から「歴史を記載する者」という意味でこの字が名前に使われることはよくありました。

つまり、もともとは「史」という字を用いた「ふひと」という名だったのが、持統政権で力を持ったことで「不比等」といういい字を用いるようになったということです。

天武天皇の死後、持統天皇は何としても自分の血を受け継いだ孫に皇位を譲るために皇位に即きますが、周囲は隙あらば皇位をうかがう天武系の皇子ばかりです。いくら持統天皇が強い女性だったとしても、自分の手足となって働いてくれる部下がいなければ政権を維持していくことは不可能です。

そんな心細さを抱えた女帝に近づき、彼女の野望を見抜いて接近したのが、前政権の生き残りだった藤原不比等だったのでしょう。当時の持統政権は決して盤石《ばんじゃく》なものではありません。でも、だからこそ不比等の手腕でそれを確固たるものにできれば、出世の望みなき今の立場から抜け出すことができます。

こうした機を見るに敏な陰謀家なところは、中大兄皇子の野望を見抜き、協力することでクーデターを成功させた鎌足によく似ています。そういう意味では、不比等は鎌足の本当の子供だったのかも知れません。

でも、**噂通り不比等が天智天皇の御落胤だったらどうでしょう。持統天皇にとっては、彼は異母弟ということになります。ともに組するには、絶好のパートナーです。**もっとも、不比等ほどの陰謀家なら、持統天皇に接近し、信用させるために噂を利用したということも考えられます。

どちらが真実かはわかりませんが、二人の野望がそれぞれを結びつけ、持統・藤原連立政権を作り出したことは確かです。

◇長屋王が皇位に即けなかった理由とは？

不比等が持統天皇の野望を助けることで出世したのは事実です。でも、不比等の野望は「出世したい」という程度の小さなものではありませんでした。

不比等がその心の内に秘めていた野望は、のちに平清盛も同じ野望を持つのですが、一言で言えば「天皇家を乗っ取る」ことでした。

その具体的な方法は、自分の血を引く藤原家の娘を天皇の妻にし、その藤原氏の娘が産

んだ子供を次の天皇にするというものです。これによって、藤原氏は天皇の外戚という地位を手に入れることができます。平安時代に藤原氏が繁栄を極めるのは、この方法で継続的に天皇の外戚の地位を保持し続けたからでした。清盛も娘の徳子《とくこ》を天皇の后にし、徳子の産んだ安徳《あんとく》天皇の外戚として権勢を振るいますが、これは藤原氏のやり方を単に模倣したに過ぎません。

この藤原方式を考え出したのが、親譲りの陰謀家であった藤原不比等なのです。

一族の美しい娘を天皇の妻にし、その子供を天皇にする、と言うと簡単そうに思えるかも知れませんが、当時ここには「身分」という大きな壁がありました。

当時の天皇は、複数の妻を娶《めと》るのが当たり前でした。多くの妻を持てば多くの子に恵まれ、多くの子に恵まれればそれだけ皇統を繋《つな》ぎやすくなるからです。ですから有力豪族であれば、自分の娘を天皇の妻にすること自体は難しいことではありませんでした。

しかし、そこで生まれた子供を皇位に即けるということは、まず不可能なことだったのです。なぜなら、皇位継承の順位は母親の身分によって決まり、皇后は皇族出身でなければならないと決まっていたからです。

しかも、先の大田皇女と持統天皇のように、皇族出身の姉妹がともに天皇に嫁ぐということもよくあることでした。そのため、皇位継承は皇族出身の后が産んだ皇子の間で争われることはあっても、豪族の娘が産んだ子供が天皇位に即くことはなかなか難しいことだったのです。

こうした事情を考えると、不比等の抱いた野望は、当時としては実現不可能な夢のようなものだったと言えるでしょう。

それでも不比等は、まず自分の娘・宮子《みやこ》を文武天皇の妻にします。もちろん皇后ではありません。宮子の身分は「夫人《ふじん》」です。それでも、宮子を文武天皇の夫人にすることができたのは、持統天皇に協力する中で不比等が持統天皇に強く働きかけた賜物《たまもの》と言えるでしょう。

すると、藤原不比等にとっては幸いなことが起きます。

文武天皇が皇后も中宮《ちゅうぐう》も娶らないうちに早世してしまったのです。この時点で文武天皇の血を受け継いだ男子は、宮子が産んだ首皇子ただ一人という状況になったのです。

こうした状況でも、普通なら宮子が産んだまだ幼い皇子が皇位に即くことはまずあり得なかったでしょう。当時はまだ直系の皇子の皇位継承権よりも、兄弟間での皇位継承が優先される時代です。

文武天皇に男の兄弟はいませんでしたが、姉の氷高皇女と妹の吉備《きび》皇女という二人の女きょうだいがいました。氷高皇女はまだ独身ですが、吉備皇女は文武天皇と皇位を争った高市皇子の子・長屋王に嫁いでいました。そして、長屋王は年齢的にも血統的にも、当時の常識から言えば最も皇位に近い人間でした。

ただ、彼の血統は、天智の血を受け継いでいない天武系です。

文武天皇が亡くなったとき、祖母の持統天皇はすでに亡くなっていましたが、皇統は必ず自分の血を受け継いだ血統に継がせるようにと遺言されていたであろう持統派の人々にとって、長屋王の即位はどうしても阻止しなければならないことでした。そして、自分の娘が産んだ皇子を皇位に即けるという野望を持っている不比等にとっても、これは同じでした。

同じ目的の下、持統・藤原連立政権は再び結びつきを強くします。そして、なんとしても首皇子に皇位継承をさせるために、首皇子の祖母・元明天皇と文武天皇の姉・元正天皇（氷高皇女）による皇位のリレーが行われるのです。

でもこれは藤原氏にとっては、言わば「窮余の策」です。安定的に藤原氏が外戚の地位を持つためには、藤原氏出身の女性でも皇后になることができるようにする必要がありました。

◇なぜ不比等は天皇家を滅ぼさなかったのか

不比等は七二〇年に、首皇子が皇位に即くのを見ることなく亡くなりますが、彼の四人の息子が彼の遺志を受け継ぎ、七二四年、首皇子は無事に皇位に即きます。これが奈良の大仏造立《ぞうりゅう》で有名な聖武天皇です。

不比等は大変に優れた陰謀家だと思います。それでも面白いのは、決して天皇家を滅ぼそうとは考えなかったことです。彼が天皇家を乗っ取ろうとしたのは確かですが、その手段は手間暇をかけて天皇の外戚になるというものです。これがもし外国なら、間違いなく力で天皇家を滅ぼし、その地位を奪い取っていたことでしょう。何よりもその方が手っ取り早いし、簡単です。

藤原氏は、不比等亡き後もその野望を受け継ぎ、平安時代には「関白」という実質的に天皇に取って代わることのできる職を新設し、藤原氏一族、それも不比等の血筋の限られた藤原氏にその職を独占させることで事実上天皇家から実権を奪い取ります。そこまでしても天皇家を滅ぼすことだけはしていません。それはやはり「神の子孫である万世一系《ばんせいいっけい》の天皇家の血筋」というものを尊重していたからでしょう。ここが外国と日本の大きな違いなのです。

宮子は天皇の母になることはできましたが、不比等の尽力をもってしても最後まで皇后になることはできませんでした。

そもそも、皇后が皇族でなければならないとされていたのには、きちんとした理由があってのことでした。

それは、推古《すいこ》天皇、持統天皇、元明天皇といった歴代女性天皇を見ればわかるように、当時は、天皇が早世した場合、皇后が皇位を受け継ぐことができるとされていたからです。**天皇になる可能性がある以上、万世一系の血を受け継ぐ者でなければならない。これが皇后が皇室出身の女性でなければならないとされていた理由です。**

これに対し藤原氏は、これも記録にはありませんが、宮子のとき、おそらく次のようなことを言って抗したと考えられます。

「確かに藤原氏から皇后を出したいという思いがあることは否定しません。でも、私の娘を皇位に即けようとまでは思っていません。もし仮に天皇が先に亡くなるようなことがあったとしても、すでに首皇子がいるのだし、娘を天皇にするようなことは望まないので、皇后になることだけ認めて欲しい。私は娘を天皇の正夫人にして欲しいだけなんだ」

しかし、不比等が生きている間に、彼のこうした努力が報われることはありませんでした。

ところが、平安時代になると、当たり前のように藤原家出身の女性が皇后となっています。

このターニングポイントとなったのが、聖武天皇の妻・光明《こうみょう》皇后です。光明皇后は、元は光明子《こうみょうし》という名の藤原不比等の娘なのです。

つまり、宮子と光明子は実の姉妹で、妹が姉の息子の妻となっているという構図なのです。

宮子ではできなかったことが、なぜ光明子ではできたのでしょう。

◇皇族の長屋王は天皇の軍によって殺された

藤原氏出身の娘を皇后にするという不比等の野望は、彼の四人の息子たち、「武智麻《むちま》呂《ろ》」、「房前《ふささき》」、「宇合《うまかい》」、「麻呂《まろ》」に引き継がれます。

彼らは聖武天皇に嫁いだ妹（きょうだいの生まれ順ははっきりわかっていないが）・光明子を、聖武天皇の皇后にすべく尽力します。しかし、これに強硬に反対した皇族がいました。長屋王です。

このとき長屋王は、皇位こそ逃したものの、藤原四兄弟よりも年長であり、また身分的にも左大臣という臣下としては最高位に位置していました。

彼は、皇室出身でない女性が皇后になることは絶対に認められないと、藤原氏の申し出を拒み続けました。

そうした「長屋王　対　藤原氏」という構図の中で起きるのが、長屋王の変です。

その事件が起きたのは、七二九年ですから聖武天皇が即位してから五年後のことです。突然、「長屋王は密かに左道《さどう》を学びて国家を傾けんと欲す」という密告がなされたのです。左道というのは、「呪い」という意味です。つまり、長屋王は密かに天皇を呪っていると密告があったということです。

すると、密告があるとほぼ同時に、藤原氏の三男である宇合が六衛府《ろくえふ》の兵を使って長屋王の邸宅を包囲したのです。

これも、大津皇子のときと同じように藤原氏の陰謀だと考えられます。なぜなら、宇合が動かした六衛府の兵というのは、藤原氏の私軍ではなく宮中を守る六つの基地の兵だからです。

ここで六衛府の兵を動かしたというのは、非常に重要なポイントです。なぜなら、六衛府の兵を動かせるのは天皇だけだからです。ということは、実際には詔《みことのり》が発せられていなかったとしても、六衛府の兵を動かしたということで、宇合の包囲は天皇の詔によるものということになるのです。

このことから、事前に十分な準備がなされていたことがうかがわれます。事前に準備されていなければ、密告と同時にこれらの兵を動かすことなどできるはずがありません。

しかもこのとき、天武天皇の息子である舎人親王が、この密告の内容は事実であると判断しているのです。舎人親王は本来なら天武側である長屋王に味方するはずの人です。その人がなぜ、藤原氏に組したのかはわかりませんが、当時すでに高齢だった舎人親王は、おそらくは脅されるとともに、味方につけばあなたの身の安全は保証しようなどと言われ、懐柔されたのでしょう。もしかしたら、賄賂で転んだのかも知れません。

いずれにしても、この舎人親王の判断が決め手となって長屋王は自害を命ぜられます。

長屋王は皇族です。皇族に自害を命じることができるのは天皇だけです。ということは、少なくともこの件に関して、聖武天皇が長屋王を自害させることに「うん」と言ったということです。

◇長屋王の祟《たた》りをもっとも恐れた人物とは？

聖武天皇は幼い頃から体も気も弱く、美人の誉れ高い妻・光明子の言いなりだったと言われています。ですから、おそらくは「あんた、長屋王が悪いことをしようとしてるから殺していいことにしなさいよ」と妻にお尻を叩かれて、言われるがままに許可してしまったものと考えられます。

光明子は、この長屋王の変の後、間もなく詔によって皇后になっています。絶対反対派の筆頭であった長屋王がいなくなったことで、藤原氏にとってはめでたく、初の藤原氏出身の皇后・光明皇后が誕生したわけです。

こうした流れから見ても、長屋王が無実の罪を着せられたことはまず間違いないでしょう。事実、長屋王は無実であるということは、この少し後の時代の正史にも書いてあるのです。ただし、それは大変回りくどい言い方で書かれています。どのような書き方かというと、「長屋王を密告した者は、後に無実の罪を捏造《ねつぞう》したことが人々にばれて殺された」というものなのです。

なぜはっきりと長屋王は無実の罪だったと書かないのかというと、もしそれをしてしまうと、彼の処刑にゴーサインを出した天皇の責任問題になってしまうからです。

ならばいっそ書かなければいいのに、と思いませんか？

実は、こうしたことが後の正史に書かれたのには理由があるのです。それは、これも日本ならではの宗教、怨霊《おんりょう》信仰の賜物なのですが、長屋王を殺した黒幕とされる藤原四兄弟が、長屋王の変の八年後の七三七年に相次いで四人とも亡くなってしまったからです。これは別に暗殺されたわけではありません。おそらく天然痘だと思われるのですが、

「流行病《はやりやまい》」にかかって四人とも死んでしまうのです。

天然痘の病因はウイルスですが、当時の人はもちろんそんなことは知らないので、藤原四兄弟がたった一年の間に次々ともがき苦しんで死んでいくのを見て、これは無実の罪を着せられて殺された長屋王の祟《たた》りに違いないと思ったのです。だから、**後の人は長屋王の霊を慰めるために、正史に「あれは無実の罪だった」と書く必要があったのです。**

でも、本当に長屋王の祟りを恐れたのは、処刑を許した聖武天皇と光明皇后だったのではないでしょうか。

この後、二人の間には皇子が生まれるのですが、その子は聖武天皇以上に弱く、幼くして亡くなります。そして、唯一二人の血を受け継いで成長できたのは、阿倍《あべ》内親王（のちの孝謙《こうけん》〈称徳《しょうとく》〉天皇）つまり皇女だけでした。跡継ぎになり得る男子が育たないことを、二人が長屋王の呪いだと恐れたであろうことは想像に難くありません。この後、この「呪い」を払拭《ふっしょく》するために、聖武天皇は日本始まって以来の大事業に着手するのですが、それについては次項で詳しく述べたいと思います。

少しだけ先を言うと、持統天皇が何としても守ろうとした自らの血統は、阿倍内親王で途切れます。しかし、藤原鎌足、藤原不比等、この二人が生み出した壮大な野望は、藤原四兄弟の犠牲を乗り越えて受け継がれ、やがて平安時代を動かしていくことになるのです。

連立を組みともに野望の達成を願った持統天皇と藤原不比等ですが、やはり不比等の方が陰謀家としては大物だったと言えるようです。

第三章のまとめ

・持統天皇が遷都した場所は、「藤原宮」という名が使われました。いかに藤原氏の力が大きなものであったかがわかります。すなわち、持統天皇の政権というのは、いわば「持統・藤原連立政権」であったことがわかるのです。

・不比等がその心の内に秘めていた野望は、一言でいえば「天皇家を乗っ取る」ことでした。その具体的な方法は、自分の血を引く藤原家の娘を天皇の妻にし、その藤原氏の娘が産んだ子供を次の天皇にするというものです。

・藤原氏出身の娘を皇后にするという不比等の野望は、彼の四人の息子たちに引き継がれます。そうした過程の中で起きたのが、長屋王の変です。

第四章

藤原仲麻呂と道鏡

——誰が二人を称徳の愛人に仕立て上げたのか

道鏡塚（栃木県下野市薬師寺）。道鏡の墓と伝わる古墳（三猿舎提供）

◇「道鏡極悪人説」はどこから生まれたのか

みなさんは、日本史における「三大悪人」というのをご存じでしょうか。答えは、弓削道鏡《ゆげのどうきょう》、平将門、足利尊氏の三人です。本項で取り上げるのは、この日本三大悪人の筆頭、弓削道鏡です。

彼はなぜ大悪人と言われているのでしょう。ごく簡単に言えば、「僧侶の身でありながら、女性天皇を色仕掛けでたらし込み、自ら天皇に成り代わろうとしたから」です。これは日本史の「定説」で、今の教科書にもこれほどあからさまな表現ではないものの基本的には同様のことが書かれています。

光明皇太后の没後、孝謙上皇と淳仁《じゅんにん》天皇との対立が激しくなり、上皇の寵愛《ちょうあい》をうける僧道鏡《どうきょう》が勢いを得てきたので、仲麻呂は道鏡を討とうとして、乱をはかったが、破れて処刑された（藤原仲麻呂の乱）。同時に、淳仁天皇は淡路島に流され、孝謙上皇が重祚《ちょうそ》して称徳《しょうとく》天皇となった。道鏡は、やがて太政大臣禅師《ぜんじ》・法王《ほうおう》となり、一族や腹心の僧を高官に登用して権勢を振るい、みずから皇位継承者になろうとしたが、藤原百川《ももかわ》や和気清麻呂《わけのきよまろ》らに阻《はば》まれ、称徳天皇が亡くなるとともに失脚した。

（『新日本史B』桐原書店　61ページ）

「道鏡はみずから皇位継承者になろうとした」とあります。これは事実なのでしょうか。

事実だとしたら、たらし込まれた女性天皇・称徳《しょうとく》天皇も相当ダメな天皇だということになります。実際、称徳天皇の歴史的評価は非常に低く、愛人を取っ替え引っ替えした乱倫な女帝ということになっています。

「藤原仲麻呂《ふじわらのなかまろ》の乱」も、この教科書では「道鏡が勢いを得てきたので討とうと」としか書かれていませんが、定説では、もと女帝の愛人だった仲麻呂がその寵愛が道鏡に移ってしまったことに嫉妬して乱を起こした、ということになっています。

称徳天皇の乱倫説と道鏡極悪人説は、かなり昔から人々に浸透していました。そのことを伝える江戸時代の川柳をご紹介しましょう。

道鏡は座ると膝が三つ出来

道鏡に根まで入れろと　詔《みことのり》

道鏡に崩御《ほうぎょ》崩御と称徳言い

意味がおわかりでしょうか。最初の川柳は、座ったときに膝の間にもうひとつ膝ができるということですから、道鏡はそれほどの巨根だったということです。ふたつ目のは、道鏡に根元まで入れなさいと「詔」されたということです。言った人は「詔」を出せる人ということですから、称徳天皇ということになるのです。そして三つ目は、「崩御」という言葉がカギです。崩御とは天皇が死ぬことですから、称徳さんが「死ぬ〜、死ぬ〜」と言ったということです。

江戸時代は「お上」である徳川将軍家を批判することは許されざるタブーでしたが、没落した王家である天皇家のことは庶民も自由に批判できました。ですから、天皇家のスキャンダルは、江戸時代の庶民にとっては川柳の格好のネタだったのです。

さらに、この説は、天皇を「神聖不可侵の存在」と憲法で定めていた戦前の教科書にすら記述されていました（ただし、称徳天皇と道鏡が愛人関係にあったことは天皇を侮辱することに繋《つな》がるので触れられていません）。

道鏡は、第四十八代稱徳《しょうとく》天皇の御代に、朝廷に仕へて政治にあづかってゐましたが、位が高くなるにつれて、しだいにわがままになり、つひに、國民としてあるまじき望みをいだくやうになりました。すると、これもある不心得《え》者が、宇佐八幡《うさはちまん》のお告げと稱して「道鏡に御位をおゆづりになれば、わが國はいつそうよく治るでございませう。」と奏上しました。いふまでもなく、道鏡に對するへつらひの心からい ひ出した、にくむべきいつはりごとでありますが、天皇は、わざわざ和氣清麻呂《わけのきよまろ》を宇佐へおつかはしになつて、神のおつげをたしかにお聞かせになりました。

（『初等科國史』文部省発行　58ページ）

道鏡極悪人説はこのように昔から浸透していたことから「定説」になっているのですが、歴史上の事実を丹念に拾い上げ、あらためて考えていくと、実はこうした説では矛盾することが多々出て来てしまうのです。

結論から言えば、**私はこれも次代の権力者による捏造《ねつぞう》だと考えています。称徳天皇は乱倫どころか、むしろ潔癖なほどに理想を追い求め、生涯処女だったと考えられます。同様に、道鏡も決して自ら天皇になろうとしたわけではないと思います。**

それでも、女帝が道鏡に天皇の位を譲ろうとしたのは事実です。

では、なぜ称徳天皇はそんなことをしようとしたのでしょう。それを述べるためには、称徳天皇とはどのような経緯で天皇の位に即《つ》くことになったのか、そこからお話しすることが必要です。

◇聖武《しょうむ》天皇の国を挙げての大プロジェクト

称徳天皇の皇位に即く前の名前は、阿倍《あべ》内親王と言います。父は聖武《しょうむ》天皇、母は藤原《ふじわらの》不比等《ふひと》の娘・光明《こうみょう》皇后です。光明皇后は、前項でお話しした通り、藤原氏出身で皇后になった最初の人物です。

称徳天皇の悲劇は、兄弟に恵まれなかったことです。正確に言えば、弟が一人生まれているのですが、生まれながらに体が弱く、生後わずか一年で亡くなってしまいます。その結果、彼女は聖武天皇と光明皇后の血を受け継いだ唯一の人間となってしまったのです。

兄弟ということでは、正確に言うともう一人、聖武天皇の夫人《ふじん》・県犬養広刀自《あがたのいぬかいのひろとじ》が産んだ安積《あさか》親王という方がいました。ところが、聖武天皇はこの皇子を後継者にしようとはしませんでした。基皇子が生まれたときは、誕生とほぼ同時に皇太子に指名しているのに、安積皇子に対しては何もしていません。理由は言うまでもないでしょう。そうです、安積親王は藤原氏の血を引いていない皇子だからです。藤原氏は、藤原氏出身の女性が産んだ子供が皇位に即くことに執着したのです。

その結果、同母の男兄弟に恵まれなかったことは、阿倍内親王にとって大きな悲劇になったのと同時に、国家にとっても万世一系《ばんせいいっけい》で受け継がれてきた皇統が失われかねない危機を招きました。しかし、持統《じとう》天皇以来、無理に無理を重ねて繋いできた大切な血統です。何としてもこの危機を脱しなければなりません。

そこで、この危機を脱するため、聖武天皇は国を挙げての大プロジェクトを決行します。それこそが、大仏の造立《ぞうりゅう》だったのです。

朕薄徳《ちんはくとく》を以て、忝《かたじけ》なくも大位を承け、志を兼済《けんさい》に存じ、勤《つと》めて人物を撫《ぶ》す。率土《そつど》の浜《ひん》すでに仁恕《じんじょ》に霑《うるお》うと雖《いえど》も普天《ふてん》の下、いまだに法恩に浴せず。誠に三宝の威霊に頼りて、乾坤相泰《けんこんあいやす》んじ、万代の福業を修めて、動植ことごとく栄えんことを欲す。

（『続日本紀《しょくにほんぎ》』原漢文）

〈現代語〉

朕《ちん》（聖武天皇）は徳薄い身でありながら天皇になり、国民のすべてを幸福にしなければと常に志《こころざ》してきた。そして今、ようやく人々を朕の仁政でうるおすことができたが、まだ全国民を仏教の恩恵に浴させてはいない。そこで、なんとかして、仏の威光と霊力により天下が安泰になり、万代《よろずよ》の幸福を願うことによって、この世のすべての生命が皆栄えることを望むものである。

これは、奈良の大仏の造営目的について聖武天皇が語られた「大仏造立の詔」です。これによれば大仏は、聖武天皇が国民の幸福を願って建立したものだということになります。

でも、言葉通り受け取ってしまっていいのでしょうか。

なぜそんな疑問を持つのかというと、この時代は凶作による飢饉、地震や疫病の発生と立て続けに災害が起きており、国家財政はかなり苦しい状態にあったからです。しかも、この二年前には全国に国分寺《こくぶんじ》と国分尼寺《こくぶんにじ》を創建することがすでに決まっています。そこにさらに「大仏造立」という大事業を行うというのは、どう考えてもやり過ぎです。財政的な面から見れば、国民を幸せにするどころか、重税で苦しめることになるのは明らかです。

奈良の大仏を造立するというのは、皆さんが思っているより、遙かに大変なことなのです。なぜなら、奈良の大仏は「鋳物《いもの》」だからです。

一般的に飛鳥・奈良時代は中国大陸や朝鮮半島のほうが学問も技術も遙かに進んでいたと考えられています。皆さんもそう思っている方がほとんどだと思います。ところが、奈良の大仏を見る限り、日本の技術は大陸の文化と比べても遜色《そんしょく》がないどころか、大陸の文化を凌駕《りょうが》するほど素晴らしいものだったと言えます。

鋳物というのは、どろどろに溶かした金属を型に入れて成型します。現在の大仏の高さは約一五メートル。これでも十分に巨大ですが、造立当時は今よりもさらに大きく、一八メートルぐらいあったと言われています。おそらくあの時点では世界最大の鋳物だったでしょう。

大きさだけなら、世界には奈良の大仏を上回る大仏があります。たとえばアフガニスタンのバーミヤンの石仏（高さ約五五メートル）、中国の楽山《らくさん》大仏（高さ約七〇メートル）など。しかしながら、これらはみな石仏です。石仏と鋳物の像では、その製造技術には格段の差があります。石仏を作るのは、技術としては簡単なのです。なぜならコツコツ彫っていきさえすれば、時間はかかりますが特別な技術は必要としないからです。

でも、銅をどろどろに溶かして型に入れて作る鋳物には熟練の技術が必要です。しかも、小さな鋳物ならともかく、あれだけ巨大な鋳物を作るのは現在の技術力をもってしても簡単なことではないのです。そのうえ、当初の大仏は黄金でメッキまでされていたというのですから、当時の日本の工業技術は、東アジアの中で最高水準だったと言っても決して過言ではありません。その証拠に、巨大な仏像を持つ中国にも、あれほど大きな鋳物の仏像は存在しません。

ですから当時の日本にとって大仏を建立するというのは、単純に比較できないかも知れませんが、今の時代に当てはめてたとえるなら、日本が月に有人宇宙船を打ち上げるような国家的大プロジェクトだと言えるのです。

◇日本史上、前例のない女性皇太子の誕生

なぜこれほどの大事業を、国民に無理を強いてまで行ったのでしょう。

この謎を解くヒントは、光明皇后が聖武天皇に強く建立を勧めた国分尼寺の正式名称にあります。国分尼寺の正式名称は「法華滅罪之寺《ほっけめつざいのてら》」。罪を滅してくれる寺ということですね。


ここで思い出していただきたいのが、持統系の血統を皇位に即けるために、そして、藤原氏出身の光明子《こうみょうし》を皇后にするために、天皇家と藤原氏がともに行ってきたと考えられる悪事の数々です。

大津《おおつ》皇子や長屋《ながや》王に無実の罪を着せて殺してからというもの、皇室は丈夫な皇子に恵まれませんでした。しかも、天災や疫病が頻発し、世の中は乱れ、藤原氏では四兄弟が相次いで亡くなっています。このように考えていくと、奈良の大仏というのは、実は跡継ぎの男子に恵まれない聖武・藤原政権が、長屋王の祟《たた》りを封じ、跡継ぎの誕生を神仏に祈願す

るために作ったものだと言うことができます。

聖武天皇と光明皇后はギリギリまで頑張りますが、どうしても皇子が授からない。皇統は男系継続とされているものの、持統天皇以来、苦労に苦労を重ねてここまで繋いできた持統系の血統を今さら他の血統に渡すのも嫌《いや》です。そこでやむを得ず、という言い方は阿倍内親王にはあまりにも気の毒ですが、おそらく彼らの本音を言えばそうとしか表現できない思いで、内親王の阿倍を、つまり、聖武天皇と藤原氏出身の最初の皇后の血を受け継いだ唯一の人間を皇太子にしたのです。このとき内親王は二十一歳、**女性の皇太子は、日本の歴史においてこれが最初で、以後一例もありません。**

女性の身で皇太子になるということは、かわいそうなことに結婚することは許されなくなる、ということを意味しました。なぜなら、天皇は「男系」継承が基本的なルールだからです。

男系とは、男性の天皇の血を受け継いだ男子が跡を継ぐ、ということです。同じ天皇の

Point

奈良の大仏の建立は跡継ぎ誕生への願いからだった！

血を受け継いだ子供でも女子が産んだ子供では血統が受け継がれないというのが男系という考え方です。皇位継承は「男系でなければならない」というこのルールは、今も昔も基本的には同じです。

そうした男系継承のルールの中で唯一許されるのが、「中継ぎ」としての女性天皇です。皇位を受け継ぐ資格を有した男系の男子がいるけれど、その子がまだ幼くてすぐには皇位に即くことができない場合、皇后や天皇の血を受け継いだ皇女が、その男系の皇子が成長するまでの間を繋ぐために即位する、ということです。事実、阿倍内親王以前に何人もの女性天皇がいますが、彼女たちはすべてこの「中継ぎ」のための女帝でした。

とりあえず、阿倍内親王を力尽くで皇太子にしたものの、藤原氏にとって心配なのはその先をどうするのかという問題でした。聖武天皇の血を受け継ぐ皇子・安積親王が存在している以上、男系継承のルールに従い、次は安積親王を天皇にするというのが正論です。でも、そうなったら藤原氏の野望は潰《つい》えてしまいます。

そんなとき、藤原氏にとっては実に「都合よく」安積親王が急死します。

これで阿倍皇太子の即位に反対する者はいなくなりますが、彼女の結婚が許されない以上、持統以来の皇統が彼女で絶えることは明らかでした。

◇藤原仲麻呂が仕掛けた陰謀

大津皇子や長屋王の死が藤原氏の陰謀によるものであったように、藤原氏にとって実に都合のいい安積親王の急死も、おそらく偶然ではなかったでしょう。こうした悪事を重ねていた一方で、藤原氏も聖武天皇も、次々と自分たちの身に降りかかる不幸を「祟《たた》り」として恐れていたのでしょう。だからこそ、「滅罪」という名を用いて、神仏の力にすがろうとしたのです。

しかし、聖武天皇と藤原氏が最後の望みを託した大仏も、彼らの願いを聞き届けることはありませんでした。そして七四九年、聖武天皇は皇子を残すことなく譲位してしまいます。このとき、阿倍内親王は三十二歳、ついに皇位に即くことになります。これが孝謙《こうけん》天皇です。

孝謙天皇は後に重祚《ちょうそ》（同じ人が再び皇位に即くこと）して称徳天皇となります。ふたつの名を使うのはわかりにくいので、本項では以後、称徳天皇の名で統一します。

結婚することが許されず、自分の子供が望めない称徳（孝謙）天皇が皇太子に指名したのは、『日本書紀』の編纂者として知られる舎人《とねり》親王の子・大炊《おおい》王でした。大炊王は「天武―舎人―大炊」と男系で繋がっているので皇位継承権を持ちます。でも実は、聖武天皇

●天武系皇族の関係系図

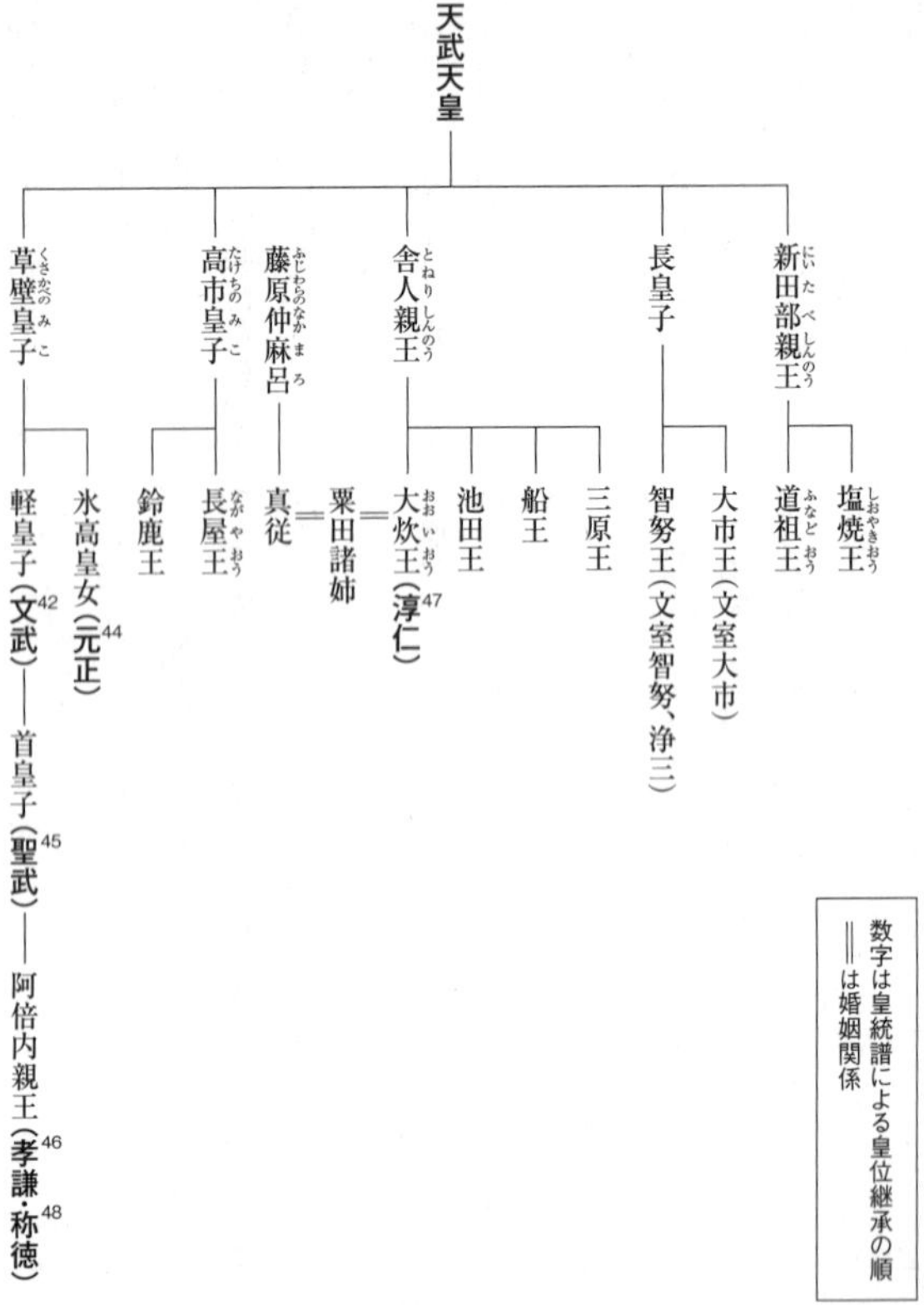
天武天皇
草壁皇子《くさかべのみこ》
高市皇子《たけちのみこ》
藤原仲麻呂《ふじわらのなかまろ》
舎人親王《とねりしんのう》
長皇子
新田部親王《にいたべしんのう》
軽皇子（文武42）
氷高皇女（元正44）
鈴鹿王
長屋王《ながやおう》
真従
粟田諸姉
大炊王《おおいおう》（淳仁47）
池田王
船王
三原王
智努王（文室智努、浄三）
大市王（文室大市）
道祖王《ふなどおう》
塩焼王《しおやきおう》
首皇子（聖武45）
阿倍内親王（孝謙46・称徳48）
数字は皇統譜による皇位継承の順
＝は婚姻関係

が亡くなるときに孝謙天皇の跡継ぎとして皇太子に指名していたのは大炊王ではなく、道祖《ふなど》王でした。

道祖王も大炊王と同じく「天武―新田部《にいたべ》―道祖」と続く男系男子です。道祖王の母は不明ですが、父・新田部親王の母は藤原鎌足《ふじわらのかまたり》の娘なので、藤原氏の血も受け継いでいます。一方、大炊王の母は当麻真人山背《たいまのまひとやましろ》、祖母は天智《てんじ》天皇の娘なので藤原氏の血は受け継いでいません。

藤原一族の血を受け継ぐ皇子を即位させようと、ここまで必死に努力してきたはずなのに、なぜ聖武天皇の遺詔は覆《くつがえ》されてしまったのでしょう。

この皇太子交代劇の陰に存在していたのが、称徳天皇の最初の愛人と噂される藤原仲麻呂です。実は仲麻呂は、いずれ皇位継承問題が浮上することがわかっていたので、皇位継承権を持つ大炊王に自分の息子の未亡人である粟田諸姉《あわだのもろね》という女性を妻合《めあ》わせ、さらに、自分の屋敷内に住まわせるということをしていたのです。つまり、大炊王を自分の言いなりになる「手駒」として準備していたのです。

藤原氏が権勢を振るっていた当時の状況では、男系男子で皇位継承権を持つとはいえ、大炊王に天皇位が巡ってくる可能性はほとんどありません。そんなときに、「自分の言う通りにすれば、天皇にしてさしあげましょう」という仲麻呂の誘いは、大炊王にとっても悪い話ではありませんでした。

◇なぜ仲麻呂は急速に没落したのか

ここで127ページの年表をご覧いただきたいのですが、大炊王が皇太子に指名された年、仲麻呂は当時の国家の中枢とされた紫微《しび》中台《ちゅうだい》の長官・紫微内相《ないしょう》（紫微令よりもさらに強い権限を有した）という役職に就き、さらにその翌年には、孝謙天皇（＝称徳天皇）の譲位を受けて大炊王は淳仁《じゅんにん》天皇になります。そして、藤原仲麻呂の権力は、このときから急激に強くなります。

おそらく淳仁天皇は、妻の義理の父であり、自分を天皇にしてくれた仲麻呂の言いなりだったのでしょう。急速に力を強くしていった仲麻呂は、「恵美押勝《えみのおしかつ》」という美名とともに「鋳銭《ちゅうせん》」と「出挙《すいこ》」の権を天皇から与えられ、位も臣下としては最高位の太政大臣《だいじょうだいじん》にまで上り詰めます。

「鋳銭」というのはお金を鋳造する権利です。春に農民に稲を貸し付け、それを秋の収穫時に高い利息とともに徴収する「出挙」は、もともとは農民の生活を維持させるために各地の豪族が行っていたものですが、この時代には租税の一種とされていました。どちらも天皇家の特権とされていた権利です。つまり、**本来天皇が掌握すべき特権を、一応は天皇**

●称徳天皇と藤原仲麻呂の年表

西暦(年号)	できごと	称徳の数え年
718(養老2)	阿倍内親王(後の称徳天皇)、生まれる	
738(天平10)	阿倍内親王、皇太子となる	21歳
743(天平15)	仲麻呂、参議となる	
749(天平勝宝1)	孝謙(称徳)天皇即位し、仲麻呂、大納言となる 仲麻呂、紫微中台長官(紫微令)となる	32歳
750(天平勝宝2)	遣唐使再開が決定される	
752(天平勝宝4)	大仏開眼、遣唐使派遣	
756(天平勝宝8)	聖武天皇、死す	39歳
757(天平宝字1)	皇太子道祖王が廃され、大炊王が代わって皇太子となる 仲麻呂、紫微内相となる 橘奈良麻呂の乱起こり、鎮圧される 　右大臣藤原豊成(仲麻呂の兄)左遷 　奈良麻呂、黄文王、道祖王ら殺される	40歳
758(天平宝字2)	孝謙天皇退位し、大炊王が即位(淳仁天皇) 仲麻呂、恵美押勝の名と鋳銭・出挙の特権を与えられる 仲麻呂、太師(太政大臣)となる	41歳
760(天平宝字4)	光明皇太后、死す	43歳
762(天平宝字6)	孝謙上皇、平城京に復帰し、淳仁天皇から実権を奪う	45歳
764(天平宝字8)	仲麻呂、乱を起こし敗死 淳仁天皇は廃位され流罪 孝謙上皇重祚して、称徳天皇となる	47歳
765(天平神護1)	道鏡、太政大臣禅師となる	48歳
766(天平神護2)	道鏡、法王となる	49歳
769(神護景雲3)	不破内親王追放 宇佐八幡神託事件	52歳
770(神護景雲4)	称徳天皇、死す 道鏡、下野薬師寺に左遷	53歳

参照:『逆説の日本史３』(小学館)

から与えられたということになっていますが、実際には仲麻呂が奪ってしまったのです。

仲麻呂が称徳天皇の愛人だと疑われている最大の原因は、彼が異例とも言えるスピードで出世していることです。何しろ、皇族出身ではない身で太政大臣になった人物は彼が最初です。

しかし、先入観なく年表を詳細に見ていくと、彼の出世は称徳天皇ではなく、実は称徳の母である光明皇太后の引き立てによるものだということがわかります。仲麻呂の出世について教科書は次のように説明しています。

仲麻呂は、光明皇太后の家政組織を改編した紫微中台《しびちゅうだい》の長官になり、淳仁《じゅんにん》天皇を即位させ、養老《ようろう》律令を施行し、唐風政策をとり、新羅出兵も計画した。そして淳仁天皇から恵美押勝《えみのおしかつ》の名を賜った。

（『新日本史B』桐原書店　61ページ欄外）

もう少し解説すると、紫微中台というのは、律令の規定にない令外官《りょうげのかん》で、このとき新たに作られた役職です。では、なぜこの役職を新たに作る必要があったのでしょう。謎を解くカギは「紫微」という名にあります。

『人物叢書　藤原仲麻呂』（岸俊男著／吉川弘文館刊）によれば、この「紫微」というのは、「北斗星の北にあって天帝の座といわれる紫微垣《しびえん》に出るもの」だと言います。つまり「紫微」とは「天子の常座」という意味なので、紫微中台は単なる皇后宮職《こうごうぐうしき》の改称ではなく、「皇太后となった光明子が新たに即位した孝謙天皇を補佐して人政を行うための機関」だというのです。私もこの説の通りだと思います。

つまり、**皇后にはなったけれど、藤原氏出身なので天皇の死後、皇位を受け継ぐことが許されなかった光明子が、正式な政府である太政官から権力を奪うために新設した機関が「紫微中台」だと考えられるのです。**そこの長官に任じられた仲麻呂が光明子の実の甥であることを考え合わせれば、仲麻呂は光明子の最も信頼に足る側近だったから紫微中台の長官に任命されたと考えるのが自然でしょう。もしも、噂通り仲麻呂が称徳天皇の愛人で、彼女が権力の後ろ盾となっていたなら、紫微中台のような新たな機関をわざわざ設立しなくても、素直に太政官のトップに仲麻呂を就けていたはずです。

紫微中台を作らせたのは、そこのトップである光明皇后です。そして、ここが肝心なのですが、「裏機関」である紫微中台が力を持てば持つほど、表の政府機関である太政官の権威は低下してしまうということです。表の政府機関である太政官のトップは天皇なので、「仲麻呂＝紫微中台（光明皇后）」が力を持つということは、同時に「称徳天皇＝太政官」が権威を失うということになるのです。女帝が仲麻呂の愛人なら、自らの権威をおとしめるようなことをするはずがありません。

もうひとつ、**仲麻呂が光明皇太后の引き立てによって出世したことを証明しているのが、光明皇太后の死と同時に、仲麻呂の没落が始まっているという事実です。**

ここでもう一度年表をご覧ください。七六〇年に光明皇太后が亡くなると、その二年後の七六二年、それまで都を離れていた孝謙上皇が再び平城京に戻り、淳仁天皇から実権を奪っています。すると、そのさらに二年後に仲麻呂は乱を起こし敗死、淳仁天皇は廃位され、淡路に流されています。

教科書では仲麻呂が乱を起こしたのは道鏡が勢力を伸ばしてきたからだと書かれていますが、道鏡が太政大臣禅師《ぜんじ》となるのは、称徳天皇が重祚した翌年（七六五年）になってからです。

◇日本にもあった「奇貨《きか》おくべし」

重祚してからの女帝は、確かに道鏡を重用し、彼に皇位を譲ろうとします。でも、それは心から日本の行く末を思ってのことだったのではないでしょうか。

彼女が天皇位に即くのは、これが二度目ですが、最初に皇位に即いたときは母である光明皇太后が実権を握っていました。

光明皇太后は、皇后になった後も「藤三娘」、つまり「藤原家の三女」と署名していたことからもわかるように、何よりも藤原氏の権勢と発展を第一義とする人物でした。一人娘の称徳天皇でさえも彼女にとっては藤原氏を繁栄させるための駒でしかなかったのです。

仲麻呂と組んで、娘に皇位を譲らせ、淳仁天皇を立てたのも、その方が藤原氏にとって都合がよかったからです。

確かに淳仁天皇は藤原氏の血を受け継いではいませんが、仲麻呂の手駒として思い通りに動かすことができます。そうして権力を維持できれば、また天皇に藤原氏の娘を娶《めと》らせ、それを皇后にすれば、天皇家に藤原氏の血を入れるのは簡単にできます。

これまで藤原氏は持統・藤原連立政権のもと、持統天皇の血統を守ることに尽力してきましたが、彼らの本来の目的は藤原氏の繁栄です。自分たちの言いなりになる天皇であれば、正直なところ持統系でも天武系でも天智系でも、何でもよかったのではないでしょうか。

事実、藤原氏が選んだのは、聖武天皇が選んだ道祖王ではなく、仲麻呂の手駒となった大炊王でした。

私は、大炊王と仲麻呂の関係を見ていると、「奇貨《きか》おくべし」という故事成語で知られる呂不韋《りょふい》と子楚《しそ》（始皇帝の父、のちの荘襄《そうじょう》王）のエピソードを思い出します。

中国戦国時代の商人・呂不韋は、趙《ちょう》という国で秦国から人質として送られていた秦王の孫・子楚と出会います。

当時の秦国の太子・安国君には二十数人の子供がいましたが、正夫人・華陽夫人には子供がいませんでした。しかし、将来、皇太子が亡くなった後に後継者を指名する権利は正夫人にあります。つまり、華陽夫人の実子ではないという意味においては、この二十数人の子供たちはすべて同じスタートラインに立っていることになるので、子楚にも将来秦国王になる可能性があります。その意味で子楚は、呂不韋にとって「奇貨」と言えました。

そこで呂不韋は、人質として恵まれない生活を送っていた子楚に近づき「私があなたを裕福にして差し上げましょう」と申し出ます。そしていぶかる子楚に重ねて言います。「私はあなたがお金持ちになってから、金持ちになりましょう」と告げます。

聡明な子楚はこれだけのやりとりで呂不韋の真意を理解し、「それでは、事が成ったあかつきには、国の半分をあなたに差し上げましょう」と約束します。こうして二人は共同の目的のために手を取り合います。子楚は秦国王になるために、呂不韋はその後押しをすることで大金と権力を得るために。

まさに、呂不韋は仲麻呂の姿に、子楚は大炊王に、そして華陽夫人は称徳天皇に重なります。事実、子楚は秦の王になれたら「国の半分を差し上げましょう」と言いましたが、大炊王も淳仁天皇となったとき、仲麻呂に天皇だけに許された特権「鋳銭と出挙の権」を与えています。

これほどの類似は偶然の一致ではあり得ません。

呂不韋と子楚のエピソードは仲麻呂の時代よりも一千年近くも前の中国で実際にあった出来事で、中国の史家・司馬遷《しばせん》が書いた『史記』に記されていたので、学問に詳しく、多くの中国古典を読んでいた仲麻呂は当然知っていたと思われるからです。

藤原氏の繁栄を目指す中で、仲麻呂とその後ろ盾である光明皇太后は、呂不韋のやり方を見習ったのでしょう。そして、呂不韋たちが華陽夫人のご機嫌を取り、子楚を後継者に指名させたように、称徳天皇のご機嫌を取り、先帝の指名した道祖王を廃し、大炊王を皇太子に据えることに成功したのです。

おそらく、自分がうまく利用されたことに称徳天皇が気がついたのは、仲麻呂が天皇の特権を取り上げ、専横振りを発揮してからだったのでしょう。しかし、今さら歯ぎしりして悔いても、彼のバックには皇太后である母が君臨しています。退位し、都を離れた上皇の立場ではどうすることもできません。彼女がこの悔《くや》しい思いを行動に結びつけることができたのが、母である光明皇太后の死の直後であることが、私のこの推論の正しさを物語っているると言えるでしょう。

それともうひとつ、称徳天皇が決して色に走った女帝ではなかったと私が考える理由は、対立した仲麻呂が敗死しているという事実です。もしも、本当にこれが女帝の寵愛を争う愛憎劇なら、都に戻ってきたばかりの女帝に味方し、現実力者である仲麻呂を討つことに臣下がこれほど尽力することはなかったのではないでしょうか。

では、愛欲のあげくに皇位を譲ろうとしたのではないとしたら、なぜ称徳天皇は道鏡に皇位を譲ろうとしたのでしょう。

◇「有徳の優れた人材に国を託す」

称徳天皇は、気の毒なことに男系男子による天皇家を守るという皇室のルールに縛られ、生涯結婚できない身でした。それに、再び天皇位に即いたときの彼女の年齢は四十七歳です。今さらルールを変えたとしても、もう子供を望むことは不可能な年齢です。何とかして、今いる人材の中から自分の後継者を選ばなければなりません。

でも、かつて信頼していた藤原仲麻呂には裏切られ、男系男子として皇位継承権を持つ淳仁天皇は天皇家の魂と誇りを藤原氏に売り渡したも同然のダメ天皇でした。でも、その淳仁天皇ですら、彼女にしてみれば、仲麻呂の強い推薦があったとはいえ、候補者の中から選《え》りすぐった人材だったはずです。ということは、この時点で称徳天皇にはもはや選ぶべき人材はいなくなってしまっていたのです。

それでも誰かを選ばなければならないとなったとき、彼女はこう考えたのではないでしょうか。

「血縁者の中に皇位を受け継ぐ資格を持った者がいないのなら、国のため、国民のために、有徳の優れた人材に国を託すべきではないのか」と。

仲麻呂のところでも述べましたが、当時の学問の中心は中国の古典です。むろん、称徳天皇も中国史や漢籍に通じていました。すると、我が国では天皇の血統を受け継ぐ男子が皇位に即くことがルールとなっているけれど、中国はそうではない。中国の「皇帝」は、有徳の士が天命によって選ばれるとされています。そのことを知っていた女帝なら、人材がいない以上、有徳の士に国を託すのが最もいい選択だと考えたとしても不思議ではありません。この、有徳の士に位を譲ることを「禅譲《ぜんじょう》」と言います。

つまり、**皇統を受け継ぐ男子の中に皇位を継ぐにふさわしい人材を見出せなかった称徳天皇は、自分が知りうる最も有徳の士である道鏡に「禅譲」しようと考えたのです。**

実はこの私の仮説を裏付ける証拠となるものもあるのです。それは、称徳天皇が生前から使っていた「号」です。号というのは、ごく簡単に言えば本名ではない「呼び名」です。今でも書道家や画家が自分の作品に「雅号」を用います。号は自分で好きなものをつけることができるので、その人が自分のことをどう考えていたのかを知る手がかりとなります。

称徳天皇が自ら用いていたのは「宝字称徳孝謙皇帝」というものでした。おわかりでしょうか。称徳天皇は、自らを万世一系の皇統によって保証された「天皇」ではなく、中国において天命によって政権を任された存在と考えられていた「皇帝」だと言っているのです。天皇ではなく皇帝なら、禅譲が最も理想的な位の継承と言えます。

つまり、彼女が行おうとしていたのは、「天皇制」から「皇帝制」への移行だったのです。

◇道鏡への禅譲とは「天皇制」の廃止を意味していた

しかし、称徳天皇の試みは「神意」の名のもとに潰されます。

七六九年、道鏡の弟で大宰帥《だざいのそち》の弓削浄人《ゆげのきよと》と大宰主神《かんづかさ》の習宜阿曾麻呂《すげのあそまろ》によって「道鏡を皇位に即ければ天下は太平になる」という内容の神託が宇佐《うさ》神宮から下ったと奏上されます。

後世の歴史書は道鏡を大悪人としているので、「道鏡の身内が神託の名を借りて奏上した」かのように記していますが、おそらくこれは称徳天皇の意向だったと考えられます。

興味深いのは、ここでは素直に神託が受け入れられず、「もう一度神様に確かめてみよう」となっていることです。しかも、確かめる相手は、神託を下した宇佐八幡なのです。

記録によれば、和気清麻呂《わけのきよまろ》という人物が真偽を確かめる役に選ばれ、宇佐神宮に改めてお伺《うかが》いを立て「天《あま》の日継《ひつぎ》は必ず帝の氏《うじ》を継がしめむ」という神託を持ち帰ります。「必ず帝の氏を」、ということは、これまで通り天皇は皇統を男系で受け継ぐ者でなければならない、ということです。この神託が下ったことによって、称徳天皇の「皇帝制」への転換という夢は断たれます。

でも、考えてみてください。天皇の祖先神は伊勢神宮に祀《まつ》られている天照大神《あまてらすおおみかみ》です。そして、日本国の支配者は天照大神の子孫に限るという掟《おきて》「天壌無窮《てんじょうむきゅう》の神勅《しんちょく》」を下したのも天照大神です。事は皇位継承についての重大な問題なのですから、確かめるなら伊勢神宮に行って、天照大神にお伺いを立てるべきだと考えるのが普通ではないでしょうか。それなのに、なぜか神託が下ったのも、その真偽を確かめる相手も宇佐八幡の神なのです。

これはあくまでも私の仮説ですが、おそらく、実際にふたつの神託があったわけではなく、称徳天皇の言いだした禅譲を宇佐八幡の神の名をもって潰したという事実があったために、後に歴史書にまとめられるとき、「実は最初に宇佐神宮の神託があったので、その真偽を確かめた」という形に脚色されたのではないでしょうか。

では、なぜ宇佐神宮だったのでしょう。

実は宇佐神宮というのは、全国にたくさんある八幡神社の総本社で、とても古い神宮です。「三柱の神」が祀られており、そのひとつは「八幡大神（応神《おうじん》天皇）」、もうひとつは「神功《じんぐう》皇后」、最後の一柱は「比売大神《ひめおおかみ》」です。実はこの比売大神、現在は『古事記』に登場する宗像《むなかた》三女神「多紀理毘売命《たきりびめのみこと》」「市寸島比売命《いちきしまひめのみこと》」「多岐都比売命《たきつひめのみこと》」と同じということになっているのですが、本当のところはよくわかっていないのです。

比売大神とは一体誰なのか。実はこれも私の仮説なのですが、**私はこれは邪馬台国の女王「卑弥呼《ひみこ》」だと思っているのです。なぜなら、比売大神は社《やしろ》では通常主祭神が置かれる真ん中に祀られているにもかかわらず、宇佐神宮では脇に位置する応神天皇が主祭神だということになっているのです。**

この謎の女神に、天皇家の位を皇族でない赤の他人に譲るという前代未聞の問題の是非を問うということは、やはり、比売大神というのは、大和朝廷の祖である卑弥呼なのではないか、と思うのです。まあ、比売大神の正体はともかく、この和気清麻呂が持ち帰った神託によって、称徳天皇の禅譲が失敗したことは事実です。

◇天皇制存続で一番利益を受けるのは誰か

ある政権が滅びて次の政権が天下をとると、必ず「前の政権はとんでもないやつだった」と悪口が言われます。理由はおわかりですね。そうです、現政権を正当化するためです。

なぜ、政権が変わったのか、なぜあなたたちが天下をとったのか、後世発せられるであろうそうした問いに対し、「それはあまりにも前の政権が悪かったからです」と答えるために、**正史を捏造して、現政権にとって都合がいいように記すというのは、古今東西、世界中で行われていることです。日本だけ例外だと思う方がどうかしています。**

称徳天皇は、天武天皇の血統から天智天皇の血統に代わる、政権転換期の最後の女帝です。

次の政権を担った政権は、なぜ前政権は女帝で途絶えてしまったのか、その女帝がとんでもないやつだったからダメになったんだ、と書く必要があったのです。そして、女性を貶《おとし》めるためにいちばん手っ取り早いのが、これも世界中で見られる現象なのですが、「セックス・スキャンダル」に持っていくことなのです。

その結果が、今も定説となっている「天武系最後の女帝であった称徳天皇とは、次々と愛人を作っては権力を与えるとんでもない女帝で、最後は弓削道鏡という自分の愛人を天皇にまでしようとした。そんなとんでもない女帝だったから、前政権は滅んでしまったんだ」というストーリーを生み出したのです。

今、私は「生み出した」と申し上げました。では、誰が歴史を捏造し、女帝のセックス・スキャンダルを仕立て上げたのでしょう。考えてみてください、単に前政権を否定することだけが目的なら、子供の望めない女性を無理に天皇位に即けたことを非難すればいいだけの話です。

女帝と道鏡をここまでの大悪人に仕立て上げたのには理由があります。それは、**女帝が行おうとした「禅譲」という思想が、二度と起きないようにするためです。**

では、禅譲思想が拡大した場合、最も打撃を被《こうむ》るのは誰でしょう。

言うまでもありません。**「天皇制」が継続することによって最も利益を受ける集団、藤原氏です。**

前項でも述べましたが、藤原氏は天皇家を滅ぼして自らがトップに立とうなどということは決して考えませんでした。天皇家に娘を送り込み、その娘が産んだ子供を皇位に即けることで、あくまでも「裏」から操るのが藤原氏のやり方なのです。

表現は悪いですが、藤原氏は天皇家の「寄生虫」なのです。寄生虫は宿主が死んでしまったら生きていけません。宿主は活かさず殺さず、あくまでも自分たちが繁栄するために、生き続けていてもらうことが必要なのです。

事実、天武系最後の天皇である称徳天皇が亡くなった後、藤原氏は天智系の皇統を受け継ぐ者の中から次期天皇を立てます。

称徳天皇が死去すると、後ろ盾を失った道鏡はしりぞけられた。つぎの皇位には、藤原式家《しきけ》の藤原百川《ももかわ》らがはかって、長く続いた天武《てんむ》天皇系の皇統《こうとり》にかわって天智《てんじ》天皇の孫である光仁《こうにん》天皇がむかえられた。

（『詳説日本史　改訂版』山川出版社　44ページ）

Point 道鏡の「極悪人」説は次期政権によってつくられた！

歴史を長い目で見ていると、「藤原」という姓は天皇が授けたものですが、実に彼らの特性にぴったりあった姓だと私は思います。藤というのはつる性の植物で、自らの幹は細いのに、他の木に巻き付いて成長し、実に見事な花を咲かせます。藤原家も天皇家という巨木に絡《から》みつくことで成長し、この後、平安時代には「関白《かんぱく》」という大輪の花を見事に咲かせていくのです。

称徳天皇と、その愛人と噂される藤原仲麻呂と道鏡。みなさんは誰が真の悪人だったと思われたでしょうか。私は、この原稿を書きながら、本当の悪人というのは、いつの時代も表には出ないものなのだな、と思いました。

第四章のまとめ

・私は称徳天皇と道鏡の関係は次代の施政者による捏造だと考えています。称徳天皇は乱倫どころか、むしろ潔癖なほどに理想を追い求め、生涯処女だったと考えられます。同様に、道鏡も決して自ら天皇になろうとしたわけではないと思います。

・仲麻呂の一生を先入観なく詳細に見ていくと、彼の出世は称徳天皇ではなく、実はその母である光明皇太后の引き立てによるものだということがわかります。

・皇統を受け継ぐ男子の中に皇位を継ぐにふさわしい人材を見出せなかった称徳天皇は、自分が知りうる最も有徳の士である道鏡に「禅譲」しようと考えたのです。

第五章

藤原氏

——天皇家に巣くう寄生虫の謎

藤原道長〈『前賢故実・巻第6』より〉（国立国会図書館蔵）

◇藤原氏は天皇家に巣くう寄生虫だ！

古代日本の歴史を動かしてきたのは藤原氏だと言っても過言ではありません。

中臣鎌足《なかとみのかまたり》が天智《てんじ》天皇から「藤原」の姓を賜ったところから始まる藤原氏は、政権が天智系から天武《てんむ》系に移ってもその力を弱めるどころか、不比等《ふひと》が持統《じとう》天皇に巧《たく》みに取り入ることによって、一族の女性を皇后にし、天皇を陰から操るまでに成長しました。

その後、天武系が途絶え、天智系に移ったとき、普通なら藤原氏の権勢も失われそうなものですが、藤原氏は別系統で生きながらえ、一族をさらなる繁栄に導きました。その姿はまさに、姓に用いられている「藤」の特性そのものです。

藤という植物は、蔓《つる》性落葉木で他の木や物に絡《から》みつきながら成長していきます。これは別の見方をすれば、**藤というのは、絡みつくものがなければ生きられないということです。まさに天皇家に絡みつくことで成長し続けた藤原氏の生き方そのものではないでしょうか。**

藤原という姓は、天智天皇から与えられたもので、自ら望んでつけたものではないと正史は記録しています。それでも、彼らが「藤の花のように生きる」ということを、意識していたことは確かだと思います。事実、藤原不比等が創建した藤原氏の氏神、奈良の春日大社の神紋は「下がり藤」です。

私は、この「藤原」という姓は、本当は天皇から与えられたものではなく、自らつけたものを後に、箔をつけるために「天智天皇から賜った」と正史に書いたのではないかと思っています。

私がその論拠と考えているのが、先ほどの春日大社の神紋と、「中臣鎌足と藤原不比等」の項で触れた藤原京への遷都です。正史の記録が正しければ、このとき、すでに藤原氏は存在していました。臣下の姓と同じ名前を宮につけるというのは、やはり不自然です。藤原宮の記録が正しいなら、彼らが「藤原」と名乗るようになったのは、遷都の後と考えた方が納得がいきます。

他に明確な証拠があるわけではありませんが、**私は「藤原」という姓は、彼ら自身が考案したものを持統天皇に働きかけて承認して貰ったものなのではないかと思います。**何よりも、そう思わざるを得ないほどに藤原一族の生き様は「藤」そのものです。

天皇に絡みつくことを常とする藤原氏は、何度も潰されそうになります。実際、天皇の代替わりとともに衰退していった家もあります。それでも、藤原一族の中のどこかの家は必ず天皇家に絡みつき、一族としては決して潰れることなく生き残っていくのです。その姿は、まさに蔓性の植物が常に絡みつくものを求めて枝を伸ばし、ひとつの枝が枯れても、他の枝によって生き残っていく姿にそっくりです。

強いて両者の違いを挙げるとすれば、植物の藤は身近なものであれば何にでも絡みつきますが、藤原氏は天皇家にだけ絡みつくということぐらいです。

前項で私は「藤原氏は天皇家に巣くう寄生虫」だと述べました。彼らは常に時の天皇に絡みつき、陰から天皇を操ることで富と権力をほしいままにしてきたからです。日本以外の国なら、ここまで権力を持った一族はまず間違いなく現権力者を滅ぼして、その立場を奪います。でも、藤原氏は天皇家を滅ぼすようなことは決してしませんでした。彼らは表面的にはあくまでも天皇家を頂点に戴き、自分たちはその陰で実権を握るという方法を選びました。

◇藤原道長のとてつもない記録とは?

こうした藤原氏のやり方は、平安時代にひとつの「身分」として結実します。

それが「関白《かんぱく》」です。

関白というのは天皇に代わって政治を行うことができる地位です。関白は律令にはない令外官《りょうげのかん》で、ごく簡単な言い方をすれば「天皇の代理」です。

これに似た地位に「摂政《せっしょう》」というものがあります。でも、摂政と関白が決定的に違うのは、摂政が、天皇が幼い子供だったり女性だったりして、政務を果たす能力に欠けると判断された場合に皇族の中から選ばれるのに対し、関白は天皇が十分な執務能力を持つ成人男子であっても置かれたということです。

しかも、関白は皇族ではなく、藤原氏の中でも限られた家系の人間しか就くことができない役職だということです。**なぜそのようなことになったのかというと、これは藤原氏が自分たち一族のために作ったものだからです。**

これは世界にも類を見ない、実に不思議な役職です。なぜなら、天皇というのはほかの国で言えば王に相当し、王族と臣下には決して乗り越えることのできない序列があるからです。どこの国でも、それこそ王族を滅ぼし、自らが新たな王になるというのでもない限り、臣下は王族になれません。**でも藤原氏は、日本独自の「関白」という藤原氏専用の役職を創設することで、臣下の身でありながら、この決して乗り越えられないはずの壁を乗り越えてしまったのです。**

Point

「関白」は世界にも類のない画期的な役職だった！

その証拠が関白に対する敬称に表れています。関白に対する敬称は「殿下」です。天皇と皇后の呼び名は「陛下」。「殿下」という敬称が用いられるのは、もともとは天皇の子供に当たる親王、内親王、あとは王、王女などの皇族だけでした。それが、関白は天皇の代理を行うのだから、天皇の次の身分とみなされるということになったため、皇太子より序列は上なのだからと、敬称も皇族と同じ「殿下」が用いられるようになったのです。

平安時代中期、藤原道長のもと藤原氏の隆盛は頂点を極めます。このとき道長が詠《よ》んだとされる有名な歌が残っています。

この世をば　わが世とぞ思ふ望月《もちづき》の　欠けたることもなしと思へば

望月というのは満月のことですから、欠けている部分のない満月のように、今この世で私に叶わない望みはない、という意味です。大変に傲慢な歌ですが、本当に道長本人が詠んだものだとされています。

でも、これほどの傲慢を言っても無理ないと思わせるほど、とてつもない記録を道長は持っているのです。その記録とは、「一家立三后《いっかりつさんこう》」と言いますが、わかりやすく言うと、自分の娘を次々と三代にわたって天皇の后《きさき》にしたということです。

当時は割と短いスパンで天皇が代替わりしたということもあるのですが、彼はまず年長の娘を天皇に嫁がせ、天皇が代替わりするとまた自分の娘を嫁がせ、また替わるとまた自分の娘を、ということで、次々と三人の娘を三人の天皇の皇后にしているのです。

具体的に言うと、第六十六代・一条《いちじょう》天皇に長女の彰子《しょうし》を、次いで第六十七代・三条《さんじょう》天皇に次女の妍子《けんし》を、そして三条天皇が自分の言うことを聞かなくなると退位に追い込み、一条天皇と彰子の間に生まれた子を皇位に即《つ》け、後一条《ごいちじょう》天皇とし、さらに自分の三女である威子《いし》と妻合《めあ》わせたのです。藤原氏からというレベルの話ではありません。道長個人の娘から三人の皇后を立てたということですから、これはもう、これから先、日本がどれだけ長く続こうとも絶対に破られないすさまじい記録と言えるでしょう。そんな権勢の頂点を極めた人だからこそ、道長はこれほど傲慢な歌を詠むことができたのです。

しかし、藤原氏も一朝一夕にこうした立場に身を置くことができたわけではありません。ここに至るまでには、次々と台頭してくる多くのライバルを蹴落としたり、後ろから操られることを拒む天皇家の抵抗と戦い、ねじ伏せてこなければなりませんでした。

◇独自の「藤原方式」で他氏を次々と蹴落とす

藤原氏が「関白」というシステムを作りそれを独占するまでどのような攻防を経てきたのか、教科書では次のように述べています。

9世紀の初めには、桓武《かんむ》天皇や嵯峨《さが》天皇が貴族たちをおさえて強い権力をにぎり、国政を指導した。しかし、この間に藤原氏《ふじわらし》とくに北家《ほっけ》が天皇家との結びつきを強めて、しだいに勢力を伸ばした。

北家の藤原冬嗣《ふゆつぐ》は嵯峨天皇のあつい信任を得て蔵人頭《くろうどのとう》になり、皇室と姻戚《いんせき》関係を結んだ。ついでその子の藤原良房《よしふさ》は、842（承和《じょうわ》9）年の承和の変で藤原氏の中での北家の優位を確立する一方、伴《とも》（大伴《おおともの》）健岑《こわみね》・橘逸勢《たちばなのはやなり》ら他氏族の勢力をしりぞけた。

858（天安《てんあん》2）年に幼少《ようしょう》の清和《せいわ》天皇が即位すると、良房は天皇の外祖父《がいそふ》として臣下《しんか》ではじめて摂政《せっしょう》の任をつとめ、866（貞観《じょうがん》8）年の応天門《おうてんもん》の変では、伴《とも》・紀《き》両氏を没落させた。良房のあとを継いだ太政大臣藤原基経《もとつね》に支持されて即位した光孝《こうこう》天皇は、884（元慶《がんぎょう》8）年に基経をはじめて関白《かんぱく》とした。さらに基経は、宇多《うだ》天皇が

●天皇家と藤原氏の関係系図

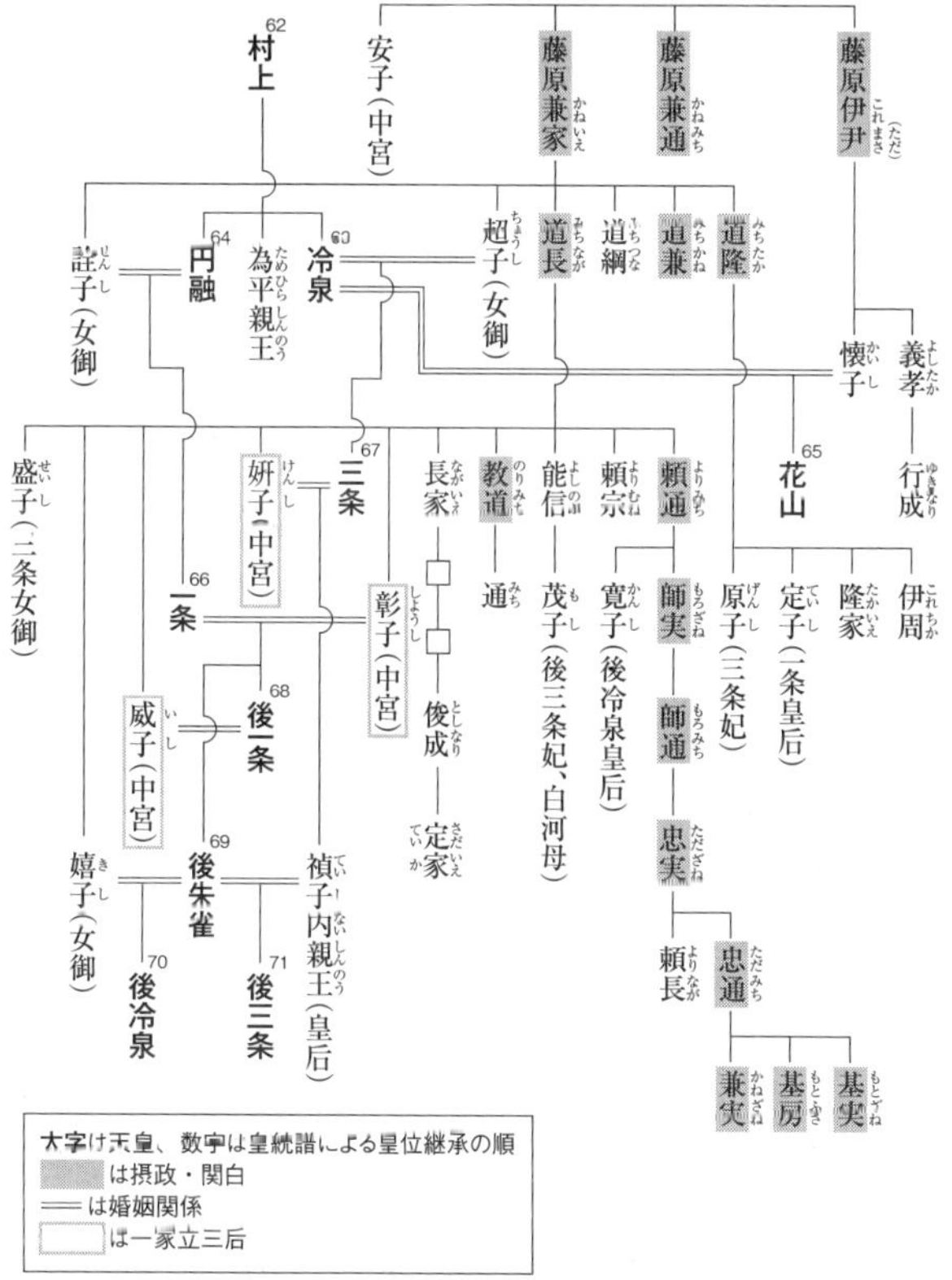

太字は天皇、数字は皇統譜による皇位継承の順
［網掛け］は摂政・関白
＝は婚姻関係
［枠囲み］は一家立三后

即位にあたって出した勅書《ちょくしょ》に抗議して、888（仁和《にんな》4）年、これを撤回させ（阿衡《あこう》の紛議《ふんぎ》）、関白の政治的地位を確立した。こうして藤原北家の勢力は、急速に強大になった。

基経の死後、藤原氏を外戚《がいせき》としない宇多天皇は摂政・関白をおかず、学者菅原道真《すがわらのみちざね》を重く用いたが、つづく醍醐《だいご》天皇の時、藤原氏は策謀《さくぼう》を用いて道真を政界から追放した。

10世紀の前半は、醍醐・村上《むらかみ》天皇が親政《しんせい》をおこない、これはのちに「延喜《えんぎ》・天暦《てんりゃく》の治《ち》」とたたえられた。しかし親政の合間にも、藤原忠平《ただひら》が摂政・関白をつとめ、太政官の上に立って実権をにぎった。村上天皇の死後の969（安和《あんな》2）年に、左大臣の源高明《みなもとのたかあきら》が左遷《させん》されると（安和の変）、藤原氏北家の勢力は不動のものとなり、その後は、ほとんどつねに摂政または関白がおかれ、その地位には藤原忠平の子孫がつくのが例となった。

（『詳説日本史　改訂版』山川出版社　60～61ページ）

藤原氏の権勢が不動のものとなったのは、忠平《ただひら》の孫・藤原兼家《ふじわらのかねいえ》の時代です。そして、藤原氏の最盛期を謳歌した藤原道長は、その兼家の子に当たります。それまでの間、藤原氏は教科書にも書かれているように、いくつものライバル氏族を容赦なく滅ぼしていきました。これを「藤原氏の他氏排斥《はいせき》」と言います。

さまざまな陰謀術数を駆使して権力の座に上り詰めたと言われる藤原氏ですが、彼らの他氏排斥方法は、実は「藤原方式」と命名してもいいと思われるほどいつの時代も基本的には同じものです。それは、**まず天皇に一族の娘を嫁がせることで強い結びつきを作り、次に邪魔な相手を謀反人に仕立て上げ、「天皇の命令」という形を取ってライバルを失脚させたり殺したりしてしまうというものです。**

たとえば、古くは飛鳥時代の大津《おおつ》皇子も奈良時代の長屋《ながや》王も、表向きは謀反が疑われ、天皇の命令によって死を賜ったということになっていますが、実際に彼らを死に追いやったのは藤原氏です。

大津皇子も長屋王も皇族なので、いかに藤原氏が権力を握っていたとしても、立場上皇族に「責任を取って自殺しろ」と命じることは許されません。皇族に対してそうしたことが言えるのは天皇だけです。だからこそ、藤原氏は天皇家と強く結びつくことが必要だったのです。

◇藤原氏に対抗するためにとった天皇の策略とは？

こうした天皇の威を借りるようなやり方は平安時代になっても踏襲されます。たとえば、宇多《うだ》天皇が藤原氏に対抗するために重用した菅原道真《すがわらのみちざね》も、天皇が代替わりするやいなや、やはり無実の罪を着せられました。死罪にこそされていませんが、当時すでにその役目を終えていた大宰府《だざいふ》へ左遷されて、道真は政治生命を絶たれています。

藤原氏は一族の娘を天皇の妻とし、その娘が産んだ子供を皇位に即けることで手にした「天皇の外祖父」という立場を利用して、天皇を自分たちにとって都合のいいように操りました。

しかし、時には藤原氏の専横を嫌い、藤原氏に抗《あらが》った天皇もいます。自分の皇子を臣籍《しんせき》降下《こうか》させ、藤原氏の対抗勢力とした嵯峨《さが》天皇や、菅原道真を重用した宇多天皇などがその好例と言えます。

臣籍降下というのは、普通「親王」と呼ばれる天皇の皇子に「姓」を与え、皇族の籍から臣下の籍に移すことです。なぜ「姓」を与えるのかというと、皇族は姓を持たないからです。

身分が下がることになるので「降下」という言葉が使われますが、別にこれは天皇が我が子や皇族を貶《おとし》めるためのものではありません。むしろ、有能な皇子を敢《あ》えて臣籍降下させることで官職に就け、藤原氏の対抗勢力にすることで天皇の力を保つという戦略だったのです。ですから臣籍降下した皇族は「賜姓《しせい》皇族」と言われ、朝廷の高官に就いていきます。

ちなみに、嵯峨天皇が臣籍降下させた皇子たちに与えた姓が「源」、嵯峨天皇から皇位を受け継いだ淳和《じゅんな》天皇が桓武《かんむ》天皇の孫にあたる高望《たかもち》王を臣籍降下させるときに与えた姓が「平」です。源姓は、この後、醍醐《だいご》天皇や清和《せいわ》天皇が皇子を臣籍降下させるときにも与えられたので、それぞれ「嵯峨源氏」「清和源氏」など天皇の名を冠した呼ばれ方をします。ちなみに鎌倉幕府を開いた源頼朝は清和源氏の流れを汲んだ人物です。

親王が臣籍降下した源氏に対し、平氏はその源流が桓武天皇の孫なので、実は「格」で言うと源氏より一段下ということになります。余談ですが、平安末期に平氏が台頭してきたとき、源氏が激しい対抗意識を燃やした背景にはこうした「格」意識があったのかも知れません。

天皇家も我が子を家臣にして藤原氏に対抗するのですが、そうした抵抗は残念ながら長くは続きません。天皇が存命中は我が子たちの味方をするのでいいのですが、代が替わり藤原氏の血を受け継いだ天皇が再び皇位に即くと、藤原氏の勢力がぶり返し、源氏や平氏も官職から追い落とされてしまいます。

◇なぜ藤原氏に「悪人」のイメージがないのか

藤原氏は、天皇の外戚《がいせき》という立場を利用し、有力他氏を次々と排斥し、自分たちに逆らえば、たとえ天皇の血を引く賜姓皇族であっても容赦なく排斥してきました。そのため初代鎌足から道長に至るまでの藤原一族の歴史は、まさに陰謀に充ち満ちたものです。

そんな藤原氏は英雄か悪人かと問われれば、間違いなく「悪人」なのですが、日本史の三大悪人に藤原の名前がないことからもわかるように、一般的にはそれほど悪人としての印象は強くありません。

その理由のひとつは、**ある時期から藤原氏が「藤原」を名乗らなくなったからだと考えられます。**

他氏を追い落としたことで、朝廷の主立った役職はすべて藤原氏が占めることになりました。すると、藤原を名乗る者ばかりでややこしい、という問題が生じてしまいました。そこで、正式には藤原なのですが、それぞれの家を区別し、わかりやすくするために、屋敷のある地名で呼ぶようになります。いわゆる「苗字」です。

たとえば、摂政・関白という役職に就くことが認められたのは、藤原氏の中でも藤原北《ほっ》家《け》である藤原忠通《ふじわらのただみち》の血を受け継いだ「近衛《このえ》」「鷹司《たかつかさ》」「九条《くじょう》」「一条《いちじょう》」「二条《にじょう》」を名乗る五つの家だけです。彼らの苗字はそれぞれ違いますが、姓はすべて「藤原」です。ですから、いろいろな家の人間が関白になっているように見えてしまうのですが、実際には藤原氏が関白職を独占しているのです。

関白職に就くことができる家を「五摂家」と言いますが、これは藤原氏の中でも頂点に位置するほんの一部で、その下には大臣に就けるのはこの家々、大納言《だいなごん》はこの家々というように、すべて役職ごとに就ける家というのが決まっていました。実際、歴史辞典で公家の数を調べると、全部で約一四〇家ほどあるのですが、その姓を調べると、かなりの部分、藤原氏によって占められていることがわかります。大臣以上のクラスはすべて藤原氏によって完全に独占されているのです。

このように苗字を用いたことが、藤原氏専横のイメージを薄くしているひとつの要因ですが、実はもうひとつ、悪人のイメージを薄くしている要因があります。それは、政敵を葬るときに彼らは決して自らの手を汚していない、ということです。

政敵を葬るとき、彼らは決して自分たちが剣をとって相手を殺すようなことはしませんでした。必ず陰謀を用いて相手に無実の罪を着せて、天皇の命という形を取って死に追いやったり、左遷したりしたのです。

◇不幸にして亡くなった天皇の名には「徳」がつく

このように常に裏から操っているので見えにくいのですが、彼らが陰謀の主犯であることは、彼ら自身が一番よく知っていたはずです。

そして、実はこのことが政治以外の面で、日本の歴史を大きく動かしているのです。でも教科書はそのことにはまったく触れていません。敢えて触れていないわけではありません。そのことに気づいていないのです。

では、藤原氏が多大な影響を与えた政治以外の面とは何なのでしょう。

意外に思われるかも知れませんが、それは「文化」です。

なぜ、彼らが陰謀の主犯であることが日本の文化と深く関わるのか、それを説明するためには、当時の日本人の宗教観を理解することが必要です。

ここで思い出していただきたいのが、聖武《しょうむ》天皇はなぜ大仏を作ったのか、という話です。跡継ぎになり得る皇子に恵まれなかった聖武天皇と光明《こうみょう》皇后は、自分たちに健康な皇子が授からないのは、光明子《こうみょうし》の立后《りつごう》に強く反対した長屋王を陰謀によって死に追いやった「祟《たた》り」だと考えました。何しろ、この陰謀の主犯である藤原四兄弟はわずか一年の間に次々と流行病《はやりやまい》で亡くなってしまっています。

これは怨みを呑んで亡くなった長屋王が怨霊《おんりょう》となって祟っているに違いない、そう考えた聖武天皇は、その祟りから救われることを願って巨大な大仏を建立《こんりゅう》したのです。

このように、日本には古くから「怨みを持って亡くなった人は怨霊になって祟りをなす」という「怨霊信仰」があります。怨霊はさまざまな厄災をもたらしますが、この世の権力では、それがいかに大きくとも対抗することはできません。ですから、怨霊の祟りを防ぐためには、怨霊を神として祀《まつ》ったり、慰めたりと怨霊の荒ぶる魂を鎮《しず》める「鎮魂《ちんこん》」を行わなくてはなりません。

奈良時代には、その「鎮魂」と皇子誕生という御利益《ごりやく》を大仏に懇願したわけですが、平安時代になると、少しずつ鎮魂の方法が変化していきます。

その変化した方法というのが、実は「文化」の発展へと繫《つな》がっているのです。

奈良の大仏による鎮魂は、天武系が途絶えたことによって、効果がないと判断されました。だからこそ桓武天皇は大仏とともに平城京を捨てて、新たなる都「平安京」を開いたのです。

そうした中で新たに考えられた鎮魂方法というのが、不幸な死に方をした人に後から「徳」といういい字のついた名前を贈るという「言霊《ことだま》方式の鎮魂」でした。

「徳」という字のついた名前というと、巨大な古墳の主として知られる仁徳《にんとく》天皇がおられます。この天皇は怨霊ではないようですが、もう一人、誰もが知っている「徳」の字のつく有名人「聖徳太子」は、不幸な死に方をしています。

聖徳太子は皇太子でありながら、とうとう皇位に即くことなく亡くなります。しかも、詳しいことは割愛しますが、その死には陰謀の影も見え隠れしているのです。

また、平清盛が活躍した頃の天皇に、政争に敗れ、讃岐《さぬき》に配流《はいる》され、怨みを呑んで憤死したことから日本最大の怨霊神と言われる方がいるのですが、その方の諡《おくりな》は「崇徳《すとく》天皇」と言います。

さらにもう一人、時代は平安末期ですが、平家の滅亡とともに幼くして入水《じゅすい》して亡くなった安徳《あんとく》天皇のお名前にも「徳」の字が含まれています。

このように、後から諡として「徳」の字の含まれた名前を贈られた人には不幸な死に方をした人が多いのですが、それは、名前に「徳」をつけるということが、当時としては最高の褒め言葉だったからです。つまり、**最高の名を贈ることで、その文字が持つ「言霊」の力をもって怨霊を鎮魂しようと考えたのです。**

◇『古今和歌集』は怨霊を鎮魂するためにつくられた！

この「言霊方式の鎮魂」がさらにレベルアップする事例が、文徳《もんとく》天皇のときに起きます。

第五十五代・文徳天皇は、都が平安京に移ってから六代目の天皇です。

文徳天皇には二人の后がいました。一人は藤原良房《ふじわらのよしふさ》の娘・明子《めいし》、皇太子はこの明子が産んだ第四皇子・惟仁親王《これひと》（のちの清和天皇）が立てられました。しかし、文徳天皇はもう一人の后である紀静子《きのしずこ》を非常に寵愛し、第一皇子・惟喬親王《これたか》と第二皇子・惟条親王《これえだ》という二人の皇子ももうけていました。それでも第四皇子の惟仁親王が皇太子になったのは、母親の身分が明子の方が高かったからです。同じ天皇の妻でも、明子は「女御《にょうご》」、静子はその下の「更衣《こうい》」でした。

紀静子は紀氏の紀名虎《きのなとら》という人の娘です。紀氏は古代から続く名族ですが、当時はかつての力は失われ、一族は静子に期待を託していました。

文徳天皇も、寵愛する静子が産んだ第一皇子である惟喬親王に位を譲りたいと願っていました。しかし、そのようなことを藤原良房が許すはずがありませんでした。文徳天皇もその母は藤原氏の娘で、良房の力で先の皇太子を廃して即位した天皇でしたので、藤原氏の圧力に抗することはできませんでした。結局、泣く泣く惟喬親王を皇太子にすることを断念します。

ところが、この文徳天皇、実は三十二歳の若さで急死しているのです。

愛する妻の産んだ子供に皇位を譲りたいと切望しながら叶わないまま若くして死んでしまった天皇。そして諡に「徳」の字が用いられていることを考え合わせると、私は文徳天皇も怨霊だったのだと思います。もしかしたら、言うことを聞かない天皇に手を焼いた藤原氏が、すでに藤原氏の血を受け継いだ皇太子がいることだし、ということで葬ってしまった可能性さえ考えられると思っています。事実、**文徳天皇の死後、清和天皇が皇位に即くとまもなく、良房は太政《だいじょう》大臣になり、紀氏は政治の表舞台から消えてしまうのです。**

文徳天皇が謎の急死を遂げてから三十九年後、文徳天皇がこよなく愛した惟喬親王はついに皇位に即くことなく、一人静かに隠棲地でその生涯を終えます。それから八年後の九〇五年、ある歌集が醍醐天皇の命によって編纂されます。

日本初の勅撰和歌集として知られる『古今和歌集』です。

みなさんもかつて学校で習ったと思いますが、『古今和歌集』の選定に当たった人物の名前を覚えているでしょうか？

答えは紀貫之《きのつらゆき》です。名前からもわかるように、この人は「紀一族」の末裔です。

この『古今和歌集』の序文で紀貫之は、「六歌仙」と総称される六人の歌の名人の名を挙げてその存在を讃《たた》えています。その六人とは、小野小町、在原業平《ありわらのなりひら》、僧正遍照《そうじょうへんじょう》、喜撰《きせん》法師《ほうし》、文屋康秀《ふんやのやすひで》、そして大友黒主《おおとものくろぬし》です。

●藤原北家の関係系図

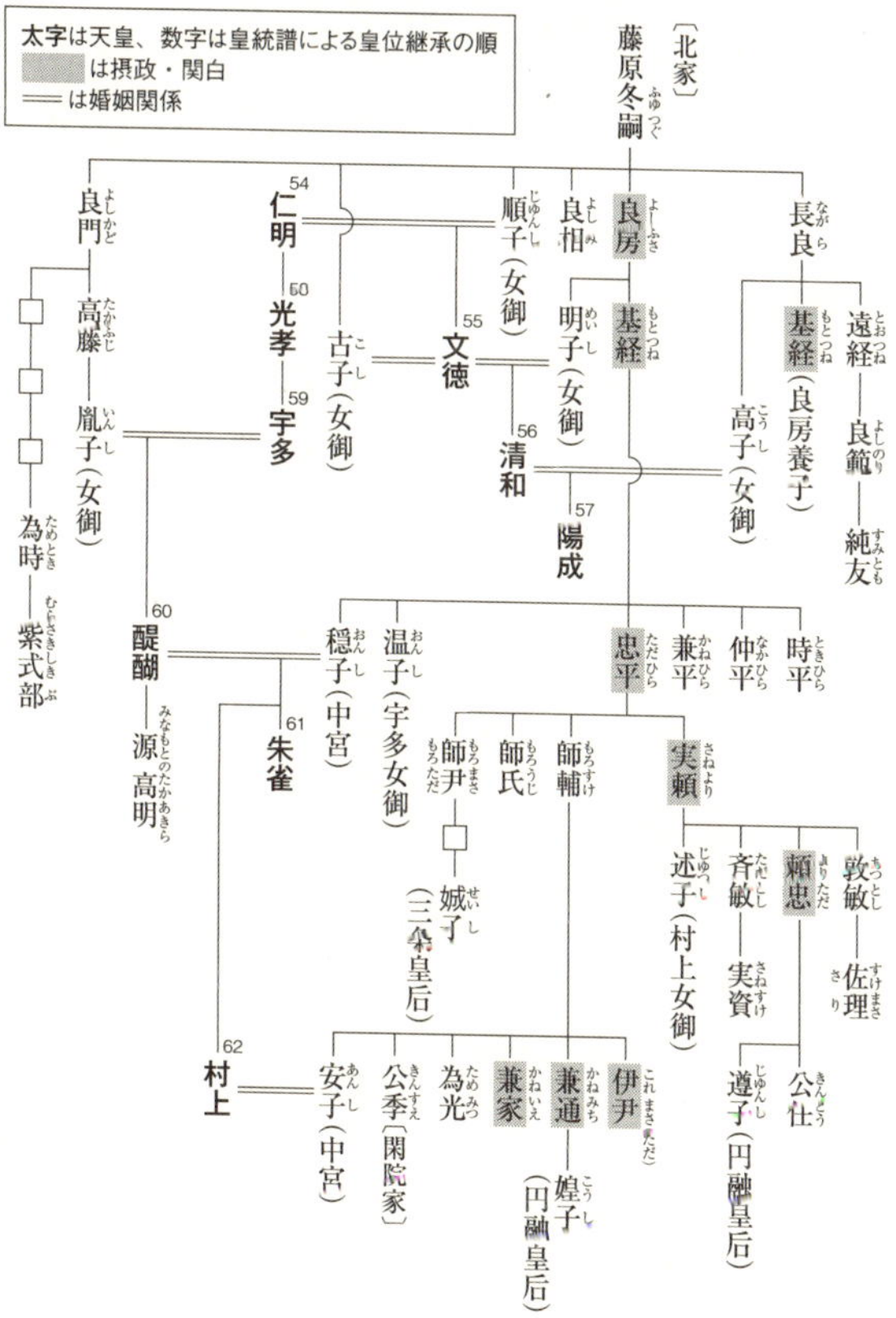
太字は天皇、数字は皇統譜による皇位継承の順
は摂政・関白
＝は婚姻関係
〔北家〕
藤原冬嗣《ふゆつぐ》
長良《ながら》
良房《よしふさ》
良相《よしみ》
順子《じゅんし》（女御）
54 仁明
良門《よしかど》
遠経《とおつね》
基経《もとつね》（良房養子）
高子《こうし》（女御）
基経《もとつね》
明子《めいし》（女御）
55 文徳
古子《こし》（女御）
50 光孝
高藤《たかふじ》
良範《よしのり》
純友《すみとも》
56 清和
57 陽成
59 宇多
胤子《いんし》（女御）
為時《ためとき》
紫式部《むらさきしきぶ》
時平《ときひら》
仲平《なかひら》
兼平《かねひら》
忠平《ただひら》
温子《おんし》（宇多女御）
穏子《おんし》（中宮）
60 醍醐
源高明《みなもとのたかあきら》
61 朱雀
実頼《さねより》
師輔《もろすけ》
師氏《もろうじ》
師尹《もろまさ もろただ》
娍子《せいし》（三条皇后）
敦敏《あつとし》
頼忠《よりただ》
斉敏《ただとし》
述子《じゅっし》（村上女御）
佐理《すけまさ さり》
実資《さねすけ》
公任《きんとう》
遵子《じゅんし》（円融皇后）
伊尹《これまさ これただ》
兼通《かねみち》
兼家《かねいえ》
為光《ためみつ》
公季《きんすえ》（閑院家）
安子《あんし》（中宮）
62 村上
媓子《こうし》（円融皇后）

確かに在原業平や小野小町はいい歌を残していますから、歌の名手と言ってもいいと思います。でも、他の四人はどうでしょう。喜撰法師は、百人一首に「わが庵《いほ》は　都のたつみ　しかぞ住む　世をうぢ山と人はいふなり」という歌が残っていますが、歌仙と言われるほどの歌の名手かと言われると首を傾《かし》げてしまいます。でも、さらに疑問なのは大友黒主です。なぜなら『古今和歌集』には、確かに彼の歌だとされるものがわずかしか載っていないからです。しかも彼の歌は百人一首にすら選ばれていません。

『百人一首』というのは、この少し後の時代に藤原定家《ふじわらのていか》によって編纂された歌集で、万葉時代から『新古今和歌集』までの間に詠まれた歌の中から、日本を代表する歌人一〇〇人の歌を一首ずつ選んでまとめたものです。つまり、ごく簡単に言えば、百人一首は日本の歌人「ベスト一〇〇」なのです。

そのベスト一〇〇の中に、たった六人しかいない「歌仙」が含まれていないなんてあり得ません。しかし、教科書も現代の学者も、この点について何も疑問視していません。

では、なぜ紀貫之は、あまり歌が上手いと思えない喜撰法師や大友黒主の名をわざわざ序文の中で挙げて讃えているのでしょう。

六歌仙についてはもうひとつ謎があります。それは、この六人の中に日本一の美男子と言われる「在原業平」と、日本一の美女と言われる「小野小町」の両方が含まれているということです。

　これは本当に偶然なのでしょうか。

　とても偶然とは思えなかったので、**よくよく調べてみると、六歌仙と讃えられた人々というのは、どうも惟喬親王の側近だったらしいということがわかったのです。**正確に言うと、小野小町だけは実在の人物かどうかはっきりしなかったのですが、当時は女性は記録に残りにくいので、おそらく惟喬親王の愛人か、あるいは乳母のような人物だったのではないかと思われます。

　なぜそんなことが言えるのかというと、文徳天皇の死後、都にいられなくなった惟喬親王が隠棲した場所が、滋賀県の山奥に位置する「小野の里」というところだからです。

　そもそも、なぜ醍醐天皇は『古今和歌集』の編纂を没落した紀氏の人間に任せたのでしょう。

　私は、紀氏が惟喬親王とゆかりの深い一族だったからだと思います。

　つまり、**『古今和歌集』は、文徳天皇と惟喬親王の怨霊を鎮魂するために編纂された歌集だということです。**

　言霊信仰から、「徳」という字を諡につけることで荒ぶる魂を鎮めることができると考えたように、彼らは日本史上稀《まれ》に見る歌の名手だったと褒め称えることで、怨霊を鎮魂しようとしたのです。小野小町が日本一の美人とされたのも、在原業平が日本一の美男子とされたのも、おそらくは鎮魂のためだったのでしょう。

◇文芸作品の内容は現実世界と真逆になっている

鎮魂のための歌集『古今和歌集』の少し後に、日本が世界に誇る文芸作品が誕生します。

『源氏物語』です。

『源氏物語』は、世界最古の「近代小説」です。なぜ極東の小さな島国で、これほど早い時期に「近代小説」が誕生したのかということは、長い間大きな謎とされてきました。でもこの謎は、『源氏物語』を単なる文学作品として見るのではなく、『古今和歌集』と同じように、政治や怨霊信仰の産物のひとつとして見ることによって解けると私は考えています。

『源氏物語』は、平安時代の宮廷を舞台に、光源氏という絶世の美男子が多くの美女と繰り広げる恋愛絵巻だと思っている人が多いのですが、私は、この作品で最も重要なのは、主人公の光源氏が、ライバルである右大臣家との攻防の末、最終的に「准太上天皇《じゅんだじょうてんのう》」という高位に上り詰めるということだと思っています。准太上天皇とは、「太上天皇＝上皇」に準じる身分ということなので、ごく簡単に言えば、お父さんである天皇に準じる存在という高位を得るということです。

なぜ光源氏がこのような高位に上り詰めることができたのかというと、光源氏が皇后と関係を持ち、二人の間に生まれた子供が天皇になるからです。つまり、光源氏が実の父親なのですが、皇后と光源氏の関係はもちろん秘密なので、「准」という存在にされているのです。

『源氏物語』は、実際にあったことをモデルにしていると言われていますが、登場人物は主人公の光源氏を始め、実在の人物はひとりも登場しません。そういう意味では、平安時代中頃の宮廷を舞台とした完全なフィクションなのです。

ところが、そんな中で唯一、現実とリンクしていることがあります。それは、主人公の光源氏が臣籍降下する際に、父である桐壺《きりつぼ》帝から与えられる「源」という姓です。

作者の紫式部は、登場人物の名前にすべて架空のものを用いているのに、なぜここだけ実在の姓を用いたのでしょう。

それ以前に、なぜこの作品は『源氏物語』というタイトルにされたのでしょう。

ここで気づいていただきたいのが、『源氏物語』が書かれたのは、藤原氏の全盛期である藤原道長の時代だということです。しかも、**作者である紫式部は、藤原氏出身の中宮《ちゅうぐう》**

（＝皇后）付きの女官で、道長は紫式部が『源氏物語』を書くのを全面的にバックアップしているのです。

先にも少し触れましたが、嵯峨天皇が自分の皇子たちを臣籍降下させた際に与えた姓が、「源」でした。そして、嵯峨天皇の時代に、『源氏物語』の中の光源氏とライバルである右大臣家の勢力争いそのままに、源氏と勢力争いを繰り広げていたのが藤原氏です。つまり、『源氏物語』の右大臣家のモデルは、どう考えても藤原氏なのです。

これがいかに不自然なことか、おわかりいただけるでしょうか？

わかりやすくするために今にたとえると、これは、読売ジャイアンツの事務所で働いている女性が、『光タイガース物語』というタイトルで、どことは明確には書いていないのですが、東京の某球団が、タイガースにめちゃめちゃにやられてしまうという小説を書いて、それが大ベストセラーになるようなものなのです。

そこにオーナーか社長が出てきて、「おお、君、いいものを書いてるね。わしも応援しとるよ、困ったことがあったら協力するから何でも言いなさい」と言う。そんなことが、あり得ると思いますか？　普通ならあり得ないでしょう。

でも、あの傲慢な藤原道長がそれをやっているのです。不自然なことをやっている以上、そこには明確な目的があると考えなければなりません。

では、道長は何のためにそんなことをしたのでしょう。

私はこれも『古今和歌集』と同じように、怨霊を「鎮魂するため」なのだと思います。なぜなら、現実の世界で勝ったのは藤原氏だからです。

現実世界では藤原氏が勝って、源氏は負けました。その負けた怨みが怨霊になるのを恐れたので、道長は物語の世界の中で、源氏を光り輝く美男にしたうえ、准太上天皇という高位にまで上り詰めるという大勝利を与えたのです。

つまり、現実の世界で滅ぼした源氏の怨霊を鎮めるために書くのだからこそ、「源」という姓を明記し、タイトルも『源氏物語』にすることが必要だったのです。名前を明らかにすることで誰の魂の鎮魂なのか明確になるからです。

◇歴史的悪の一族が、文化的には「英雄」的貢献をしている

実は、『古今和歌集』と『源氏物語』の間を埋める、もうひとつの鎮魂文学があります。それは『伊勢物語』です。

『伊勢物語』は、平安初期に書かれた作品ですが、作者はわかっていません。「昔男ありけり」という書き出しで始まるこの作品では、主人公の名は明記されていませんが、中に引用されている歌がすべて在原業平のものであることから、業平を主人公にした作品だと

いうことがわかるというものです。

『源氏物語』では明確に「源氏」という名が用いられているのに、『伊勢物語』では業平の名が明確にされていないのは、まだこの段階では少し遠慮というか、怨霊に対する畏《おそ》れのような意識が働いていたのではないかと推察されます。

それが、時代とともにやはり鎮魂のためには相手の名前を明確にした方がいいだろうということになったのだと思います。

こうして日本では、現実の世界で失脚した人間、不幸に陥った人間たちを、フィクションの世界の中で活躍させることによって鎮魂しようという意識から「物語」という文芸作品が発達していったと言えるのです。

『源氏物語』の次に作られた「物語」の大作が『平家物語』です。『平家物語』が作られたのは、鎌倉時代です。鎌倉時代は、平家を滅ぼした源氏の全盛期です。ということは、これもやはり鎮魂のための作品と見るべきなのです。

『古今和歌集』から『伊勢物語』へ、さらに『源氏物語』へと言霊を用いた鎮魂の方法が進化していったように、『平家物語』では鎮魂方法はさらに飛躍します。

そのポイントはふたつ。ひとつは『源氏物語』がフィクションだったのに対し、『平家物語』はノンフィクションとして書かれていること。もうひとつは、『源氏物語』が宮廷という狭い世界の中で、ある程度の学識を持った貴族の間でだけ読まれていたのに対し、『平家物語』は、琵琶法師に語らせることによって、一般の人々も聞くことができるようにしたということです。

昔から『平家物語』は作者不明とされていますが、実は、鎌倉時代末期に吉田兼好という人が書いた有名な随筆集『徒然草』の中に、「『平家物語』は、慈円《じえん》がスポンサーになって、藤原行長《ふじわらのゆきなが》という男と生仏《しょうぶつ》という目の見えない琵琶法師が合作したものだ」と書かれているのです。

スポンサーとされる慈円とは、天台座主《ざす》で、『愚管抄《ぐかんしょう》』という歴史書を書いた人物として知られる僧侶です。また彼は、関白・九条兼実《くじょうかねざね》の弟でもあります。

慈円の書いた『愚管抄』を読むと、世の中が乱れるのはすべて怨霊が原因だと書いてあり、天台宗の僧侶でありながら、彼が怨霊信仰を深く信奉していたことがわかります。

怨霊を深く畏れていたからこそ、慈円はより効果の高い鎮魂方法を求め、鎮魂の対象を

Point

『源氏物語』とは源氏の怨霊を鎮魂する書だった！

より明確にするためにノンフィクションにし、さらに、より多くの人に鎮魂文学に触れて貰うために琵琶法師に語らせたのだと思います。

当時はまだ一般の人々は字を読むことができない人がほとんどでした。そのため、より多くの人に『平家物語』に触れて貰うためには、字が読めなくても楽しめるものにする工夫が必要だったのです。その工夫が、琵琶法師に語らせるという方法だったのではないでしょうか。

慈円の目的は、あくまでも鎮魂だったと思います。でも、この琵琶法師に語らせるという工夫がなされたことが、実は日本人の文化レベルを大きく底上げすることに繋がっているのです。

私たち日本人は、あまり意識していないのですが、実は日本人の識字率は世界でもトップレベルの高さなのです。これは今に始まったことではありません。江戸時代になると武士の識字率は一〇〇%、庶民でも多くの子供が寺子屋で学んでいたため、江戸で七〇～八〇%、全国平均でも五〇%近かったとされています。これは、同時代のロンドンの下層階級の識字率が一〇%程度だったことと比べると、いかに凄《すご》いことかわかるでしょう。事実、戦国時代に日本を訪れた宣教師の多くが、本国へ送った手紙に日本人の識字率の高さについて驚嘆したと書いています。

なぜ日本人の識字率がこれほど高かったのか。その謎を解くカギとなるのが、『平家物語』の存在だと私は思っています。

琵琶法師によって語られる『平家物語』は、今で言えばラジオドラマのようなものです。確かに「祇園精舎《ぎおんしょうじゃ》の鐘の声　諸行無常《しょぎょうむじょう》の響きあり」と庶民にとっては難しい言葉もありますが、リズミカルなタッチで書かれているので、その言葉は記憶に残ります。

文字を憶える基本は、実は、この「耳で聞いて言葉を憶える」ということなのです。つまり、**日本人は、『平家物語』を耳で聞いて楽しんでいたことによって、知らず知らずのうちに文字を憶える基礎を培《つちか》っていたのです。これが、世界的に見てもトップレベルの識字率を誇る民族になれた秘密です。**

こうして振り返ってみると、日本で世界最古の「近代小説」が生まれたのも、日本人の識字率が世界トップレベルの高さを誇ることになったのも、その源泉を辿ると、陰謀を繰り返すことで一族を発展させた藤原氏が怨霊の祟りを畏れ、言霊による鎮魂を熱心に行ったからだと言えます。

つまり、他氏を次々と排斥し、天皇家に絡みつき寄生虫のようにしてその権勢を誇った悪人・藤原氏が、その陰謀の副産物である鎮魂のために行ったことが、日本人の教養を高め、世界に誇る文学作品を生み出すことに繋がったということです。

歴史的悪の一族が、文化的には「英雄」的貢献をしている。そういう意味では、藤原氏の存在は、まさに歴史は一方から見ただけでは善悪の判断ができないという、歴史の面白さを教えてくれる存在と言えるのだと思います。

第五章のまとめ

・藤というのは、絡みつくためのものがなければ生きられない植物です。まさに天皇家に絡みつくことで成長し続けた藤原氏の生き方そのものではないでしょうか。

・藤原氏は、日本独自の「関白」という藤原氏専用の役職を創設することで、王族と臣下の序列を逆転させるという、決して乗り越えられないはずの壁を乗り越えてしまったのです。

・藤原氏の他氏排斥方法とは、まず天皇に一族の娘を嫁がせることで強い結びつきをつくり、次に邪魔な相手を謀反人に仕立て上げ、「天皇の命」という形を取ってライバルを失脚させたり殺したりしてしまうというものです。

・日本が世界に誇る文芸作品は、藤原氏の怨霊を畏れる心から生まれたものだとも言えるのではないでしょうか。

第六章

平将門

――当時は極悪人、二百年後だったら大英雄

平将門の木像（國王神社蔵）

◇お金がなくて取り締まる人もいない荒れ果てた時代

本項で取り上げるのは、道鏡《どうきょう》とともに日本三大悪人の一人に数えられている「平将門」です。

平将門はなぜ天下の大悪人と言われているのでしょう。

それは、彼が朝廷に反旗を翻《ひるがえ》し、自らを「新皇《しんのう》」、つまり「新しい天皇」と称したからです。道鏡の場合もそうでしたが、日本における最大の悪人の定義は「皇位を狙《ねら》う者」ということのようです。

ではまず、将門について教科書はどのように記述しているのか、見てみましょう。

10世紀の中ごろ、関東に根をはっていた桓武平氏の一族のあいだに争いがおこり、平将門《たいらのまさかど》の乱に発展した。下総猿島《しもうささしま》に本拠をもつ将門は935（承平《じょうへい》5）年、一族の私闘を契機として挙兵し、939（天慶《てんぎょう》2）年には常陸《ひたち》・下野《しもつけ》・上野《こうずけ》などの国司を追い出し、みずから新皇《しんのう》と称し、一時は関東の大半を征服したが、翌940年、一族の平貞盛《さだもり》や下野の押領使藤原秀郷《ひでさと》らの東国武士団によって討伐された。

（『新日本史B』桐原書店　97ページ）

東国にはやくから根をおろした桓武平氏《かんむへいし》のうち、平将門《たいらのまさかど》は下総《しもうさ》を根拠地にして一族と争いをくり返すうちに、国司とも対立するようになり、939（天慶《てんぎょう》2）年に反乱をおこした（平将門の乱）。将門は常陸《ひたち》・下野《しもつけ》・上野《うずけ》の国府《こくふ》を攻め落とし、東国の大半を占領して新皇《しんのう》と自称したが、同じ東国の武士の平貞盛《たいらのさだもり》・藤原秀郷《ふじわらのひでさと》らによって討《う》たれた。

（『詳説日本史　改訂版』山川出版社　73〜74ページ）

二種類の教科書の記述をご紹介しましたが、どちらも内容はほぼ同じです。これを読む限り、平将門は内輪もめの末、朝廷が派遣した国司《こくし》を力尽くで追い出し、自分を朝廷の天皇に代わる存在、つまり「新しい天皇」と称して関東を制圧したけれど、結局は同じ東国武士によって討たれてしまったということになります。これが真実なら、確かに将門は朝《ちょう》敵《てき》（天皇家の敵）であり、傲慢にも天皇に成り代わろうとした大悪人、ということになります。

でも、本当にそうなのでしょうか。

私がそうした疑問を感じるのは、これらの記述には、なぜ将門が一族と争うことになったのか、なぜその争いが朝廷との戦いに発展したのかということが、きちんと説明されていないからです。

将門が生きたのは平安時代中期、貴族中心の社会の中に、「武士」という新しい集団が生まれ始めた時期です。都では藤原氏が権勢を誇り、輝かしい繁栄を手にしていました。しかし地方では、その光とは対照的な闇の部分が広がっていました。将門の行動を正しく理解するためには、まず、そうした「武士」という階級が誕生した時代背景を理解することが必要です。

平安時代中期とはどのような時代だったか、それをとてもわかりやすいかたちで表現した映像作品があります。それは黒澤明監督の名作『羅生門《らしょうもん》』という映画です。この作品が公開されたのは、私が生まれるより前の一九五〇年なので、若い方の中にはご覧になったことがない人もいると思いますが、傑作ですのでぜひ一度ご覧になるといいと思います。

この時代を見事に表現しているのは、『羅生門』の冒頭のシーンです。

都の正門である羅生門。しかし、それはとても都の正門とは思えないほどに荒れ果て、住み着いた浮浪者たちが、門の板壁を剝《は》がして焚き火をして暖を取っている。

おわかりでしょうか。都の正門が崩れているのに誰も修理せず、その板を剝がして焚き火をしても取り締まる人もいない、ということです。これが、平安中期の日本の実態なのです。

ちなみに、映画では「羅生門」となっていますが、実際の平安時代の都の正門は「羅《ら》城《じょう》門《もん》」と言います。

門の名前はともかく、なぜ都の正門が崩れているのに修理しないのかというと、したくてもお国庫にお金がなくてできないからです。浮浪者が門を壊して焚き火をしても捕まらないのも、取り締まるための警察も軍隊もお金がなくて維持できないからでした。

国庫にお金がないと言うと、日本中どこにもお金がないように思われるかも知れませんが、そうではありません。お金はあるところには潤沢にありました。では、どこにあったのかというと、この時代に作られたある有名な建築物がそれを教えてくれます。

その建築物とは、十円玉に刻印されていることでも知られる宇治の平等院鳳凰堂《びょうどういんほうおうどう》です。これは、もともと藤原道長の別荘だった建物を、道長の息子である頼通《よりみち》が阿弥陀堂《あみだどう》に改築したものです。つまり、政府の高官である藤原氏はもの凄《すご》く豪華な別荘を持つことができたほどお金を持っていたということです。

国家には正門を直すお金すらないのに、政府高官の藤原氏は有り余るほどのお金を持っている。何ともおかしな話ですが、それが平安時代の実態だったのです。

なぜ国家にはお金がないのに、藤原氏は多くのお金を持っていたのでしょう。
それは、藤原氏が権力を握る過程で、権力の基盤となる「経済力」も天皇家から奪い取っていったからです。

◇藤原氏が考え出した脱税システム

藤原氏が天皇家から経済力を奪い取った仕組みの基盤となったのが「荘園」です。

荘園は日本史を学ぶ上でとても重要なテーマのひとつです。そのため『日本荘園史の研究』など大変に立派な研究書がいくつも出版されています。でも惜しむらくは、そうした研究書を著すような学者の方々というのは、知識が多すぎるために、逆に荘園についての最も大切な部分を素人にもわかりやすく説明するということができていないのです。

荘園の最も大切なポイントとは何なのでしょう。

ごく簡単に、そして誰にでもわかるように説明するなら、**それは「荘園とは脱税システムである」ということです。**

みなさんも、かつて学校の歴史の授業で習ったと思いますが、荘園にはふたつの特権が伴います。ひとつは「不輸《ふゆ》の権」、もうひとつは「不入《ふにゅう》の権」です。まとめて「不輸不入の権」と習ったかも知れませんが、不輸の権とは税金を課せられないということ、不入の権とはマルサ（国税査察官）が入ってこられない、ということです。

「荘園」という名称の語源は、諸説あるのですが、私は別荘の庭園という説でいいのではないかと思っています。なぜなら、別荘の庭園であれば、そこでどんな植物が育っていようが、「それはあくまでも庭の花である」という言い訳が成立するからです。

たとえば、広い庭を持つ別荘があったとしましょう。その広い庭をよく見ると、田んぼが広がっていて、豊かに稲が実っています。普通なら、田んぼに稲が実っていたら、それは課税の対象となります。でも、同じ稲でも別荘の庭にあるものはすべて「花」ということになれば、課税対象にならないのです。

もちろん、こんなのは詭弁《きべん》です。でも、**藤原氏はその詭弁を巧《たく》みに押し通すことで、国に入るべき税金を自らのものにしてしまったのです。**

もともと日本は公地公民制をしいていました。公地公民とは、すべての土地、すべての民は天皇家のものだという考えを前提とした制度です。すべての土地は天皇家のものだということは、民は自分の土地を持たないということでもあります。天皇はたくさんの土地を持っていても、天皇自らがその広大な土地すべてを耕すわけにはいきません。そこで、天皇は、自分のものである日本中の土地を少しずつ分割して民に貸し与えます。この貸し与える土地を「口分田《くぶんでん》」と言います。

民は天皇から借りた土地を耕すことで生活の糧《かて》を手に入れ、土地をお借りしているお礼に、その土地で実った作物の一部を天皇に献上する、ということにしたのです。このお礼として献上する作物が「租《そ》」、つまり税金です。

租は基本的には「米」で納められましたが、米のとれないところではその土地の特産物で納めることも可能とされました。たとえば、漁村では昆布や干魚などの海産物で納めてもいいということです。また、物ではなく労働で納める税もありました。たとえば、東大寺のような大寺院をつくる際に、人夫として働くといったことです。このように当時の税金には「租（＝米で納税）」「庸《よう》（労働で納税）」「調《ちょう》（＝特産物で納税）」という三つの種類があったのです。これらを総称して「租庸調《そようちょう》」と言います。

基本的には、口分田に応じた米を納める「租」が中心でしたが、租庸調を納めることが、当時の国民の三大義務だったのです。

◇民の不満を利用した藤原氏の陰謀

公地公民制は理論的にはとてもよくできた制度なのですが、実際には政府が期待したほどの税収には繋《つな》がりませんでした。なぜ税収が上がらなかったのかというと、政府が期待したほど口分田が増えていかなかったからです。口分田が増えなかった最大の理由は、国に納めなければならない税率が高いことでした。

先ほど日本中の土地は天皇のものだと言いましたが、ここで言う「土地」というのは基本的には米の収穫できる「田んぼ」ということです。ですから、未耕作の荒れ地は土地には勘定されていません。

何が言いたいのかというと、天皇が民に口分田を貸し与えるためには、まず荒れ地を耕して田んぼにしなければならないということです。当然、その田んぼを作るのも民の仕事なのですが、いくら田んぼを作っても、高い税金を伴う口分田にしかならないということになると、民の労働意欲に繋がっていかなかったのです。

ちなみに、当時の税率がどれほど高いものだったのかを表す言葉に「五公五民」というのがあります。口分田で収穫されたものは国と民とで折半ということです。折半というと公平な印象があるかも知れませんが、今風に言えば「税率五〇％」ということです。このように言えば、五公五民が民にとってはいかに重い負担だったかが、おわかりいただけるでしょう。

藤原氏は、こうした民の不満に目をつけました。

国としては口分田が増えなければ税収も上がらないので、何とかして口分田を増やしたいのです。そこで、藤原氏は「汗水垂らして開墾した土地は、三代に限り私有を認めるということにしたらどうでしょう」と提案します。三代という期限を設けて税を優遇しようというわけです。これに対し天皇は、それで民のモチベーションが上がり、結果的に田が増えれば増収に繋がるからいいか、と許可を与えます。これが、「三世一身法《さんぜいっしんのほう》」です。

天皇は将来の増収を考えたのだと思いますが、私は、三世一身法は、藤原氏の先を見越した布石だったことは間違いないと思っています。というのも、三世一身法の施行からわずか二十年で、汗水垂らして開墾した土地は永遠にその人の私有地にできる「墾田永年私《こんでんえいねんし》財法《ざいほう》（＝墾田永世私有法《こんでんえいせいしゆうほう》）」という法律を作っているからです。いくら当時の人の寿命が短いとはいえ、わずか二十年で三代も世代が変わるわけがありません。それなのに、藤原氏は、四代目になるとどうせ国に返すのだからと民が田を耕さなくなり、田んぼが荒れてしまうからという理由で、墾田永年私財法を施行しているのです。

◇なぜ都の正門を修理するお金もなかったのか

これによって公地公民制は大きく崩れました。しかし、土地の私有を認めはしたものの、この段階の私有地はまだ荘園とは言いません。なぜなら、私有権は認められていましたが、あくまでもそれは田んぼなので課税の対象になっていたからです。

でも、土地の永代私有まで認めさせてしまえば、ここから先は陰謀家の藤原氏には簡単なことでした。田んぼだった場所を庭にして別荘を建ててしまえば「荘園」の完成です。これでもうその土地は建前上は「庭園」なので、そこで何を育てようが、何が実ろうが、それは「花」ということになり、課税されなくなります。

藤原氏が卓越した陰謀家だったのは、土地の私有者として認められるのは、藤原氏のような有力豪族と有力寺社に限るという事実上の制限を設けたことです。つまり一般の民は、いくら頑張って土地を開拓してもその土地を私有することはできなかったのです。

民がこの状況にどんな思いを抱いたか、想像に難くないでしょう。

自分たちは口分田を耕して、税金を五〇%払わなければならない。でも、隣の藤原氏の荘園では同じように米を作っているのに、税金は払わなくてもいいという。そんなとき、藤原氏が次のように声を掛けてくるのです。

「せっかく汗水垂らして働いているのに国に半分も持って行かれるのは辛《つら》いでしょう。どうですか、うちにきて働きませんか？　うちの荘園なら、納めていただくのは収穫の三〇%でいいですよ」

同じ労働をして、収入が二〇%増えるのです。民がどちらを選ぶかは明らかでしょう。

そうです。多くの民は、国から与えられた口分田を捨てて、藤原氏の荘園へ移っていったのです。こうして労働力が増えた藤原氏は、さらに荒れ地を耕して荘園を拡大、みるみる私腹を肥やしていきました。一方、**国家は口分田を耕す民の減少に伴い税収も激減、都の正門を修理するお金すらないほど貧しくなってしまったのです。**

賢い読者はここで疑問を持つかも知れません。それは、荒れ地を耕すと言っても限界があるのではないか、という疑問です。

でも、ここにも抜け道があったのです。庭をお持ちの方はわかると思いますが、土地というのは日々手入れをしないとすぐに雑草が生えて荒れてしまいます。民が見捨てた口分田も、瞬《またた》く間に荒れていきました。藤原氏はこの荒れた口分田に少し手を入れるだけで、「ここは新たに開墾した土地だから私有を認める」としたのです。

「そんなバカな。もとは口分田なのだから国家の土地じゃないか」、と思うかも知れませんが、**申請するのもそれを認定する政府高官も藤原氏という時代ですから、そこはもうやりたい放題なのです。**

こうして藤原氏は、国家に入るべき税金のほとんどすべてが自分たちの懐《ふところ》に流れてくる「荘園」という脱税システムを完成させたのです。

◇没落した中級貴族の生きる道とは？

荘園の拡大は、単に財政破綻《はたん》を招いただけでなく、律令制度そのものを崩壊させました。なぜなら律令体制は公地公民を基盤に成立していたものだからです。税収のなくなった中央政府にはもう政治と言えるものはできません。今でも貧しい国家の治安が悪いのは、資金不足から治安維持力を確保できないからです。

平安時代も同じでした。名目上は律令制度の中に国家警察に当たる刑部省《ぎょうぶしょう》というものが存在しているのですが、まったく機能していませんでした。**こうして取り締まる者がいなくなった日本は、犯罪者が横行し、治安は著しく悪化していきました。**

あまりの治安の悪さに、さすがの藤原氏も困り果て、対策として新たに「検非違使《けびいし》」という職を作りました。検非違使は律令にはない令外官《りょうげのかん》で、言わば特別警察のようなものです。でもこれは、自分たちの住む都の治安を守るためのものなので、地方には置かれませんでした。

つまり、都の治安はかろうじて検非違使を作って維持したものの、その分、地方は夜盗・強盗・山賊が横行する無法状態がさらに悪化していくことになったのです。

Point

平安中期、地方は無法地帯と化していた！

武士が生まれたのは、こうした治安の悪化した社会で自分たちの命と財産を守るために武装したのが始まりだとされています。

平安時代の中期以後、律令国家体制のゆるみから治安が悪化したため、国司や荘園領主は獲得した権利を、自分たちの力で守らなければならなくなった。そのため、武力で紛争を解決してくれる者を、侍《さむらい》として日ごろから養っておくようになった。彼らは武士《ぶし》とよばれた。武士となったのは、地方に土着した国司の子弟や、在庁官人などの有力土豪、狩猟《しゅりょう》・漁撈《ぎょろう》などに従事する非農業民などで、彼らは武芸の訓練に励み、しだいに武芸専業者となっていった。武士は戦闘のために集団の形をとることが多く、家子《いえのこ》（一族）、郎党《ろうとう》（従者）を率いて、武士団を形成していった。この武士団の頭には、軍事貴族がなったが、彼らは、国司として地方に下り、土着した皇族や貴族の子孫であった。高貴な身分の出身だというので、武士たちの信望を集めたのである。いくつもの武士団を統率する頭《かしら》を武士の棟梁《とうりょう》とよび、ときには追捕使《ついぶし》や押領使《おうりょうし》に任ぜられて、地方の治安維持にあたった。武士の棟梁としては、桓武平氏《かんむへいし》と清和源氏《せいわげんじ》が有力であった。

（『新日本史B』桐原書店　96〜97ページ）

教科書の記述にあるように、武士団が発達した背景には治安が悪くなったということがあるのは事実です。でも、それだけが理由なのかというと、そうではありません。

もうひとつ、見落とすことができないのが、藤原氏が中央の権力をがっちり握ったということなのです。教科書の記述には、「地方に下り、土着した皇族や貴族の子孫」が武士の棟梁《とうりょう》になったとありますが、なぜ彼らが地方に下り土着したのか、その理由は説明されていません。

その理由というのが、藤原氏の専横なのです。「藤原氏」の項で述べましたが、彼らの徹底した他氏排斥《はいせき》によって、中央の要職はすべて藤原氏によって占められてしまいました。具体的に言えば、左大臣・源高明《みなもとのたかあきら》が藤原氏の陰謀によって失脚させられた安和《あんな》の変以降、源姓の者が左大臣になるようなことは完全になくなってしまいます。

では、中央で出世する可能性を失った賜姓《しせい》皇族やその他の氏族たちは、どのようにして生きる糧を手にしたのでしょう。

中級貴族の生きる道はふたつしかありませんでした。ひとつは、藤原氏に賄賂を使って地方の国司に任命してもらう道。もうひとつは、これも最初は国司になって地方に赴任することが必要なのですが、任期が終わっても中央に戻らず、そのまま地方に土着する道です。

◇中級貴族は武装化し、不法占拠を行った

国司とは地方の行政官で、今で言う県知事にあたるのが「守《かみ》」、副知事にあたるのを「介《すけ》」と言いました。県知事と言うとかなり高い役職に思えますが、藤原氏が占める左大臣、右大臣、参議、大納言《だいなごん》といった役職が中央省庁のトップ官僚だとすれば、地方に赴任しなければならない国司というのは課長か係長クラスなので、それほど高いポストではありません。

それでも地方に行けば、その国の王様のような権力がありました。当時は今とは違い交通も通信も発達していません。地方と中央は隔絶されているので、一旦地方に赴任してしまうと、現地ではやりたい放題のことができたのです。

たとえば、国司の権限を使って、農民を集めてそこにある森林をすべて自分の田んぼにしてしまう、というようなことができたのです。また、国司は徴税権も持っていたので、国家が決めた税率は五〇％でしたが、たとえば七〇％もの税金を取って、差額の二〇％は自分の懐に入れてしまう、ということも可能でした。

中央では出世の可能性がない中級貴族でも、地方に国司として行けば、このように好き勝手なことをして贅沢な生活をすることができたのです。だから、みんな国司に任命して

もらえるよう、必死に藤原氏に賄賂を贈り取り入ったのです。そうした中級貴族の有様を清少納言は『枕草子』の中で「すさまじきもの（興ざめなもの）」と酷評しています。

国司には任期があるので、その限られた期間内に国司は現地の人から搾《しぼ》れるだけ搾り取り、任期が終わると蓄えたものを中央に持ち帰ります。でもその蓄えも、結局は次の国司に任命してもらうために藤原氏に賄賂として貢がなければなりません。結局、地方に赴任しては搾り取り、蓄えたものを資金にしてまた国司に任命してもらい、また搾り取っては藤原氏に貢ぐ、ということを繰り返すことになるのです。

しかし、いくら蓄えを持ち帰ると言っても、持って帰れるものは限られています。広い屋敷や王様のような豊かな生活を持ち帰ることはできません。**中級貴族のもうひとつの生きる道、地方に土着する道を選んだ人々とは、国司の任期中に得たこうしたその土地ならではの豊かな生活を続けることを選んだ人々でした。**

彼らは、国司である間に、土地の人々を使って土地を開拓させ、大農園を作って、その大農園の主に収まることで土着しました。

しかし、こうした大農園にはひとつ大きな問題がありました。それは、中級貴族では、いくら荒れ地を開墾してもその私有が法的に認められないということです。ですから、大農園の主に収まると言うと聞こえはいいのですが、政府からすると、それは土地の不法占拠であり、そこで得ている利益は不当利益ということになるのです。

それでは、国に土地を取り上げられたり、罰せられたりしてしまうのかというと、それはありませんでした。なぜなら、地方に土着した中級貴族は、開拓した大農場を夜盗などから守るために武装し、対する国家は、罰したくても武力を持っていなかったからです。いわゆる実効支配状態です。

とはいえ、完全に中央政府と対立してしまうのも得策ではありません。そこで、地方の農場主たちは、藤原氏に賄賂を贈り、なんとか自分たちの支配を認めてくれるよう働きかけます。その結果、折り合いがついたのが、「土地の正式な所有者と認めることはできないが、これからも誠意を見せるなら、建前上、農場の名義に藤原の名を貸してやろう。そうすれば、名義は藤原氏の荘園ということになるので、お前はそこのマネージャーとして今の生活を続ければいい」というストーリーでした。

おわかりでしょうか。要は、「藤原」の名義を貸してやる代わりに、これからも名義貸し代を払えば、国として不法占拠だとして罪を問うようなことはしないでおいてやろう、ということです。

政府は軍を持っていないわけですから、実際には兵が派遣され、自分たちの不法占拠が罰せられるようなことはないとわかっています。わかってはいるのですが、社会的に認められない立場にあるというのはやはり不安がつきまといます。だから、賄賂を贈ってでも、彼らは社会的に認められる立場を手に入れる道を選んだのです。

◇平将門は地元の大親分となっていた

だいぶ前置きが長くなってしまいましたが、平将門が登場した平安中期というのは、こうした一種異様な時代だったということがおわかりいただけたことと思います。実は、これがわからないと、将門がやろうとしていたことを正しく理解することはできないのです。

将門の父は平良将《たいらのよしまさ》という中級貴族でした。「平」という姓からもわかるように、良将は桓武天皇の血を引く賜姓皇族・桓武平氏の子孫です。しかし、賜姓皇族の子孫であっても、もはや中央での出世が望めないことを良将は知っていました。だから、父の平高望が上総介として関東の地に赴任したときから、連れてきた子供たちに「お前たちはこの関東で暮らせ」と言い聞かせ、子供たちのためにできるだけ多くの土地を残しました。**将門はこうして、父が開拓した大農場を受け継ぎ、農場主となったのです。**

桓武天皇の五世の孫に当たる将門は、こうして若くして兵力と経済力を手にしますが、その公的な立場は無位無冠です。それでもその高貴な血筋から、本拠とした下総国（現在の茨城県から千葉県周辺）では土地の人々の信望を集めました。無位無冠の将門は、都での出世を夢見たこともあったのでしょう、若い一時期、都に出て藤原忠平《ふじわらのただひら》のもとに仕えていたと言われています。

しかし、都で立身出世が叶うわけもなく、結局は下総国に戻ることになります。国に戻った彼の立場は、相変わらず無位無冠です。でも、経済力と武力は持っている。そんな彼の立場は、わかりやすくたとえるなら、清水次郎長のような「地元の大親分」といったところでした。

将門が乱を起こすきっかけとなったのは、武蔵国に新たに武蔵介（国司の次官）として赴任してきた、源経基《みなもとのつねもと》が地元に苛烈なまでの無理難題を要求したことでした。

再三述べてきたように、この時代の政治は矛盾に満ちています。本来なら国家に入るべき税金はすべて藤原氏のもとに入り、政府にはお金も力もありません。お金を持っている藤原氏は不正のやり放題で、藤原氏に取り入ろうとする中級貴族たちから賄賂を搾り取ることに専念しているので、地方に派遣した国司が現地でどのようなことをしようが、自分たちにきちんと賄賂さえ贈られていれば気にもしていませんでした。

そうした世の中で割を食うのは民です。国司が替わっても常に搾られ続けるからです。そうした生活が続けば、当然「誰かなんとかしてくれ」と思います。

元を正せば大親分・将門の財も、最初は将門の父がそうした人々から搾り取ることで築いた財なのですが、地方で生まれ育ち、土地の人々に慕われていた将門は、すでに地元の有力者になっていたのです。

◇事実無根の誣告《ぶこく》でピンチに陥った将門

とはいえ将門は、最初から中央政府に敵対したわけではありません。むしろ、新しく赴任してきた国司と、将門以前から地元に土着していた有力者の間に入って、両者の諍《いさか》いを仲裁していたのです。

これは、たとえるなら「県知事と市長のケンカ」の仲裁をするようなものです。ケンカの仲裁と言っても、当時のケンカは口げんかではありません。武力闘争です。**つまり将門は、武力闘争を仲裁できるほどの力を持った大親分だったということです。**

もう一度言いますが、将門は無位無冠です。なぜ県知事と市長の武力闘争に無位無冠の若者が仲裁に乗り出すのかというと、国に治安維持能力がないので、放っておいたらいつまで経っても収まらないからです。争いが収まらなければ、民の苦しみが続くだけです。つまり、将門は苦しむ民のために仲裁に乗り出したのです。

結論から言うと、県知事と市長は、将門の仲裁を受け入れて争いは収まります。これで万事めでたし、となるはずだったのですが、残念ながらそうはいきませんでした。

事をややこしくしたのは、またも源経基でした。

トップ会談では手打ちが成立したのですが、不満が収まりきらなかったのでしょう、地元勢の一部が経基の屋敷を包囲するという事件が起きます。すると、これに怯《おび》えた経基は、これは地元の有力者と将門がグルになって自分を討とうとしたに違いないと思い、都に逃げ戻るやいなや、将門が朝廷に対して謀反を起こしたと訴え出たのです。

もちろん、謀反などというのは事実無根、経基の思い込みに過ぎません。

この誣告《ぶこく》に対して、将門は冷静に対応します。近郊の有力者から「将門は謀反など企《たくら》んでいません」と証言してもらうことで、身の潔白を証明したのです。こうした協力を得られたことを見ても、当時の将門の力がいかに大きなものだったかおわかりいただけるでしょう。

◇なぜ将門の反乱は民から喝采されたのか

将門の謀反の疑いは晴れました。

ところが、そのわずか半年後、私は将門本人には謀反の意志はなかったのではないかと思うのですが、結果的に彼は本当の謀反人になってしまいます。

事の発端は、常陸国《ひたちのくに》の住人である藤原玄明《ふじわらのはるあき》という男が将門のところに庇護《ひご》を求めてやって来たことでした。彼は国で罪を犯し、常陸の国府に追われていました。将門は彼をかくまい、常陸の国府からの「犯人引き渡し請求」を突っぱねました。犯罪者をかばい立てすれば、国に対する反逆者と見なされても仕方ありません。

なぜ将門はそんなリスクを冒《おか》してまで玄明をかばったのでしょう。残念ながら、その理由はわかっていません。

わかっているのは、玄明が罪を犯したことと、将門が彼をかばったという事実だけです。そしてついには、将門は犯罪者である玄明に味方し、兵を率いて常陸の国府を襲撃してしまうのです。

国府を襲撃すれば、それはもう弁解の余地もない反逆者です。

それでも、私はこの時点の将門には、自分が国に対して反逆しているという意識はなかったのではないかと思っています。

というのは、確かに国府を襲ったときには略奪と暴行の限りを尽くしているのですが、事が済むと国府を占拠することなく、生け捕りにした国府の介（次官）も無条件で都に送り返してしまっているからです。もしも、将門に謀反の意志があれば、国府は占拠すべきだし、生け捕りにした常陸介《ひたちのすけ》は殺すか人質として確保していたはずだからです。

では、私の推察通り、将門に謀反の意志がなかったとしたら、彼は何のために玄明をかくまった上、国府を襲撃するという暴挙にまで出たのでしょう。

少々子供っぽい結論ですが、**私は、この一連の将門の行動は、当時の中央政府に対する「鬱憤晴らし」だったのではないかと思います。なぜなら、将門の行動が、当時の関東の人々、もっと具体的に言えば、坂東《ばんどう》の武者たちから広く支持された節があるからです。**

将門がやったことは、今にたとえれば地元の暴力団の親分が、犯罪者をかばって県庁と対立、挙げ句の果てに県庁を襲撃して知事を拉致して県から追い出してしまった、ということですから、普通なら市民がそれを支持するはずがありません。

でも、実際には将門は支持されました。ということは、**考えられる可能性は、県知事がよほど県民を虐《しいた》げていたということです。**そこで、前述したように当時の国府の役人というのは、民から搾り取ることしか考えていなかったということを考え合わせれば、将門の「鬱憤晴らし」に民衆がやんやと喝采を挙げて支持したとしても不思議ではありません。

◇国家の印を奪い、「新皇」と名乗る

将門は国府を占拠した際、国家の印を奪っています。この印を持つということは、「国の命令」を出すことができることを意味しています。これは裏を返せば、将門がこの印を持っている限り、国府の役人は民から搾取できなくなるということでもあります。

この項の冒頭で引用した教科書の記述を思い出してください。

将門は935（承平《じょうへい》5）年、一族の私闘を契機として挙兵し、939（天慶《てんぎょう》2）年には常陸《ひたち》・下野《しもつけ》・上野《こうずけ》などの国司を追い出し、みずから新皇《しんのう》と称し、一時は関東の大半を征服したが、翌940年、一族の平貞盛《さだもり》や下野の押領使藤原秀郷《ひでさと》らの東国武士団によって討伐された。

（『新日本史B』桐原書店　97ページ）

ここには書かれていませんが、実は将門が常陸、続いて下野《しもつけ》の国府を襲撃してから「新皇」を名乗るまでの間に、不思議な出来事があったのです。

それは、一人の神がかりした巫女《みこ》が現れ、「我は八幡大菩薩の使いだ」として「朕《ちん》が位を蔭子《おんし》（五位以上の官人の息子）平将門に授け奉る。その位記《いき》は右大臣正二位菅原朝臣《すがわらのあそん》の霊魂表《ひょう》すらく（中略）早くこれを迎え奉るべし」と叫んだというものでした。

位記というのは辞令のことです。つまり、将門を新たな天皇に任ずるという辞令に右大臣・菅原道真《みちざね》が連署したので、速やかにその辞令を迎えなさい、ということです。

神のお告げなどというものは実際にはあり得ない。ならこれも将門の一派が、自分たち

●「平将門の乱」の足跡

下野
国香を敗死させる
常陸
上野
藤原秀郷
平国香・貞盛
唐沢山
常陸国府を焼き払い
藤原維幾らを捕らえる
筑波山
上野国府を占拠して
「新皇」と自称する
猿島郡
鎌輪
豊田郡
真壁郡
岩井
鹿島神宮
源経基
平良正
武蔵
相馬郡
香取神宮
下総
甲斐
将門、戦死する
平良兼
相模
上総
安房
伊豆
平将門の根拠地
襲撃地
将門の最大勢力範囲
国府

の行動を正当化するために後付けしたものだろう、というのが多くの学者の見解です。でも、私はそうは思いません。確かに実際に八幡大菩薩がお告げを下したとは私も思いませんが、後付けというのも腑に落ちません。おそらく、「お告げ」は実際にあったのだと思います。

でも、そのお告げの主は、八幡大菩薩ではなく、『悪人列伝』（文藝春秋）の海音寺潮五郎氏の言葉を借りるなら、「将門の血統の尊貴さにたいする敬意、現在の威勢のすさまじさにたいする驚嘆、菅原道真の冤死《えんし》やたたりと称せられることに対する同感、それが藤原氏対天皇家の権力闘争に起因しているという認識」などを心に持っていた民の心だったのではないかと思います。

つまり、将門は虐げられた関東の人々の鬱憤を晴らすために国府を襲い、これ以上民が搾取されないように国家の印を奪い、人々に「あなたこそ天皇にふさわしい人物だ」と推《お》されて新皇を名乗ったということです。

だから、将門は関東の「独立」を宣言したのです。

◇関東の英雄、中央の極悪人

しかし、事がここまで大きくなると、さすがに中央も手をこまねいているわけにはいきません。関東の独立など、絶対に許すことはできないからです。

しかし、将門を討ちたくても、国家にはお金も軍隊もありません。そこで国家が考えたのが「毒を以《もっ》て毒を制す」というやり方でした。

要するに、将門と同じような立場の人間、つまり地方に土着した元中級貴族で現在、武士団を形成しているような人間に、将門を討たせることにしたのです。

将門が生きたのは十世紀です。武士はまだ生まれたばかりで、それぞれの武士団がそれぞれの主義主張、思いのもとに行動していました。何が言いたいのかというと、一口に武士と言っても、さまざまな考え方の者がいたということです。

後世の人間である私たちからすれば、朝廷の理不尽な搾取に叛意を示した将門の行動に理があると思いますが、**当時の武士の中には、平将門という男は、畏《おそ》れ多くも天皇様に逆らったうえ、自ら天皇を名乗るとんでもない反逆者だ、と信じた人たちもいたということです。**そして、その代表が、将門を討つことになる藤原秀郷《ふじわらのひでさと》という武士だったのです。

私たちは「武士」と言うと江戸時代の印象が強いので、国家を専門に守る兵のように思ってしまいがちですが、武士が国家の意思のもとに動くようになるのは鎌倉幕府以降のことです。この時代の武士はあくまでも私的な武装集団です。勝手に武装し、勝手に土地を占有している人間にすぎません。

ですから、本来はそれを国家が利用するというのはおかしいのですが、財政の窮迫している国家は、苦肉の策として「毒を以て毒を制す」ことにしたのです。もちろん、そこにはお金ではない「報酬」は約束していたと思います。事実、将門討伐に成功した後、彼はその功によって従《じゅ》四位下という高位に叙せられ、下野・武蔵の二国の国司と鎮守府《ちんじゅふ》将軍の職に就いています。

藤原秀郷という人は、別名「俵藤太《たわらとうた》秀郷」という名でも知られる弓の名手です。大百足《おおむかで》を退治したとも言われ、なかなか面白い伝説をもった人でもあるのですが、彼の人物像についてでは、ここでは割愛します。

この戦いは、最初は将門勢の方が優勢だったのですが、将門が弓で射殺されてしまったため、総崩れとなり、秀郷の勝利に終わります。

「弓の名手秀郷」「将門が射殺される」と言葉だけ並べると、いかにも弓の名手である秀郷が将門を見事に討ち取ったかのように思われるのですが、実際の将門の死は不運なもの

Point

将門は苦しむ民のためにやむなく立ち上がった！

だったようです。将門は遠くから飛んできた矢がこめかみに当たって命を落とすのですが、どうもこのとき、将門の乗っていた馬が竿立《さおだ》ちになっていたらしいのです。

おわかりでしょうか。馬が竿立ちになっていたときにこめかみに矢が当たったということは、本来ならその矢は命中するような矢ではなかったということです。

つまり、名人が放った矢が見事に命中して命を落としたということではないようです。関東の虐げられた人々の英雄・将門の夢は、こうして潰《つい》えます。

そして、謀反を企《くわだ》て、新皇を名乗った極悪人という、中央からの評価だけが残ったわけです。

◇将門を陥《おとしい》れた者の子孫が将門の夢をかなえた

でも将門が、少なくとも関東の民にとっては間違いなく英雄だったことは、その後、彼が関東の鎮守、つまり「守り神」として祀《まつ》られていることからもわかります。

将門が命を落としたのは、下総国《しもうさのくに》の岩井というところでした。その将門の首は、秀郷によって京に届けられ、さらし首になっています。

ところが、ここから先は伝説ですが、その将門の首は一夜にして関東に飛び帰ったというのです。その飛び帰った首が祀られているのが、東京都千代田区大手町一丁目にある有名な「将門の首塚」です。

昔からこの首塚に触ると祟《たた》りがあると言われ、実際、戦後にこの首塚をGHQ（日本占領軍総司令部）が壊そうとしたところ、作業に当たった人が突然死んでしまったということがあり、それ以来この首塚に手を触れる者はなく、今も近隣の人々によって大切に守られています。

ちなみに、関東の守り神「神田明神」は、もともとは将門の体を祀った場所にあったものので、神田という名も「からだ」を語源としていると言われています。

ですから、将門は日本三大悪人の一人とされていますが、本当の意味では悪人ではないと私は思っています。彼は、実際に土地を開拓し、汗水垂らして働きながら、その収穫のほとんどを中央に搾取されていた民の不満と期待を受けて立ち上がった「民衆の英雄」だったのです。

そして、もう賢い読者はお気づきだと思いますが、この将門が抱いた夢を叶えたのが、約二百年後に登場し、日本初の武士政権を樹立する源頼朝なのです。いくら頑張っても正式な土地の所有者として認めてもらえない武士の立場を国に認めさせることをスローガンに、頼朝は流人の身でありながら朝廷を倒し、武士政権を樹立することに成功したからです。

将門の首塚（将門塚、東京都千代田区大手町）。「新皇」を称し、関東八州を制圧して独立を宣言した平将門は、朝廷軍に敗れ、処刑されて、その首を京都五条河原に晒された。この首が失った体を求めて東国へ飛んで行き、大手町の御手洗池に落下したという（落ちた場所には諸説ある）。江戸時代、逆賊の汚名を解かれたことにより、首塚が同地に建立された。

そんな源頼朝を輩出する武士としての源氏は、清和《せいわ》天皇の孫にあたる源経基から始まったと言われています。

源経基と言えば、そうです、都に逃げ帰って将門を誣告《ぶこく》した人物です。しかし、このときの将門には反乱を起こす気など毛頭もなかったので無実が証明されました。そうすると、経基はどういうことになるでしょう。当然のことですが、冤罪《えんざい》で人を陥《おとしい》れようとしたということになり、監獄にぶち込まれてしまったのです。

本来なら、経基の人生はそこで終わっていたはずでした。ところがそのわずか半年後に、今度は将門が本当に反乱を起こしたため、「経基の言っていたことは正しかった」ということになり、評価は一転、それをきっかけに経基は中央で出世していくことになったのですから、なんとも運の良い人としか言いようがありません。

経基はその後のし上がり、多くの子供をもうけ、その子孫の中から源頼朝が出るのです。

民の苦しみを見過ごせず立ち上がった、民衆の英雄・平将門は若くして悲運な死を遂げ、彼を誣告した小心者の源経基は、その将門の悲運の死を踏み台に幸運な出世を遂げ、彼の子孫から武士の英雄・源頼朝が生まれる。なんとも皮肉なことですが、こうした運命のいたずらから人の道を学ぶことこそが歴史の面白さなのではないでしょうか。

第六章のまとめ

・国家警察が機能しなくなったため、地方は夜盗・強盗・山賊が横行する無法状態がさらに悪化していくことになったのです。武士が生まれたのは、こうした治安の悪化した社会で自分たちの命と財産を守るために武装したのが始まりだとされています。

・将門の行動は、当時の中央政府に対する「鬱憤晴らし」だったのではないでしょうか。なぜなら、将門の行動が、当時の関東の人々から広く支持されたふしがあるからです。

・将門は、民の不満と期待を受けて立ち上がった「民衆の英雄」だったのです。この将門が抱いた夢を叶えたのが、約二百年後に登場し、日本初の武士政権を樹立する源頼朝なのです。

第七章

源頼義と義家

——奥州制覇への夢と陰謀

『前九年合戦絵巻　模本（部分）』
（Image:TNM Image Archives 、東京国立博物館蔵）

◇武士同士を戦わせ、敵を滅ぼす

平将門の乱は、本来なら朝廷対武士の戦いのはずでした。でも、朝廷は武力を持っていません。そこで、朝廷は自らの手を汚さず、武力を持っている他の武士を使って将門を討つという方法をとります。こうしたことが行われたのは、将門の乱に限ったことではありませんでした。

将門とほぼ同時期に、将門と同じようなことを考えて反乱を起こした藤原純友《ふじわらのすみとも》という人がいます。

純友は瀬戸内海の水軍の棟梁《とうりょう》となり、やはり「なぜ、朝廷の奴らに金を搾取されなければならないんだ」という不満を持って乱を起こします。しかし純友もまた、朝廷が追捕使《ついぶし》に任命した他の武士によって鎮圧されてしまいます。

武力を持たない朝廷は、こうして常に、平氏が伸びてきたら源氏で押さえつけ、源氏が伸びてきたらほかの連中をたきつけて押さえつける、というように、武士たちを巧《たく》みに同士討ちさせるということをやっていくのです。

そんな、武士同士が戦わせられている中で最初に頭角を現したのが清和《せいわ》天皇の流れを汲む「清和源氏」でした。清和源氏のルーツは源経基《みなもとのつねもと》という人物です。そう、前項で平将門を誣告《ぶこく》したとお話しした人物です。

彼は清和天皇の息子・貞純《さだずみ》親王の子で「経基王」と称す皇族でした。しかし、藤原氏全盛のこの時期、天皇の孫クラスでは出世の見込みはまったくありませんし、皇室にもお金がありません。そこで、少しでも豊かな生活をするために、臣籍降下《しんせきこうか》し、地方の要職に就くことを目指したのです。この臣籍降下するときに賜った姓が「源」です。

臣下になるときに「姓」を賜るのは、皇族、つまり天皇家には「姓」がないからです。姓を持たないと言うと、とても珍しく思うかも知れませんが、これは日本固有のものではありません。たとえば、モンゴル民族は今でこそ姓を名乗っていますが、昔は姓を持たず、代わりに父の名前を使って「〇〇の息子の××」というような名乗りをしていました。

他にも、ちょっと年代が違いますが、一九六〇年代に第三代国際連合事務総長を務めたウ・タント氏の例があります。彼はイギリス領インド帝国ビルマ（現・ミャンマー）の出身ですが、「ウ・タント」の「ウ」は姓ではなく男性に対する敬称です。つまり、当時のビルマの人々は姓を持たなかったということです。

では、「姓」というのはなんのためにあるのでしょう。私は、これはやはりＤＮＡを示すため、もっとはっきり言えば、男系の血統を明確にし、保存するためのものだと思います。

中国や韓国は昔から夫婦別姓ですが、これは、妻が誰のDNAを受け継いだ人間なのかということを明確にするためなのだと思います。日本も昔はこうした出自を明確にするような「姓」の使われ方が主流でした。

たとえば、源頼朝の妻である政子さん、みなさんは何と呼びますか？「北条政子《ほうじょうまさこ》」であって「源政子」とは言いません。今の感覚で言えば、源頼朝と結婚したのだから源政子と言われてもよさそうなものなのですが、そうしないのは、彼女が「北条」のDNAを受け継いだ人間であるということが重視されていたからなのです。また、最近は変わってきているようなのですが、少し前まで女性が着物につける紋は、実家の家紋が使われるのが一般的でした。

ちなみに、これはあくまでも仮説ですが、天皇家にも姓があった可能性も考えられるのです。その可能性があるとすれば、私は天皇家の姓は「天」だったのではないか、と思っています。なぜなら、「天照大神（アマテラスオオミカミ）」や「天宇受売命（アメノウズメノミコト）」など、神話に登場する神々の名に「天（アメ・アマ）」が頭につく神がとても多いからです。もしかしたら「天皇」という称号そのものも「天」という姓から派生したものなのかも知れません。

中国に対する対等意識から、中国の「皇帝」に匹敵する称号として「天皇」という称号が考えられたと言われていますが、なぜ「天皇」だったのかということを考えたとき、もしかしたら、そもそも日本の天皇家が「天さん」だったから、ということも考えられるのです。

もちろん、これは証明しようのない仮説にすぎません。天皇家だけが姓を持たないというのは、天皇が他の人間とは違い、神の子孫であることを表すためかも知れません。

いずれにしても、姓はその人の持つDNAを表したものだと言えます。そういう意味では、天皇が自らの血を受け継ぐ皇族に「源」という姓を与えたのは、お前たちは日本の源に繋《つな》がる者だ、ということを意味していたのかも知れません。

◇武士の始まりは多田満仲《ただのみつなか》から

清和源氏の祖・源経基は前項でも述べたように、実力では振るわなかったのですが、平将門が本当に反乱を起こしてくれたので、非常にラッキーな出世を遂げます。ですから経基自体は大した人物ではなかったのですが、彼のDNAを受け継いだ清和源氏の中から、武士としての源氏を代表する人物が次々と生まれてきます。

最初に注目すべきは、経基の息子・満仲《みつなか》です。

満仲は、摂津国多田《せつつのくにただ》（今の大阪府の多田）というところに土地を持っていたことから、多田満仲《ただのみつなか》の名で知られていますが、正式な名前は源満仲です。この人の注目すべき点は、三人の息子です。上から頼光《よりみつ》、頼親《よりちか》、頼信《よりのぶ》、この三人の息子が源氏が大きく発展していく基礎を築くことになるからです。そのことを伝えるちょっと面白い言葉があります。

「ただのまんじゅう武士の始まり」

これは江戸時代の大阪カルタに見られる言葉なのですが、おわかりでしょうか。「ただのまんじゅう」とは多田満仲のこと。つまり、**武士のルーツはこの三人の父親から始まるということです。**

長男の頼光は、丹波国《たんばのくに》の大江山《おおえやま》に住む酒呑童子《しゅてんどうじ》という鬼を退治した人物として知られています。実際に鬼がいたとは思えないので、おそらくは、大江山をアジトにして近隣で略奪行為を繰り返していたはぐれ者の武士団の親分のような者を頼光が退治したのが、「鬼退治」というかたちで後世に伝わったのだと思いますが、この話によって彼は武勇に優れた英雄としての評価を受けることになります。

彼の子孫からは、後に「源三位頼政《げんさんみよりまさ》」の名で知られる人物が生まれます。

頼政が生きたのは、平安末期、源氏と平氏がしのぎを削った時代です。この時代に起きた平治《へいじ》の乱で源氏の棟梁《とうりょう》・源義朝《みなもとのよしとも》は命を落とし、その子・頼朝はかろうじて一命を保つものの伊豆に流され、源氏は没落、平家の世が到来します。頼政というのは、そうした平家の世の中で源氏としては唯一生き残り、三位という高位に上った人物です。

ちなみに「平氏」と「平家」とはどこが違うかというと、普通は「氏」なのですが、平氏には幾つか系統があります。たとえば伊勢平氏であるとか、あるいは坂東《ばんどう》平氏であるとかがあります。その中で伊勢平氏の清盛の系統だけがのちに栄えて天下を取ったので、その伊勢平氏の清盛の系統だけを、とくに「平家」と特別な言い方をします。

そもそも武士が高位に就けるようになったのは、その平家の世になってからなので、源氏では頼政の前に高位に就いた者はいませんでした。清和源氏の祖である経基でさえ位としては正《しょう》四位でした。頼政が特に「源三位（源氏の三位）」と言われるのはそのためです。

しかし、平家に従うことで生き抜いてきた頼政も、晩年には平家打倒を目指し、反乱を起こします。ところがその反乱は失敗、平家討伐の令旨《りょうじ》を出した以仁王《もちひと》とともに宇治の平等院で討ち死にしてしまいます。しかし、彼が蒔《ま》いた種は、伊豆に流されていた頼朝のもとに届き、平家打倒という大輪の花を咲かせることになるのです。

◇頼義《よりよし》の息子の元服式はすべて神社で行われた

話を満仲の三人の子供に戻しましょう。

満仲の次男・頼親は、大和国《やまとのくに》に根拠を置いてその勢力を広げたことから「大和源氏」の祖と言われている人物です。彼は自分の勢力を伸ばすために、当時飛ぶ鳥を落とす勢いであった藤原道長に接近します。そして、賄賂を渡し、国司《こくし》に任命してもらい、赴任した土地で財産を築いてはそれをもとに自分の一族を大きくするとともに、また賄賂を道長に献上して国司に任命してもらうということを繰り返して財を築いていったのです。

頼親という人物は、かなりダーティーな手段も使う人物だったようです。なぜそんなことがわかるのかというと、藤原道長の残した日記『御堂関白記《みどうかんぱくき》』に彼のことが書かれているからです。

その日記の中で道長は、頼親という男は「殺人上手だ」と評しています。そう書くきっかけとなったのは、頼親と土地争いを繰り広げていた人に藤原保昌《ふじわらのやすまさ》という人物がいるのですが、その争いのさなかに藤原保昌の郎等・清原致信《むねのぶ》が殺されており、どうも彼を殺したのが頼親らしいのです。

何度も申し上げますが、当時は土地争いが起こっても誰も調停してくれる人はいません。当事者同士が力で解決するしかなかったのです。とはいえ、当時であっても人殺しは罪です。頼親がこのようなダーティーな手段に出た背景には、先に致信が頼親の家来を殺すという裏があったようです。でもここで最も注目すべきなのは、道長が頼親の行いを

●清和源氏と桓武平氏の略系図

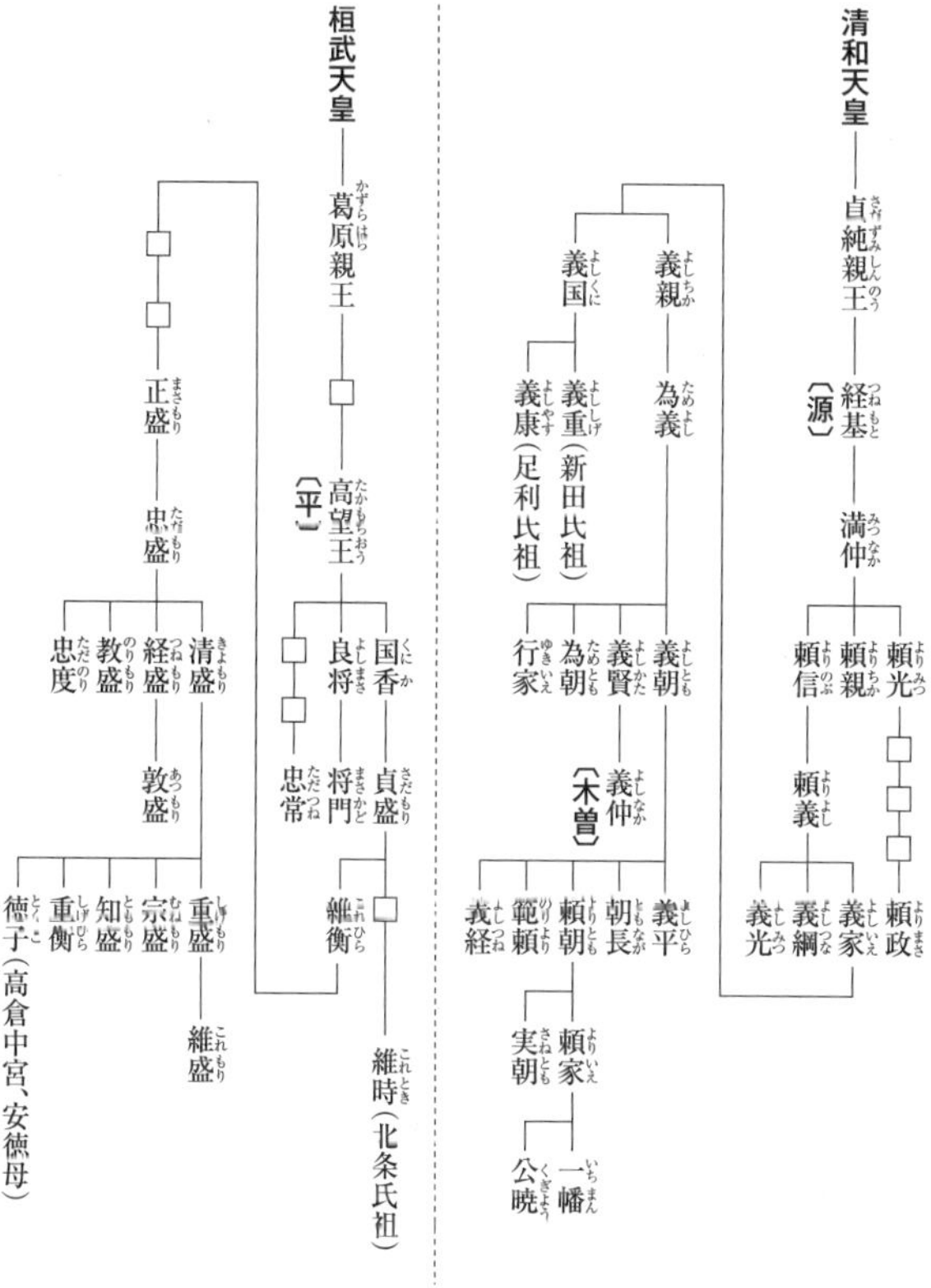

「殺人上手」と褒めていることでしょう。

藤原道長は貴族なので武力を持ちません。そして、当時の貴族たちは、武士を自分たちと同じ人間としては扱わず、自分たちがやりたくない汚れ仕事に使いました。たとえば、自分の領土を拡大させたり、もめ事が起きたときに武力で解決させたりするのに使ったのです。**そんな道長にとって「殺人上手」の頼親は、このような表現はとても嫌《いや》なものですが、「飼っておけば都合よく使える手駒」だったのでしょう。**

ですから、頼親が致信を殺した犯人だとわかっていても、道長は彼を重く罰してはいません。貴族にとって武士同士の殺し合いなど、自分たち国家が正式に関与するような問題ではないし、下手に罰して自分の使える手駒を失いたくもなかったのです。

そんなダーティーな手段を用いてのし上がった頼親でしたが、最後は頼親の次男・頼房《よりふさ》が興福寺と争いを起こし、そこで多数の死者を出した責任を問われ、土佐へ配流《はいる》になってしまいます。頼親の消息は、この配流を最後にわからなくなっています。

満仲の三人目の息子、「河内《かわち》源氏」の祖と言われる頼信は、乱暴者の頼親と異なり、文武に優れた武将だったと言われています。彼の優れたDNAは子孫に受け継がれ、義家《よしいえ》、頼朝、義経といった源氏の英雄たちは、彼の子孫の中から出ます。

頼信の息子が頼義《よりよし》、そしてその息子、頼信から見て孫に当たるのが「八幡太郎《はちまんたろう》」の異名で知られる伝説的な源氏の武将・源義家です。

なぜ彼が「八幡太郎」と呼ばれたのかというと、彼が京都の石清水八幡宮《いわしみずはちまんぐう》で元服式を行ったからです。ちなみに八幡様というのは応神《おうじん》天皇のことだとされていますが、武神でもあります。

義家の父の頼義という人はなかなか面白い人物で、三人の息子の元服式をすべて異なる神社で行っています。それにちなんで、**京都の賀茂《かも》神社で元服した次男の義綱《よしつな》は「賀茂次《かもじ》郎《ろう》」、滋賀県の三井寺《みいでら》（正式名称は園城寺《おんじょうじ》）で元服した三男の義光《よしみつ》は「新羅三郎《しんらさぶろう》」の通称で呼ばれています。**三井寺で元服した義光が「新羅三郎」なのは、この寺に新羅善神《しんらぜんしん》を祀《まつ》った新羅善神堂というお堂があるからです。ちなみに、この新羅三郎の子孫が武田信玄です。武田家が大きな決定を下すときに、必ず側に置いていたとされるものに「御旗《みはた》」と呼ばれる日の丸の旗と「楯無《たてなし》」と呼ばれる鎧があるのですが、これらは新羅三郎義光伝来の品だと言われています。

◇「安倍氏・清原氏」と「源氏・藤原氏」の根本的な違いとは？

こうした源氏の武士団形成過程を教科書では次のようにまとめています。

源氏は源《みなもとのつねもと》経基を祖とし、その子の源満仲《みつなか》が安和《あんな》の変《へん》などで活躍して中央政界での地位を高めた。その後、満仲の子の源頼信《よりのぶ》は、1208（長元《ちょうげん》）年に上総《かずさ》を中心におこった平忠常《たいらのただつね》の乱を平定し、源氏が関東に勢力をのばす基礎をつくった。

（『日本史B　改訂版』三省堂　71ページ）

もちろん、この間、勢力を伸ばしたのは源氏だけではありません。源氏と双璧をなし、武家の棟梁を争った平氏も、やはり国司になることで財を築くという方法で勢力を伸ばしていきました。

平氏は将門《まさかど》の乱・平忠常の乱のあと、関東での勢力を衰退させたが、平貞盛《たいらのさだもり》の子平維衡《これひら》が伊勢《いせ》国司に任命され、伊勢・伊賀《いが》両国の北部に勢力を広げ、維衡の3代あとの平正盛《まさもり》が白河上皇に北面《ほくめん》の武士として登用され中央政界進出への足がかりをつくった。

（『日本史B　改訂版』三省堂　71ページ）

朝廷は、国司への任命権を利用して、平氏と源氏、両者をうまく使って源氏が伸びてくると平氏で押さえつけ、平氏が伸びてくると源氏を使って押さえつけるということを繰り返していたのです。朝廷は、もっとはっきり言えば藤原氏は、決して源氏にも平氏にも大きな力を持たせることはしませんでした。そのことが明確に見て取れるのが、源氏が介入した奥羽《おうう》・清原氏の内紛に端を発する「前九年の役」と「後三年の役」のときの朝廷の実に意地の悪いやり方です。

源氏は、1051（永承《えいしょう》6）年、陸奥《むつ》の安倍頼時《あべのよりとき》が国司にしたがわず勢力を拡大すると、頼信の子源頼義《よりよし》と孫の源義家《よしいえ》が出羽《でわ》の清原《きよはら》氏の援助をえて、1062（康平《こうへい》5）年にこれをおさえた（前《ぜん》九年の合戦（役《えき》））。さらに1083（永保《えいほう》3）年、義家は、奥羽《おうう》に勢力を拡大していた清原氏の内紛に乗《じょう》じて介入し、清原氏一族である藤《ふじ》原清衡《わらのきよひら》を助けて、清原氏も滅ぼした（後《ご》三年の合戦（役《えき》））。以後、奥羽では平泉《ひらいずみ》に本拠地をおいた清衡が支配権を確立し、藤原基衡《もとひら》・藤原秀衡《ひでひら》の3代にわたって栄華《えいが》をきわめた（奥州《おうしゅう》藤原氏）。

（『日本史Ｂ　改訂版』三省堂　71～72ページ）

この教科書の記述は、かなり不親切なものと言わざるを得ません。安倍氏、源氏、清原氏、藤原氏の関係がこの記述だけではまったくわからないからです。そして、彼らの関係がわからなければ、後に、なぜ頼朝が奥州藤原氏を滅ぼしたのか、その本当の意味を理解することができなくなってしまうからです。

まず、安倍氏・清原氏と、源氏・藤原氏には根本的な違いがあることを知らなければなりません。両者の違いは何かと言うと、**源と藤原の両氏が中央から赴任した人々であるのに対し、安倍と清原の両氏は、もともと東北地方の民であった蝦夷《えみし》の頭目・阿弖流為《アテルイ》の末裔だということです。**

もともと近畿地方を中心とする大和朝廷の人々にとって、東北は野蛮人の住む外国のようなものでした。九世紀の初頭、その東北を大和朝廷の領域に組み込むため、そこに住む野蛮人たちを討伐するという名目で派遣されたのが、征夷大将軍・坂上田村麻呂《さかのうえのたむらまろ》でした。この蝦夷討伐のときに蝦夷の棟梁《とうりょう》として大和朝廷と戦ったのが阿弖流為です。

阿弖流為は奮戦むなしく敗れ、東北は大和朝廷の領域に組み込まれます。これ以降、東北は朝廷から赴任してくる国司によって支配されることになりますが、実際に土地に住み、土地を耕したのは阿弖流為の末裔たちでした。

この大和朝廷によって征服された人々は大きく分けて二系統あり、それが安倍氏と清原氏なのです。現在の地名で言うと、岩手・宮城・福島といった太平洋側を治めていたのが安倍氏、秋田・山形にあたる日本海側を治めていたのが清原氏です。彼らは実質的にはそれぞれの地を治めていたのですが、朝廷からは「俘囚《ふしゅう》」と呼ばれ、蔑視されていました。俘囚とは、虜や奴隷を意味する言葉です。ですから、安倍氏と清原氏も他の氏族とは異なり、中央の貴族たちからは「俘囚の長」と格下に見なされていました。

◇「前九年の役」は外国との戦いとみなされた

ただでさえ地方は搾取されていました。異民族、俘囚として扱われていた東北地方では、それがより一層厳しいものであったことは想像に難くありません。彼らが厳しい搾取にあえぐ中、関東で平将門の反乱が起きます。将門の乱は鎮圧されてしまいますが、その影響は東北地方にも波及し、もともと異民族だった安倍氏が「なぜ我々がこれほど搾取されなければならないのだ」ということで反乱を起こします。

この反乱を鎮圧するために朝廷が陸奥守《むつのかみ》（東北地方の国司）として送り込んだのが源頼

Point

「将門の乱」の影響は東北地方にも及んだ！

義でした。阿弖流為の時代は、まだ律令制度が機能していたので、国家に律令に定められた軍隊がありました。ですから坂上田村麻呂は武士ではなく、軍事官僚です。

でも、安倍氏が反乱を起こした平安中期は、律令制度は形骸化し、国家は軍隊を持っていませんでした。ですから、武力を持つ源氏を陸奥守に任じることで、「おまえを陸奥守に命じてやるから反乱を鎮《しず》めてこい」というかたちで使ったのです。

ここでもう一度、系図を確認しておきましょう。陸奥守に任じられた源頼義というのは、満仲の三男・頼信の息子で、八幡太郎義家の父に当たる人物です。

頼義は、ここでうまく反乱を治めることができれば、東北で大きな財を手にすることができるので、勢い込んで陸奥国に赴《おもむ》きます。ところが、安倍氏は思いのほか強く、反乱はなかなか治まりません。なぜこれほど安倍氏が強かったのかというと、もちろん、彼らに地の利があったということもあるのですが、それ以上に大きかったのが、藤原経清《ふじわらのつねきよ》と結んでいたことでした。

藤原経清は、父の代に東北に土着した中央の中級貴族です。そんな中央と結びつきの強い彼が、なぜ安倍氏と結んだのかというと、当時の安倍氏の棟梁・頼時《よりとき》の娘を妻にしていたからでした。

この源氏対安倍・藤原連合の戦いを「前九年の役」と言います。この戦いで頼義が安倍氏を完全に抑えるまでには十二年の歳月を要しました。その後、再び東北で乱が起きます。この鎮圧にも源氏が介入するのですが、今度は解決まで三年の歳月を要しました。この二度目の戦いが「後三年の役」です。

ちなみに、最初十二年かかった戦いが「前九年の役」、二度目の三年かかった戦いが「後三年の役」と言うのですが、少し変なネーミングだと思いませんか。実はこれ、後の歴史家の勘違いが定着してしまったもののようです。どういうことかというと、どうも、ふたつの争いを合わせて、完全に鎮圧するまでに要したのが十二年間だと勘違いしたらしいのです。そして、二度目の戦いに三年かかったことだけがはっきりしていたので、十二年から二度目の三年を引き、最初の戦いを九年間だと思い込んで「前九年」としてしまったらしいのです。

引用した教科書では、昔ながらの前九年、後三年の「役」という名称とともに「合戦」と併記してありますが、実はこの「役」という名称は、鎌倉時代の元寇《げんこう》を文永《ぶんえい》・弘安《こうあん》の「役」と言うことからもわかるように、本来は外国との戦争を意味するものなのです。

つまり、国内の戦いなのに「役」という言葉が用いられたということは、当時の朝廷が陸奥の地に住む人々を自分たちと同じ日本人だとは思っていなかった、ということを表しているのです。

◇東北地方は武士にとっては豊かな土地だった

さて、前九年の役で、十年以上も勝つことができなかった源氏が、どのようにして安倍氏に勝つことができたのかというと、実は安倍氏と同じ阿弖流為の血を引く土着の民、清原氏の力を借りたからでした。

「力を借りた」と言うと聞こえがいいのですが、実際にはうまく利用したのです。

中央の人間からすると、安倍氏も清原氏も異民族です。ともに大和朝廷から俘囚という蔑称で呼ばれ虐《しいた》げられていたのですから、一方が反乱を起こしたのなら団結して中央に対抗するのではないかと思いますが、実際には彼らは隣接する土地を持つが故《ゆえ》にライバル関係にあったのです。頼義はそんな両者の関係に目をつけたのでした。

安倍氏をライバル視しているとはいえ、中央からきた源氏をすぐに信用したとは思えません。では、どのようにして清原氏を攻略したのでしょうか。

攻略の詳細は記録に残っていませんが、だいたいの察しはつきます。まず賄賂を贈って近づき、最初は利権を説きます。

実は、中央の高級貴族たちは米の収穫が少ない東北を豊かな土地だとは思っていませんでした。しかし、武士の視点は違います。**まず、東北は砂金が採れます。さらには弓矢の**

矢羽根に必要な鷹も多くいます。そして、武士にとって欠くことのできない良い馬を産します。武士にとって東北は非常に豊かな土地だったのです。

ここで、先に述べた清原氏の領土を思い出してください。清原氏が治めていたのは、今で言えば秋田と山形にまたがる地域です。源氏は、「今おまえたちは、秋田や山形といった日本海側の利権しか持っていない。だが、ともに戦って安倍氏に勝てば、豊かな太平洋側の利権も手に入るぞ。手を貸してくれないか」と言って口説《くど》いたのです。

さらにもうひとつ。実はこれがとても重要なのですが、どうやら源氏は「協力していただけたら、あなたの家来になります」といったことも言ったらしいのです。中央では俘囚と呼んでいる異民族に頭を垂れるのですから、もちろんこれは源氏にとっては恥です。ですから記録には残っていません。でも、こうしたことを言って相手を懐柔した実例はあるのです。

◇清原氏に「偽りの屈服」をして安倍氏を討つ

実例のひとつは戦国時代にあります。越後の上杉謙信が亡くなり、甥で養子の景勝《かげかつ》と北条家から養子にした景虎《かげとら》の間で跡目争い「御館《おたて》の乱」が起きたときのことです。乱が起きた当初、優勢だったのはバックに北条家を持つ景虎のほうでした。血筋から言えば甥の景勝なのですが、当時は乱世です。それに、ちょうどその頃、ライバル武田勝頼《たけだかつより》が北条家から嫁を娶《めと》っていたので、上杉家の家臣の立場からすると、景虎が当主になれば、北条家を仲介に、武田との抗争を収めるだけでなく、うまくすれば武田・北条・上杉の大同盟が組める可能性があることも魅力でした。

このとき、景勝の劣勢をひっくり返したのが、景勝の腹心、直江兼続《なおえかねつぐ》でした。兼続は景勝に秘策を献じます。それは、武田勝頼に大金を贈るとともに「上杉家が、今後武田家の家来になりますと頭を下げる」というものでした。歴史の結論から言えば、勝頼はこの申し出を受けてはいけなかったのです。なぜなら、景虎を勝たした方が後々有利になるからです。

しかし、勝頼はこの申し出を受け入れ、景勝に味方します。なぜ勝頼は景勝の申し出を受けてしまったのでしょう。**それは、偉大な父・信玄ですら倒すことができなかった上杉家を屈服させることが何よりも魅力的だったからです。**

でもこの後、武田家は織田信長、徳川家康、北条氏政《ほうじょううじまさ》らによって三方から攻められ滅亡します。もしも、このとき、勝頼が決断を誤っていなければ、武田家は滅びなかったかも知れません。

それだけ「あなたの家来になります」という申し出は魅力的なものなのです。

戦国の雄・武田家の当主ですらそうだったのですから、東北で俘囚と蔑《さげす》まれていた清原

●前九年・後三年の役の関係図

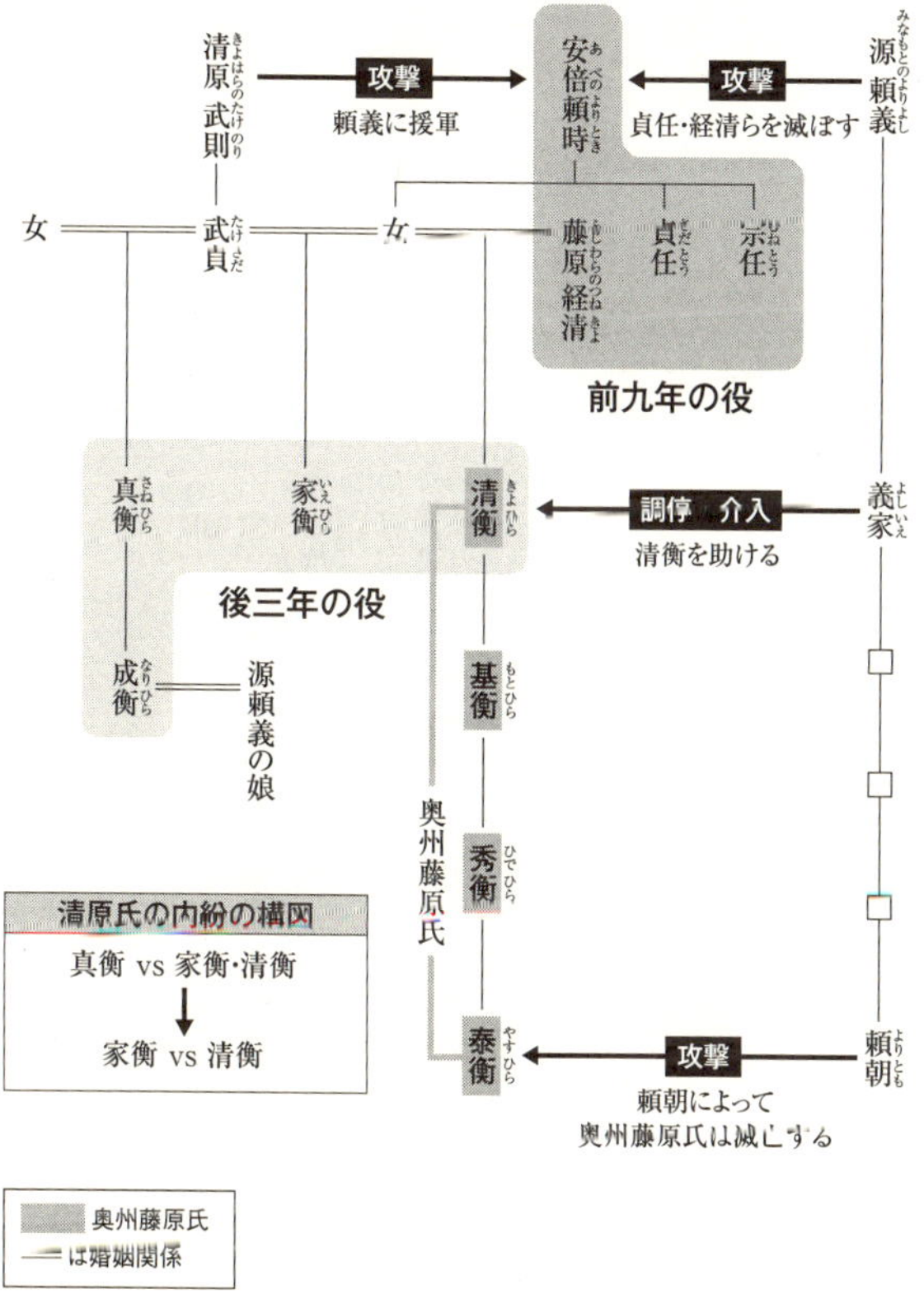

氏が、中央では大して高い位になかったとはいえ、中央から国司として赴任してきた源氏の大将にそう言われたら、心が動いても無理ありません。結果、当時清原氏を率いていた清原武則《きよはらのたけのり》は大軍を源氏の援軍に派遣します。

安倍氏が敗れたとき、すでに頼時は病死しており、その子・貞任《さだとう》に代替わりしていました。貞任は瀕死の状態で捕らえられ、味方をしていた藤原経清も生け捕りになります。このとき、頼義は経清に「こいつが安倍についたからこれほどの苦戦を強いられたのだ」と言い、わざと切れ味の悪い刀でじわじわと首を切らせたと言います。それほどまでに源氏の怨みは大きかったということです。

さて、先ほど藤原氏が安倍氏に味方したのは、経清が安倍氏の娘を嫁にもらっていたからだという話をしました。実はこの女性、かなりの美女だったらしいのです。

なぜそんなことがわかるのかというと、経清の死後、その女性が経清との間にできた子供を連れて清原武則の息子・武貞《たけさだ》のもとに嫁いでいるからです。自分の夫を殺した敵の家に嫁いだということは、息子の命を助けることを条件に相手に身を任せたということです。女性の読者には不愉快な話かも知れませんが、男がこうした条件を呑むのは相手の女性が美人だった場合だけです。

しかし、これがのちのち大きな禍根となるのです。

◇奥州は義家の末裔・河内源氏の悲願となった

前九年の役がやっと源氏の勝利で終結したとき、源頼義はこれで東北一帯は自分のものになるとほくそ笑みます。ところが、清原氏の協力あっての勝利だということを知っていた朝廷は、東北の利権を頼義ではなく清原氏に与えます。

とはいっても、**朝廷から見れば清原氏は俘囚なので、陸奥守に任じるようなことはしません。その代わりに現地に駐在する役職であった「鎮守府将軍《ちんじゅふ》」に任じ実質的な利権を与えたのです。**

もちろん源氏にも恩賞は与えられています。でもそれは東北とはまったく関係のない「伊予守《いよのかみ》」に任じるというものでした。東北の豊かさが手に入ると思っていた頼義は、この論功行賞に臍《ほぞ》を噛《か》むような怨みを残します。

こうした朝廷の裁断の背景には、源氏を東北の利権と結びつけて、これ以上源氏の力を

Point
二度の勝利は源氏に何ももたらさなかった！

大きなものにしたくないという思いもありました。いずれにしても、この意地の悪い朝廷の裁可によって源氏は苦労して反乱を治めた東北の地から切り離されてしまいました。

再びことが動くのは、それから二十一年後の一〇八三年のことでした。

この二十一年の間に、清原家の当主は武則から息子の武貞へ、さらにはその嫡子《ちゃくし》・真衡《さねひら》へと継承されていました。このまま真衡に男子が生まれていれば問題はなかったのですが、真衡は男子に恵まれず、桓武《かんむ》平氏の血を引く養子を取ります。これが「清原成衡《なりひら》」です。こうして平氏と姻戚関係を持った真衡は、源氏とも縁を結ぼうと源頼義の娘を成衡の妻に迎えました。

この一方で、経清の子を連れて清原武貞のもとに嫁いだ安倍頼時の娘は、武貞との間に男の子をもうけていました。つまり、**東北の覇権を手にした清原武貞には、跡目を継いだ嫡男・真衡の他に、自分とは血のつながっていない妻の連れ子「清原清衡《きよひら》」と、同母の実子「清原家衡《いえひら》」という二人の男子がいたことになります。**

清原家にこうした複雑な人間関係が展開される中、源義家が陸奥守を拝命し、再び源氏が東北の地にやって来ます。義家は、成衡にとっては妻の兄です。義家からしても、成衡と妹の間に子供ができれば伯父として権力を行使できるので都合が良かったのですが、その前に真衡が急逝、清衡と家衡の間で跡目争いが勃発します。これが後三年の役です。

年齢から言えば清衡が上ですが、清衡は清原家の血は一滴も受け継いでいません。清原家に長年仕えてきた家臣は、当然のごとく、清原家の血を受け継ぐ家衡を推《お》します。この清原家のお家騒動の調停に乗り出したのが、陸奥守でもあり、成衡の義兄でもある義家でした。彼は真衡の所領であった奥六郡を「半分ずつ分ける」という調停案を出します。

これに反発したのが、清原家の正統な血筋を標榜する家衡でした。

河内源氏の伝説的英雄と後に謳《うた》われる義家が賢いのは、ここで敢《あ》えて劣勢の清衡に味方したことです。彼は、劣勢の清衡に味方することで恩を着せ、清衡が勝利したあかつきに、東北の利権を手にすることを目指したのです。彼の目論見《もくろみ》は成功し、清衡が勝利を収めます。

ところが、源氏はここでも再び悔《くや》しい思いをすることになります。

後三年の役が収まったとき、朝廷は清衡を鎮守府将軍に任じ、義家は再び東北から引き離されてしまったのです。

さすがの八幡太郎義家も、朝廷に逆らうことはできません。義家は仕方なく「くそ、本当なら俺のものになるはずだった東北地方を清衡のヤツが！」という思いを持ちながら後にしたのです。

こうして正式に鎮守府将軍に任じられた清原清衡は、自分の姓を本当の父の姓である

「藤原」に戻し、これ以降「藤原清衡」と名乗ります。ＤＮＡと姓を一致させたわけです。

そして莫大な奥州の黄金と馬と、多くの産物を手に入れて、都を凌《しの》ぐとも言われるほど豊かな藤原王国を東北の地につくり出すのです。

この藤原王国の繁栄を、源氏はどのような思いで眺めたことでしょう。

「そもそもあの東北の地は我等が八幡太郎義家様が頑張って平定したところであるにもかかわらず、とんびが油揚げをさらうように、藤原清衡にとられてしまった。あの地の黄金も馬も豊かな産物も、本来は我等源氏のものなのだ、いつか必ず奥州藤原氏に復讐し、この手に取り戻してやるぞ」

そう思ったに違いありません。そして、実際にこの復讐を遂げ、東北の地を手に入れたのが源頼朝なのです。

なぜ源頼朝は奥州藤原氏を滅ぼしたのでしょう。

義経をかくまったからというだけではないのです。源頼義・義家以来の積年の怨みがあったからなのです。

八幡太郎義家は、源氏一族にとっては間違いなく英雄です。その英雄が負った屈辱を受け継ぎ、奥州藤原氏に復讐し、東北の地を手にすることは、まさに英雄・義家の末裔・河内源氏にとっては、「一族の悲願」だったのです。

第七章のまとめ

・武力を持たない朝廷は、常に平氏が伸びてきたら源氏で押さえつけ、源氏が伸びてきたらほかの連中をたきつけて押さえつける、というように、武士たちを巧みに同士討ちさせるということをやっていくのです。

・中央の高級貴族たちは米の収穫が少ない東北を豊かな土地だとは思っていませんでした。しかし、武士の視点は違います。まず、東北は砂金が採れ、弓矢の矢羽根に必要な鷹も多く、良い馬を産します。武士にとって東北は非常に豊かな土地だったのです。

・東北の地の獲得は、英雄・義家の末裔・河内源氏にとっては、「一族の悲願」だったのです。

第八章

源頼朝と義経

――「政治の天才」と「戦術の天才」の悲劇

源義経（中尊寺蔵）

◇「源氏掃討令」が頼朝を立ち上がらせた

「窮鼠《きゅうそ》猫を嚙《か》む」という言葉がありますが、源頼朝の挙兵はまさにこれだったのではないかと、私は思っています。

頼朝が流刑地の蛭ヶ小島《ひるがこじま》で以仁王《もちひと》の令旨《りょうじ》を受け取ったとき、彼は伊豆に流されてからすでに二十年以上が経ち、中年の域に達していました。地元の豪族の美しい娘・北条政子《ほうじょうまさこ》と結婚し、子供も生まれ、確かに豊かな暮らしとは言えないまでも、平穏に生きようと思えばできる環境にあったのです。そんな中年男が、しかも源氏の御曹司《おんぞうし》とは名ばかりでろくに家来と呼べる人間もいないのに、本当に挙兵して平家と戦う気持ちがあったとは、私には思えないのです。

実際、彼は「平家を倒せ」という以仁王の令旨を持ってきた使者を一度は「とんでもない」と言って追い返したと言います。

以仁王と源頼政《みなもとのよりまさ》が結んで謀反を企《たくら》んでいることは、すぐに清盛にばれ、怒った清盛はすぐに頼政と以仁王を討伐しますが、その怒りは収まらず、「諸国の源氏を皆殺しにすべし」という命令を発するに至ります。

実はこの清盛の「源氏掃討令」が、結果的にその気のなかった頼朝を立ち上がらせることに繫《つな》がってしまったのです。つまり、頼朝には平家を倒そうなどという気はまるでなかったのですが、「皆殺しにされてはたまらない、どうせ殺されるなら、万にひとつの可能性に賭けてみるか」ということで立ち上がった、ということです。

その気がなかった頼朝は、当然のことながら何の準備もしていなかったので、最初はぼろぼろにやられます。特に石橋山《いしばしやま》の戦いではあと一歩で命を落とすところまで追い込まれます。

しかし、ここが彼の強運なところなのですが、敵方の梶原景時《かじわらかげとき》という人物に見逃してもらい、かろうじて一命を繫ぎます。ちなみにこの人物は、後に頼朝の傘下に入り、腹心の部下になります。

こうして九死に一生を得た頼朝は、房総半島に渡り、立て直しを図ります。すると、敗軍の将であるにもかかわらず、関東各地から次々と武士が集まり、頼朝の軍勢は驚くほどの大軍にふくれあがったのです。こうして源氏の大逆襲が始まるわけです。

ここで注目すべきは、なぜ頼朝のもとに武士が集まったのか、ということです。

実はこの理由は、敵であるにもかかわらず、梶原景時が頼朝を見逃した理由とも繫がっています。

関東の武士たちは、武士の心を忘れた平家にとことん愛想を尽かし、もっと自分たちの心をわかってくれる指導者の登場を、実は心待ちにしていたのです。そして、**彼らは平家のライバルである源氏の御曹司・源頼朝こそその人物だと期待していたのです。**だからこそ梶原景時は目先の恩賞を捨てても、頼朝にここで恩を売ることで将来得られるかも知れない恩恵に賭けたのです。それは、頼朝のもとに集まった武士たちも同じでした。

今は敗軍の将で、源氏はこのまま負けてしまうかも知れません。それでも頼朝のもとに集まったのは、源氏が勝てば、自分たちが長年抱き続けてきた「悲願」を叶えることができると信じたからでした。

平家が叶えてくれなかった武士たちの悲願、それはすべての武士たちを正式な土地の所有者と認めさせることでした。

当時、自分たちで荒れ地を開墾すれば、その土地の所有者になれるという法律「墾田永《こんでんえい》年《ねん》私《し》財法《ざいほう》（墾田永世私有法《こんでんえいせいしゆうほう》）」がありました。

しかし、これは藤原氏が私腹を肥やすために制定・発布したものなので、土地の私有が認められるのは、藤原氏などの有力豪族と、東大寺のような大きな寺社に事実上限られていました。新興勢力である上、貴族たちからケガレた存在と蔑《さげす》まれていた武士たちは、いくら額に汗して荒れ地を開墾しても、その土地の正式な所有者にはなれなかったのです。

でも、実質的に土地を所有し、耕し、盗賊などからその土地を守っているのは武士たちでした。そうした実態を朝廷も平家もわかっているくせに、あくまでも国有地を違法占拠しているとしか認めない当時の政府に、武士たちは強い不満を抱いていたのです。

特に、同じ武士であるだけに、平家が国の実権を握り、武士の政権だと言っているのに、自分たち一族にばかり便宜を図り、ほかの武士の土地所有権を認めようとしないのは許せない。

多くの武士たちはそう思っていたのです。

◇平家は貿易で巨大な利権を手に入れた

では、なぜ平家はほかの武士たちが抱えている不満に気がつかなかったのでしょう。

ひとつには、平家という一門の特性がほかの武士たちとは違っていたということが挙げられます。多くの武士は、荒れ地を開拓し、そこを田んぼに変えることで、そこから収穫される米を収入源としていました。つまり、彼らは「武装農民」だったということです。

ところが、同じ武士でも平家の場合はちょっと違ったのです。

これは偶然の結果なのですが、平家の拠点は主に西国、それも伊勢、播磨《はりま》、安芸《あき》など海沿いの地域でした。もちろん、平家がそうした土地と結びついたきっかけは、ほかの武士たちと同じように、国司《こくし》としてその土地に任官したことです。

先の項でも述べましたが、国司の任期は長くても四年程度しかありません。任期が終われば、彼らは都に戻らなければなりません。でも、中級貴族の彼らは、都に戻ったらもう任地にいるような豊かな生活を送ることはできません。

そのため、ほとんどの中級貴族は都に戻るとすぐにまた藤原氏に賄賂を贈り、何度もこの赴任を繰り返しました。やがて、そうしたことを繰り返す人と、任地である地方に土着して農園主になる人とが現れます。でも、**平家はそのどちらのパターンにも入らないやり方で利益を得る道を見出しました。それは何かというと、「貿易」をする、ということでした。**

今は国が貿易や商業に関与していますが、当時はそういう感覚はありませんでした。基本的に農業政権なので、税収は概ね農業から得るものという意識しかなかったのです。もちろん厳密に言えば、当時も米以外の税収もありました。米が穫《と》れない地域では、その土地の特産物、たとえば真珠や魚の干物、あるいは絹織物などが税金として納められることもありました。でも、それはあくまでも米の代わりであって、基本は「米」でした。

その結果、交易事業は国家から無視され、各地域で勝手に行われていました。勝手に行われているということは、無法・無管理だということでもあります。そのため海賊が多発し、必要に駆られて交易事業を行う商人たちから、力で金品を奪うということが頻発していました。

海辺に所領を持っていた平家は、そのことを知り、水軍を形成し、積極的に関与していったのです。彼らがやったのは、**商人の利益を守り、海賊を退治する代わりに「税金を納めろ」ということでした**。今、税金と言いましたが、もちろんこれは国家の収入になるわけではありませんから、税金ではありません。表現は悪いですが、「守ってやるから所場《しょば》代を上納しろ」というヤクザに似ていると言えるでしょう。

こうして平家は、瀬戸内海の流通交路を掌握し、海賊を配下に収めることで富を築き、成長していったのです。そして**瀬戸内海を掌握すると、次には中国や朝鮮半島とも私的な貿易ルートを持つようになり、そうした海外貿易を通してさらに巨大な利権を手に入れていったのです。**

現在、世界遺産として有名な広島の厳島《いつくしま》神社を、現在のような海に浮かぶ壮麗な社殿の神社に作り替えたのは平清盛です。彼が熱心に厳島を信仰したのは、厳島神社に祀《まつ》られているのが、海上交通の安全を守る神様だからです。つまり厳島神社は、平家の経済的基盤を守ってくれる神様だということです。

もちろん平家も農地を持っていないわけではありませんが、農業と貿易のどちらが彼らの経済的基盤だったかというと、圧倒的に貿易だったのです。そのため、彼らには武装農民であるほかの武士たちが「土地に寄せる強い思い」というのが、わからなかったのです。

◇清盛が思い描く「貿易立国」は理解されなかった

平家は自らの政権を作り上げたとき、ある大事業を決行します。それは「福原《ふくはら》への遷都」です。

福原というのは、現在の地名で言うと兵庫県神戸市にあたります。首都をどこにつくるかということは、その時代、時代によって違います。なぜなら政府にとっての優先事項が違うからです。

たとえば、外国との戦争が懸念される場合は安全が第一なので、簡単には攻め込まれないような場所が選ばれます。そういう意味では、盆地である京都も、三方を山に囲まれた鎌倉も、非常に攻めにくい守りを重視した都です。

では、平家が遷都した福原は何を重視した都だったのでしょう。

平氏は都を福原京《ふくはらきょう》①（現、神戸市）に移したが、まもなく京都にもどし、畿内を中心とする支配を固めてこれらの動きに対応した。

【欄外】①福原には良港大輪田泊《おおわだのとまり》があり、瀬戸内海支配のための平氏の拠点であったが、この遷都《せんと》には大寺院や貴族たちが反対したため、約半年間でまた京都にもどることとなった。

(『詳説日本史B　改訂版』山川出版社　88ページ)

教科書の記述ではわかりにくいですが、平家が福原に遷都したのは、「大輪田泊《おおわだのとまり》」という良い港があったからです。

良い港の条件というのは、第一に挙げられるのが「湾が深いこと」です。船にとって最も恐いのは座礁することだからです。

でも、深いだけではダメです。いくら深くても船を着ける場所がなければ良い港とは言えません。今も尖閣《せんかく》諸島に港を作るという話が出ていますが、尖閣諸島で最も大変なのは、実は船着き場を作ることだと言われています。今は埋め立てをすることで、人工的に

Point

清盛は武士の悲願をよく理解していなかった!

船着き場を作ることが可能ですが、昔は深い海を埋め立てるのは非常に難しく、港を作る場合、船着き場となる場所がもともとある「天然の良港」が求められました。

そしてもうひとつ、湾が大きく、かつ、閉じているということが良い港の条件として挙げられます。なぜ閉じていることがいいのかというと、台風などで海が荒れても、湾が閉じていれば、荒れた外海の影響を受けにくく、係留した船を守ることができるからです。

大輪田泊はかなり条件としては良い港だったのですが、唯一、船着き場がありませんでした。二〇一二年のNHK大河ドラマ『平清盛』をご覧になった方は、ドラマの中でもこの港づくりを取り上げていたのでご存じだと思いますが、清盛は「石を積んだ船を沈めて深い湾の一部を埋め立てる」という当時としては画期的な方法で、大輪田泊を完璧な良港に作り上げました。

海上交通を通して巨大な富を築いた平家の棟梁《とうりよう》である清盛は、実は政権を取る前から都は良港を有す開かれた場所にあるべきだ、という信念を持っていました。

都の近くということでは、大阪湾も湾が深く、船着き場となる場所もあるので良い港なのですが、清盛が大阪湾より大輪田泊を選んだのは、その方が瀬戸内海の拠点である広島や、海外貿易の拠点である博多が近かったからだと思われます。それに何よりも福原は山陽道が通っているので、地上の物産も集まりやすいというメリットがありました。

清盛のイメージの中では、日本国内外との貿易がもたらす豊富な物資と文化が、ダイレクトに届く新しい都は、それまでの日本にはない国際的な繁栄を見せるはずでした。

しかし、自分の信念にこだわって大輪田泊を作り上げるには、かなりの時間とお金を要しました。そしてそのことが、結果的には平家の首を絞めることになってしまったのです。なぜなら、平家以外の人々、地方の武装農民である武士たちはもちろん都の貴族たちも、商売というものは悪いものだと思っていたので、清盛が思い描く「貿易立国」をイメージすることができなかったからです。

さらに、大輪田泊が完成し、福原遷都が物理的に可能になったときには、すでに清盛の権力基盤が揺るぎ始めていたということも、平家にとっては不幸でした。

海上交通の安全と、新都での一族のさらなる繁栄を思い描いて突き進んでいた清盛には、地方の武装農民である武士たちが、土地所有にそれほど強い不満を持っていたとは思いもしなかったのではないでしょうか。

◇誰が頼朝に武士の悲願を教えたか

一方、源氏は最初から最後まで、平氏と覇を争っていたときから、伊豆に流されていたときも、最終的に平家を倒し、鎌倉幕府を打ち立てた後も、おそらく一度も「貿易」ということは、考えもしなかったのだと思います。事実、鎌倉幕府はかつての朝廷がそうだったように、民間が貿易を行うことは認めていますが、幕府自ら貿易に積極的に関与することはありませんでした。

そういう意味では、やはり平家は根っからの海軍であり、源氏は徹頭徹尾陸軍だったのです。

もともと陸軍の源氏ですが、もしも頼朝が伊豆に流されなければ、地方武士の悲願を理解することはなかったかも知れません。なぜなら、伊豆で頼朝が余儀なくされた流人生活は、まさに地方の下級武士の生活そのものだったからです。その間には実際に畑や田んぼで農作業をしたこともあったかも知れません。それは、源氏の御曹司として都で生活していれば、決してなかったことです。

そうした二十年にも及ぶ長い流人生活の中で、頼朝は彼らが何に不満を持ち、何を望んでいるかを知ったのです。そういう意味では、誰が頼朝に武士の悲願をわかるようにしてくれたのかといえば、皮肉な話ですが、それは間違いなく、頼朝を伊豆に流した清盛なのです。

頼朝が伊豆で二十年間過ごすうちに、清盛は都でどんどん出世していきました。太政《だいじょう》大臣になり、さらには自分の娘を天皇に嫁がせ、ついには生まれた孫を天皇位に即《つ》け、これ以上望めないこの世の栄華を極めていたのです。一方自分は、地方の下級武士とともに、這《は》い上がれる望みのない底辺の生活を送っている。この時点で「もう俺の人生は終わったな」と、頼朝は思っていたと思います。

でも実は、この流人生活こそが、彼の英雄人生の始まりだったのです。

都育ちだったら、絶対に知ることがなかったであろう地方武士の生活と本音を、彼はこの流人生活で学びました。

おそらく頼朝は、挙兵を決意したとき、「私が平家に勝ったあかつきには、武士の土地所有権を正式に朝廷に認めさせよう」と言っていたと思われます。

なぜそんなことが言えるのかというと、当時の頼朝は、恩賞として与えるものを何も持たない立場だったからです。**与えるものを何も持たない者が協力を得るためには、相手が心から望んでいるものを将来的に与えるからと約束するしかありません。**

それは空手形になるかも知れない、非常に危うい約束でした。それでも数多くの武士が頼朝のもとに集まったという事実が、彼らがどれほど強く正式な土地の所有者と認められることを望んでいたか、ということを示していると言えるでしょう。

◇平清盛と藤原秀衡の大誤算とは？

日本史の中で悪人と評されることの多い平清盛ですが、私に言わせれば、彼は悪人ではありません。むしろ、彼が悪人になりきれなかったことが、平家が彼一代で滅びることになってしまった原因だと思っています。

悪人になりきれなかった清盛は、源義朝《みなもとのよしとも》の遺児、頼朝を殺すことができませんでした。頼朝だけではありません、実はもう一人、彼が温情で助けてやったことを後悔することになるのが、頼朝とは母親違いの弟・義経です。

清盛が頼朝の命を助けたのは、清盛の継母・池禅尼《いけのぜんに》が、頼朝の風貌が先年失った我が子に似ているという理由で「なんとか命だけは助けてやって欲しい」と命乞いしたからでした。

では、義経はなぜ助かったのでしょう。

女性には嫌《いや》な話かも知れませんが、当時、絶世の美女と評判だった義経の母・常盤御前《ときわごぜん》がその身を清盛に投げ出して息子の命乞いをしたからでした。実際、常盤御前はこの後、清盛の娘を産んでいます。

頼朝は伊豆に流されたことで、結果的に地方武士の生活と悲願を学びました。一方、義経はというと、彼は政治よりも戦術を学びました。

義経は当初、鞍馬《くらま》の寺に預けられますが、どうしても僧になる決心がつかず出奔、奥州藤原氏のところへ身を寄せます。

奥州藤原氏と源氏の関係は前項で述べたのでここでは繰り返しません。では、その因縁のある源氏の遺児を、なぜ奥州藤原氏は面倒見たのでしょう。

当時、奥州藤原氏の棟梁であった藤原秀衡《ふじわらのひでひら》は、おそらく「保険」のつもりで義経の面倒を見たのでしょう。

今、源氏は落ちぶれ果てているけれど、万が一、源氏が息を吹き返してこないとも限らない、ここで義朝の遺児である義経の面倒を見ておけば、いざそうなったときに、奥州藤原氏にとって義経は必ずや「いいカード」として働いてくれるだろう、ということです。

しかし、この秀衡の判断が結果的には裏目に出ます。秀衡の狙《ねら》いは、今後藤原氏と源氏が対立したときに、義経がショックアブソーバー（建築物などの振動を減衰する装置）になってくれることだったのですが、実際にはその義経が頼朝に追われる身となってしまったことから、むしろ義経の面倒を見たことで、頼朝に藤原氏を攻める口実を与えることになってしまったからです。

でも、それは先の話です。秀衡はこの時点ではまさか自分のこの判断が将来奥州藤原氏を滅亡に追いやるきっかけになるとは思っていないので、秀衡は諸手《もろて》をあげて義経を迎え入れ、大切に育て、やがて義経が兄・頼朝の応援に駆けつけたいと申し出たときには、家来までつけて快く送り出してやったわけです。

頼朝の挙兵から平家が壇ノ浦で滅亡するまでわずか五年間しかありません。平家が短期間で滅びてしまったことで、私たちは頼朝が挙兵したときには、平家がすでに衰退していたように思いがちですが、そうではありません。

頼朝のもとに大勢の武士が集まったとはいえ、そのほとんどはもともと源氏の勢力圏だった東日本の武士たちです。平家の本拠地は西日本ですから、決して平家の持っていた兵力を源氏に奪われたことで平家が負けたわけではないのです。

ですからもし、頼朝が最初に富士川の戦いに勝利した時点で、当時軍事評論家のような人がいたとして「これから源氏と平家はどうなっていくでしょう」と聞かれたとしたら、おそらく「かつてのように源氏が東日本を押さえ、平家が西日本を押さえるだろう」と答えたと思います。

源氏はたしかに強いけれど、その兵力は東日本に片寄っていました。それに、頼朝自身もあの時点ではすぐに西日本に出ていくつもりはありませんでした。彼が優先していたのは、**都を武力制圧することではなく、鎌倉で足下を固めることだったからです。**

そうした状態の中で源氏があっという間に平家を滅ぼすことができたのは、義経という戦術の天才が、一ノ谷、屋島《やしま》、壇ノ浦と奇跡の三連勝を遂げたからです。おそらく源義経という人がいなかったら、日本の歴史は大きく変わっていたことでしょう。

◇圧倒的有利の平家を倒した義経の天才的戦術

平氏に対する人びとの反感が高まるなかで、後白河法皇が幽閉《ゆうへい》された翌年の1180（治承《じしょう》4）年、源頼政《よりまさ》は法皇の皇子以仁王《もちひとおう》を奉じて兵をあげたが、ともに敗死した。しかし、以仁王がくだした平氏討伐《とうばつ》の令旨《りょうじ》（命令）は、諸国の源氏に伝えられ、伊豆に流されていた源頼朝《よりとも》や、信濃《しなの》の木曽《きそ》に隠れ住んでいた源義仲《よしなか》らが、あいついで兵をあげた。北条時政《ときまさ》の援助によって挙兵した頼朝は、東国《とうごく》の武士たちに支持されて、富士川の戦いで平氏の軍を破ったが、その後は鎌倉にとどまって、東国の地盤を固めることに専念した。これに対して平清盛は一時、都を福原（神戸市）に移して態勢を立て直そうとしたが、まもなく京都に戻り、1181（養和《ようわ》元）年に病死した。一方、義仲は1183（寿永《じゅえい》2）年、北陸方面から急進撃して、平氏一門を京都から追いだした。しかし、義仲は後白河法皇と対立したので、法皇は同年、頼朝に東海・東山両道（東国）の支配権を認め、義仲討伐を命じた。頼朝は弟の範頼《のりより》・義経《よしつね》らを上京させて、義仲を討たせた。範頼・義経は、さらに平氏追討に向かい、1185（文治元）年、長門《ながと》の壇《だん》の浦《うら》で平氏一門を滅ぼした。

（『新日本史B』桐原書店　112〜113ページ）


時系列を追って簡潔にまとめられた文章ですが、この記述からは義経の凄《すご》さは残念ながら伝わりません。

一ノ谷の戦で知られる「一ノ谷」とは、今の神戸市須磨《すま》の海岸付近です。そこは細い砂浜で、前は海、背後は切り立った崖という立地です。そこに平家は本陣を構えました。水軍を持たない源氏が攻めるには、この細長い砂浜を海岸に沿って攻め込むしかありません。しかし、砂浜が狭いため、二万、三万といった大軍を投じても実際に編隊できる数は限られてしまいます。

対する平家は、たとえ挟み撃ちされたとしても、攻め口が狭いので、そこに弓矢を集中して迎え撃つことができます。つまり、**一ノ谷に陣取ったという時点で、実は平家の方が圧倒的に有利だったのです。**

この時、源氏の本軍を指揮していたのは源範頼《みなもとののりより》。頼朝の異母弟で、義経にとっては異母兄に当たる人物です。この人は軍事的にはあまり優秀ではなかったようなのですが、義経よりは兄だということで総司令官の任に就いていました。

一ノ谷の勝利は、「鵯越《ひよどりごえ》」「逆落《さかお》とし」といった言葉で知られる奇襲を、義経が行ったことによってもたらされたと言われています。義経が行った奇襲とは、ごく簡単に言えば平家がここから攻めてくることは絶対にないと思っていた背後の断崖を騎馬で駆け下り、急襲するというものでした。

当初は、範頼が率いる源氏軍の本隊が東から海岸沿いに一ノ谷に攻め入り、義経たち別働隊は、京都から丹波篠山《たんばささやま》のほうを回って、山越えをして西側から一ノ谷を攻めるという計画でした。

しかし、単なる挟み撃ちでは勝ち目がないと見た義経は、奇襲を検討します。

『平家物語』によれば、義経の郎党《ろうとう》の一人武蔵坊弁慶がこの辺りの道案内を探し、猟師の若者がこれを引き受けます。この猟師が案内したルートが「鵯越」です。ちなみに、義経はこの若者を大変気に入り、後に郎党に加えて鷲尾三郎義久《わしおさぶろうよしひさ》と名乗らせます。

このとき義経は、眼下に平家の本陣を望む急峻な崖の上から、「ここを下ることはできるか？」と聞いたと言います。すると鷲尾義久は、「到底人馬は越えることができません」と答えます。普通ならこれで断念するところです。でも、断念しないのが、義経が英雄と呼ばれるゆえんでしょう。

義経は重ねて、「ならば鹿は越えられるか?」と聞いたのです。義久は猟師なのでおそらく見聞きしたことがあったのでしょう、「鹿は冬場に越えることもございます」と答えました。すると、それを聞いた義経は、「鹿が通れるならば馬も通れるはずだ」とその崖を下ることを決めたのです。これが「逆落とし」です。

逆落としを行ったのは、義経隊の中でもわずか七〇騎だけでした。それでも、完全に無防備な箇所を突かれた平家軍は慌てふためき、総崩れになって多くの兵が命を落としました。しかし、砂浜が狭かったこともあり、平家の総大将・宗盛《むねもり》ら、まだ多くの兵が沖合の船に乗っていたため、平家は全滅を免れたのでした。

さて、ここで昔から問題になっているのが、本当に「逆落とし」のようなことができたのか、ということです。

一ノ谷の裏の断崖絶壁は、私も行ったことがありますが、本当にこんな急斜面を馬で下ることなどできるのか、と思うような場所です。

『平家物語』によれば、義経は実際に下る前に、馬を二頭落として本当に馬が崖を下ることができるかどうか試してみたとされています。すると、一頭は足を挫《くじ》いて途中で倒れてしまったけれど、もう一頭は無事に駆け下ることができたので、「これなら人間が乗って下っても大丈夫だ」と言ったと言います。

◇義経の「逆落とし」は真実か

ここで明らかになっていることから整理していきましょう。まず、義経が別働隊の指揮官であったことは事実です。そして堅固な陣立てをしていたにもかかわらず平家がその陣を破られて惨敗したことも事実です。

ということは、何かしら「常識はずれの策」が行われたことは確かでしょう。なぜなら普通に攻めたのでは、いくら平家が武士として弱体化していたと言っても、これほど無残な負け方はしなかったと思われるからです。

鎌倉幕府の正式な記録『吾妻鏡《あずまかがみ》』には「逆落とし」という言葉は使われていませんが、鵯越から攻めたということは書かれています。鵯越から攻めたということは、逆落としをしたと見ることができます。

でも、非常に史料的価値が高いとされている、九条兼実《くじょうかねざね》という関白《かんぱく》の日記には、義経が搦手《からめて》（別働隊）として反対側から回ってきたとは書かれているのですが、「逆落とし」や「奇襲」をかけたとは書いていません。そのため、やはり逆落としは伝説で、実際には横から回り込んで攻撃したのだろうと主張する研究者も少なくありません。

ただ、これは一年ほど前のＮＨＫの番組にゲストでＶＴＲ出演したときのことですが、その番組の中で、この「逆落とし」の真偽を追求していたのですが、そのときスペインの古い馬術の解説書に載っていた、垂直に近い急斜面を騎馬で下る図が紹介されていました。まあ、外国の馬と日本の馬では体格が違うということはありますが、向こうの馬にできることなら、日本の馬にできてもおかしくありません。

馬というのはたしかに非常に柔軟な動物で、ひどい話ですが無理に崖に追いやると、意外にも崖をトトトッと下りたりするものです。ただ、人間が乗ると重心が変わるので、騎馬の状態でもそれが可能だったのかというと、武士は重い鎧を着ていることもあり、難しい気もします。

ということで、本当に義経が逆落としを行ったのかどうか、はっきりしたことはわかりません。それでも、義経が普通の人は思いつかない何らかの方法で平家を奇襲したことだけは確かだと思います。

この一ノ谷の戦いに勝利した最大のメリットは、範頼の軍が九州に行くことができたことでした。実はこのとき源氏は、九州に行きたかったのです。なぜなら、西国は平家の勢力圏でしたが、そこを抜けた九州には源氏に味方したいという武将がたくさんいたからです。そういう武将をまとめるために、源氏はどうしても九州に行く必要があったのです。

しかし、源氏は陸軍なので、海路九州へ渡ることはできません。陸路で九州に入るため

●源平合戦の関係地図

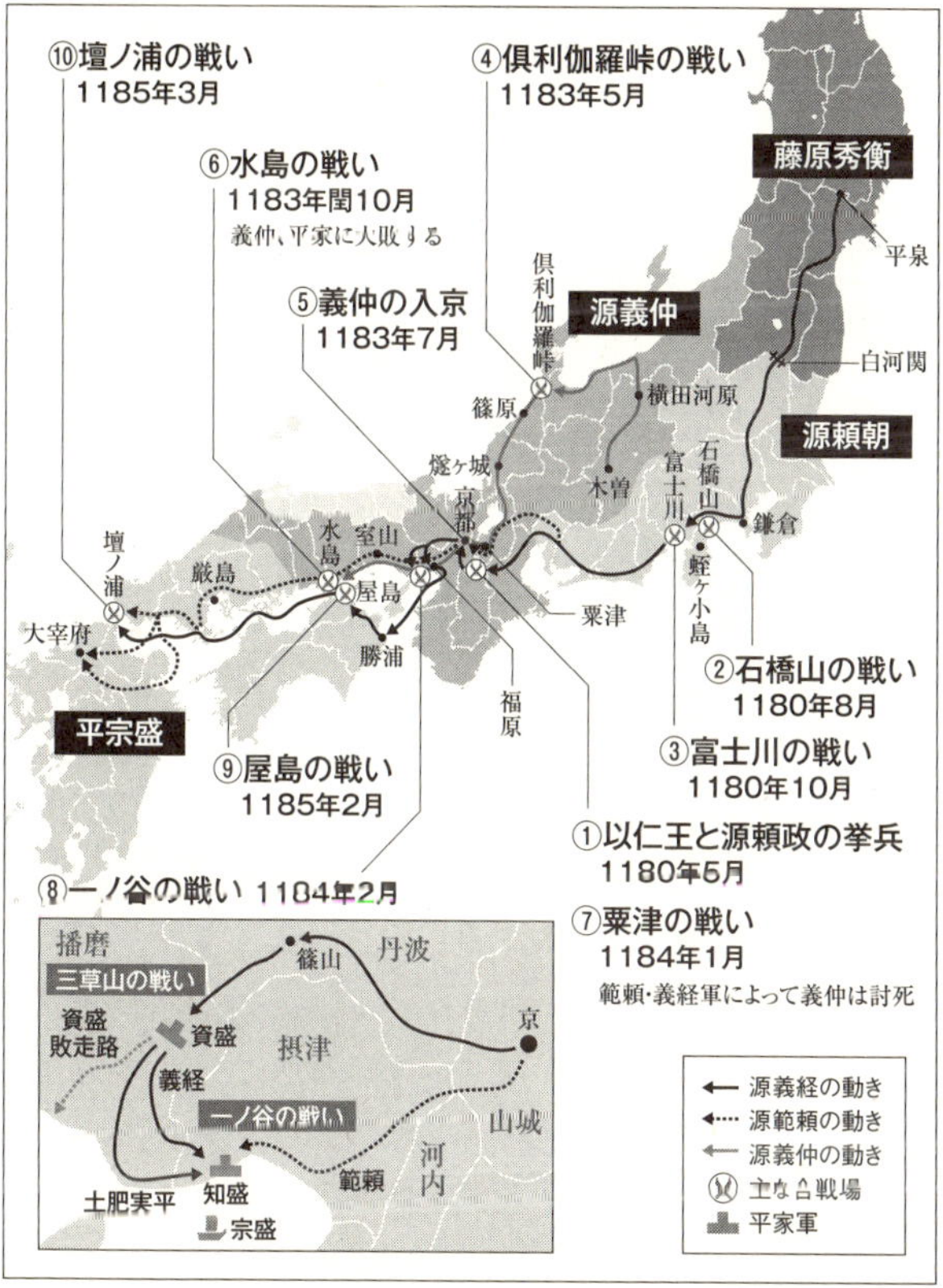
⑩壇ノ浦の戦い
1185年3月
④倶利伽羅峠の戦い
1183年5月
藤原秀衡
⑥水島の戦い
1183年閏10月
義仲、平家に大敗する
平泉
倶利伽羅峠
源義仲
⑤義仲の入京
1183年7月
白河関
篠原
横田河原
源頼朝
燧ヶ城
木曽
富士川
石橋山
京都
鎌倉
壇ノ浦
水島
室山
厳島
屋島
粟津
蛭ヶ小島
大宰府
勝浦
福原
②石橋山の戦い
1180年8月
平宗盛
③富士川の戦い
1180年10月
⑨屋島の戦い
1185年2月
①以仁王と源頼政の挙兵
1180年5月
⑧一ノ谷の戦い　1184年2月
⑦粟津の戦い
1184年1月
範頼・義経軍によって義仲は討死
播磨
丹波
篠山
三草山の戦い
資盛敗走路
資盛
摂津
京
義経
一ノ谷の戦い
山城
河内
範頼
土肥実平
知盛
宗盛
源義経の動き
源範頼の動き
源義仲の動き
主な合戦場
平家軍

には、どうしても一ノ谷で頑張っている平家の軍を破らなければならなかったのです。

それが一ノ谷の戦いに敗れたことで、平家の本陣は四国に移転しました。こうして中国路ががら空きになったことで、範頼は一気に九州まで行き、源氏を支持してくれる武将を集めて、あっという間に九州を制覇することができたのです。

◇運のいい頼朝、神がかっていた義経

頼朝は非常に運のいい人です。

最初の強運は、平治《へいじ》の乱で命拾いをしたことです。でも、それ以上に大きかったのは、妻・北条政子の父、北条時政《ほうじょうときまさ》が頼朝に「一緒にやりましょう」と言ってくれたことです。

このとき時政には、もうひとつの選択肢がありました。それは、頼朝の首をとって平家に「このように成敗致しました」と言い、恩賞を貰うというものです。

娘の政子は泣いたでしょうが、北条家の安泰を一番に考えるなら、頼朝をここで殺しておいた方が、実は当時としては「安全策」だったのです。

でも、時政は頼朝に味方しました。そこには、「今や、武士たちの平家に対する不満は抑えきれないところにまで達している。今ここで兵をあげれば、かなりの武士がついてくるだろう」との判断があったからです。時政が、こうした時節を見極める目を持っていた

人物であったことが、頼朝にとっての大きな幸運でした。

でも、頼朝という人は、単にラッキーなだけの人ではありません。

彼は、政治家として非常にすぐれた面を持っています。そのことをうかがわせるのが、初戦に敗れたとき、「自分は戦下手だ」ということを悟り、それ以降、戦を弟たちに任せていることです。**自分の能力を冷静に見極め、これは自分には才がないと思ったところは、その才能を持った別の人に任せるというのは、当たり前のことのようで、実際にはなかなかできることではありません。特に、源氏という武士の棟梁という立場で、これを行うのはかなり勇気のいる英断だったと思います。**

もしも、頼朝が一ノ谷の戦いを範頼と義経に任せていなかったら、平家はここで勢力を巻き返し、頼朝は危機に陥っていたかも知れないのです。事実、この時点ではまだ源氏にも平家にもつかず、形勢を見極めようとしていた者たちがたくさんいました。そして、源氏がこの戦いに勝ったことで、そうした人々を味方にすることができたのです。

頼朝の弟・範頼は戦上手というほどではありませんでしたが、義経は天才でした。これも頼朝にとっては大きな幸運だったと言えるでしょう。

範頼軍が九州を勢力下に収めたことで、平家の勢力は厳島神社のある安芸国など、中国地方の一部と、四国だけになってしまいました。それでも、平家はもともと海上貿易で財を築いた海軍の一門です。

陸続きの一ノ谷と違い、次に戦場となった四国は独立した島なので、多くの人は水軍を持たない源氏の苦戦を予想していました。しかし、ここでも義経は奇跡的な大勝利を収めてしまいます。

平家が本陣を置いたのは、讃岐国《さぬきのくに》（現・香川県）の「屋島」と呼ばれる小さな島でした。今では干拓事業によって四国と陸続きになっていますが、当時は独立した島でした。

島ということは、周りを海という堀で囲まれているということです。つまり、源氏が得意とした陸軍の最強兵器「騎馬隊」での攻撃はできないということです。ですから平家は、「源氏の山猿は船の乗り方もろくに知らないのだから、ここまで来られるはずがない」と油断していたのだと思います。

確かに源氏は水軍を持っていませんし、船を操ることもできませんでした。しかし、一ノ谷の戦いに源氏が勝ったことで、それまで平家に従っていた熊野《くまの》水軍や伊予《いよ》水軍（河野《こうの》水軍とも）が、「勢いは源氏にある」として義経に協力してくれたのです。

このとき、義経が最も優先したのは「スピード」でした。「屋島の平家軍は、源氏は海を渡って来られないと思っているので、今なら油断していることは確実だ。ということは、今すぐわれわれが海を渡って攻め込めば、必ず勝てるはずだ」、義経はそう考えたか

屋島。頂上部が平坦になっており、屋根のように見えることから、その名が付いたと言われている。手前の部分は、当時は海だった。

弓の名手・那須与一は、手前の岩（駒立岩）まで駒を進め、足場を定めて、見事、扇を射落とした。当時はこのあたりまで海だった。

らです。

「早ければ早いほどこの奇襲の効果は大きい」、そう主張する義経に反対したのが、頼朝の腹心で、年若く血気盛んな義経が暴走しないように「戦目付《いくさめつけ》」として同行していた梶原景時でした。

その梶原景時という男は統制主義者で、義経の斬新な戦術を認めようとはしませんでした。有名な話に義経と梶原景時の「逆櫓論争《さかろ》」というのがあります。

義経は「奇襲とはスピードが第一だから、ただちに船で渡ろう」と言っているのに、景時は「いや船の運動性を高めるために、船に逆櫓（逆方向の舵《かじ》）を取り付けるべきだ」と言うわけです。この逆櫓とは、奇襲がうまくいかなかったとき、すぐに退却できるようにするためのものです。

たしかに穏やかな海で同じぐらいの勢力を持つ水軍が堂々と戦うというなら逆櫓は必要かも知れませんが、これは相手の不意を討とうというのですから、逆櫓を取り付ける時間が大変無駄になってしまいます。しかもその船の性能は明らかに源氏側のほうが悪いのだから、逆櫓なんか付けても意味がありません。これは義経のほうが正しいと思うのですが、景時はそういったことが理解できないのです。

攻め急ぐ義経を景時は「猪武者《いのししむしゃ》」と罵倒しますが、義経は「猪武者で結構」と言い放ち、結局逆櫓を取り付けず、景時の反対を押し切って、真夜中に一五〇騎というわずかな手勢で奇襲を決行します。しかもこの日は暴風雨でした。

船に慣れた船頭ですら「この暴風雨では船が転覆してしまいます」と二の足を踏みますが、とにかく奇襲を急いだ義経は、船頭を脅すようにして船を出させたと言います。

そんな無理を押し通したにもかかわらず、**ツイている男というのは凄いもので、逆に暴風雨が追い風となり、普通なら三日かかるところをわずか四時間で目的地に着いたというのです。**嘘のような話ですが、ヨットを操る人に言わせると、風に恵まれれば四時間も不可能ではないと言う人もいるので、あながち嘘とも言い切れないようです。

いずれにせよ義経は、こうして三日かかるはずのところを一日以下で目的地に着き、油断していた平家軍を急襲し、またもや奇跡的な大勝利を手にしてしまうのです。

◇義経の掟破りが「壇ノ浦の戦い」で源氏に勝利をもたらした

屋島の拠点を失った平家は、完全に追いつめられ、壇ノ浦での決戦を余儀なくされます。

もう負けられない平家は、自分たちが最も得意とするとともに、対する源氏にはまったく経験のない「海戦」を挑みます。

水軍を持たない源氏が壇ノ浦で戦うことができたのは、これまで平家側についていた水軍が、雪崩《なだれ》を打つように源氏側に味方すると申し出てきたからでした。

屋島の合戦のときは、源氏に味方してくれたのは熊野水軍や河野水軍など、水軍全体から見るとほんの一部だったのですが、屋島で再び平家が惨敗したのを見て、多くの水軍が平家を見限り、源氏に組したのです。水軍の方にしてみれば、いくら平家と長い付き合いがあったとしても、味方した方が負けてしまえば、自分たちの家も潰れてしまうので、こうした判断をするのはやむを得ないことでした。

多くの水軍が源氏側についたとはいえ、源氏の武将たちは海戦の経験がありません。そこで、源氏の本隊である範頼軍は陸上に布陣し、平家との海戦には水軍を味方にした義経軍が臨みました。それでも、『吾妻鏡』によると、源氏の船八四〇艘に対し、平家の船は五〇〇艘あまりだったと言います。この時点でいかに多くの水軍が平家を見限っていたかがわかります。

壇ノ浦の戦いは、開戦当初は平家軍が優勢だったのが、途中から形勢逆転、最終的に義経軍が圧勝し、平家は滅亡してしまいます。

壇ノ浦というのは、今の地名で言うと、山口県と福岡県の間に位置する関門海峡に当たります。関門海峡の幅は一番狭いところではわずか六〇〇メートルほどしかありません。

でも、狭いからこそ潮流は速く、激しくなります。しかも朝と昼で潮の流れが変わるので、海に慣れた者でも船を自在に操るのは難しい場所です。

そんな難しい場所で、義経軍が勝てたのは、潮流の変化が源氏に味方したということもあるのですが、それ以上に大きかったのが、義経の掟《おきて》破りの戦法でした。

実は義経は、自軍の劣勢を悟ったとき、平家軍の「水主《かこ》」を狙い撃ちするよう命じているのです。当時の戦争は武士と武士の戦いなので、戦場にいる者であっても非戦闘員は攻撃しないというのが暗黙のルールでした。

源氏が得意とする騎馬戦では、馬に乗った主人の下に馬の轡《くつわ》を取ったり、槍を持って徒歩で従軍する「小者《こもの》」と呼ばれる人たちがいます。彼らは馬には乗っていませんが、一応武器も身につけていますから戦闘員であることに代わりはありません。

ですから攻撃していいのですが、水軍の場合、船を操る水主は船を操作することが仕事なので、武器を身につけていません。そのため、彼らは戦闘員とは認められず、攻撃対象からは外されるのがルールだったのです。

義経はこのルールを破って水主を集中的に攻撃しました。なぜなら、水主が死ねば敵の船の動きも止まるからです。巧《たく》みな操船が求められる関門海峡で、水主を失った平家の船が次々とやられてしまうのは、ある意味当然の結果でした。

◇頼朝との仲を引き裂いた義経の「痛恨のミス」とは？

こうして「戦い」においてはまたもや大勝利を収めた義経ですが、実は彼はここで痛恨のミスを犯します。それは、「もはやこれまで」と悟った平家の重鎮が、まだ幼い安徳《あんとく》天皇と三種の神器を道連れに海に身を投げるのを防ぐことができなかったということです。

実は義経は、壇ノ浦の決戦を前に、兄・頼朝から三種の神器の奪還を厳命されていました。

言い方は悪いですが、**平家など逃げられてもいいから、とにかく三種の神器だけは持って帰れ、と言われていたと思われます。**

「三種の神器」というのは、天皇の正統性を証《あか》す天皇家にとって最も大切な宝物です。それを持たない天皇は、正式には天皇と認められません。その「三種の神器」を平家は、安徳天皇を連れて都を落ちるときに、一緒に持って行ってしまっていたのです。

この事態に困り果てたのが、後白河《ごしらかわ》法皇でした。後白河法皇が「院」として権力を振うことができるのは、ある意味、現天皇の父、あるいは祖父としての立場があってのことです。

ですから天皇がいないと困るのですが、安徳天皇は平家が連れて逃げてしまったので都に天皇はいません。いないのなら新しい天皇を立てればいいのですが、三種の神器がなければ、形だけ天皇を立てたとしても、それはもはや正式な天皇ではないということになってしまいます。

正統な皇統を繋ぐためにも、後白河法皇にはどうしても三種の神器を取り戻すことが必要だったのです。

優れた政治センスを持っていた頼朝は、ここに目をつけたのです。

この時点での頼朝の最優先事項は、自分に味方してくれた武士たちとの約束を果たすこと、つまり、彼らを政府が認める正式な土地の所有者にすることでした。この約束が果たせなければ、頼朝が考える武士の政権を樹立することはできません。

しかし、後白河法皇は一筋縄ではいかない人物です。簡単に頼朝の望みを叶えるとは思えません。**そこで頼朝は、この後白河法皇が必死になって取り戻そうとしている三種の神器を手に入れることができれば、それを渡すことを交換条件に頼朝にとって有利な条件で、後白河法皇と交渉できると考えたのです。**

ですから頼朝がこの壇ノ浦の戦いで望んでいたのは、源氏の勝利でも平家の滅亡でもなく、三種の神器の奪還だったのです。

しかし、最前線で戦った義経は、このことがわかっていませんでした。

関門海峡とは、山口県下関市と福岡県北九州市の間を隔てる海峡である。幅約600メートル。その名称は、馬関（現・下関市）の「関」と、門司（現・北九州市門司区）の「門」を取ったものである。潮流が速いことでも有名で、源平合戦の壇ノ浦の戦いや幕末の下関（馬関）戦争では戦場になった。旧称は、馬関海峡。

彼の頭にあったのは、平家との戦いに勝つことだけでした。彼は戦いに勝つことが、父の敵《かたき》を討つとともに兄の政権を守ることに繋がると思っていたのです。もちろん、三種の神器を奪還せよという兄の命を軽んじていたわけではないのですが、そのことを最優先事項とした戦略を立てていなかったことも事実です。

その結果、三種の神器は安徳天皇とともに壇ノ浦の海中に投じられてしまいます。それを知った義経は、必死に回収しようとします。その結果、三種の神器の中の「玉」と「鏡」は木箱の中に納められていたのが幸いし、海面に浮かび上がったところを回収に成功します。しかし、「剣」だけは海中深くに沈んでしまい、とうとう見つけ出すことができませんでした。

そして、この義経のミスが、のちのち兄弟の仲を裂く原因へと発展していくことになるのです。

◇義経がさらに犯した「決定的なミス」とは？

壇ノ浦の戦いの後、義経は、自分こそ平家を倒した第一の功労者であると自負していました。兄にも「よくやった」と褒めてもらえると信じていました。

しかし、頼朝は褒めるどころか、「なぜ三種の神器が目の前にあったのに。おまえはむざむざと水の中に沈めさせてしまったんだ」と義経を責めました。頼朝の立場に立ってみれば、三種の神器さえ手に入っていれば、有利に進められた交渉ができなくなってしまったのですから、そう言って責めたくなるのも無理ありません。

褒めてもらえると思っていた兄に責められて、義経が不満を感じていたとき、したたかな後白河法皇が義経に優しい言葉をかけます。

「お前はとてもよくやった。褒美に官位を授けよう」

政治センスを持たない義経は、喜んで官位をもらってしまいます。このときもらった官位が、義経の呼び名としてよく用いられる「九郎判官《ほうがん》義経」の「左衛門尉《さえもんのじょう》」です。これは官位としては大したものではありません。現在の企業の序列でたとえるなら、課長クラスに過ぎません。

自分の働きを自負していた義経は、これぐらいの官位をもらうのは当然だと思っていました。自分は平家を滅ぼすという日本戦史上稀《まれ》に見る大手柄を立てたのだから、中央政府である朝廷の代表者である後白河法皇から官位をいただいて何が悪いのか、義経はそう思っていたのです。

官位をもらうのは当然だと思っていた義経は、鎌倉にいる兄・頼朝に相談することなく、これを受けてしまいました。

でもそのことが、ただでさえ義経に怒りを覚えていた頼朝の神経を逆なでしてしまいます。

先ほども言いましたが、頼朝が目指していたのは、武士を正式な土地所有者にすることです。そのためには、自分が武士たちの所領を安堵《あんど》する「資格」を持つことが必要です。でも、日本においては、基本的に土地はすべて天皇のものなので、頼朝がその資格を有するためには、朝廷の権力から幕府が「独立」することが必要なのです。

誤解のないように言っておきますが、頼朝は何も天皇家を滅ぼして自分が天皇になろうとしていたわけではありません。朝廷が一元的に支配している土地所有権を、武士にも認めるよう求めただけのことです。

でもそれを実現するためには、武士の政権である幕府が、朝廷の支配から脱した立場になることが必要なので、それは朝廷からすれば紛れもない「反逆」なのです。

だからこそ、後白河法皇は、頼朝の願いを決して聞き入れようとしなかったのです。

Point

頼朝にとって「三種の神器」奪還が一番の目的だった！

◇「政治の天才・頼朝」と「戦術の天才・義経」

このときの朝廷と幕府の関係は、労働者の権利を認めさせるために、会社に団体交渉を求めている組合に似ています。会社の長が後白河法皇、組合の委員長が頼朝です。

必死に組合の委員長が頑張って交渉しようとしているときに、最も困るのは、いわゆる「一本釣り」というヤツです。つまり、「おまえは見所があるから課長にしてやろう。だから組合なんかやめてしまえ」と言われて、有力なメンバーが抜けてしまうことです。

そして、**後白河法皇が義経に対して行ったのは、まさにこの一本釣りだったのです。**

頼朝にしてみれば、「オレが今、団体交渉を進めているのだから、どんなにうまいことを言われても会社側の言うことを聞いちゃダメだぞ」と、部下たちに言っているさなかに、自分の身内がまんまと官位をもらって喜んでいるのですからたまりません。面目丸つぶれもいいところです。でも、義経には自分がされたことがなんなのか、また、自分がしてしまったことがどんな意味を持つのか、まったくわかっていませんでした。

政治センスのない弟にこれ以上何を言ってもムダだと思ったのでしょう。頼朝は義経を義絶し、鎌倉に戻ることさえ認めませんでした。

なぜ兄が自分に対してこれほど怒っているのかわからない義経は、鎌倉に戻ろうとしたものの鎌倉入りを許されなかったため、鎌倉の少し手前に位置する腰越《こしごえ》という場所で、兄に弁明状をしたためます。

このとき義経が書いた弁明状は「腰越状」と呼ばれ、写しが残っていたためにその内容を知ることができるのですが、それを読むと、彼が兄のやろうとしていたことをまったく理解できていなかったことがはっきりわかります。そこには、幼い頃から重ねてきた苦労とともに、兄のために自分がいかに命を惜しまず戦ったかということが、兄弟の情に訴えるように切々と書かれています。

でもこの腰越状も、頼朝のもとに届くことはなかったと言われています。

義経に兄に対する叛意があったわけではありません。単に政治センスがなかっただけのことなのです。ですから、もしも、二人がもっと密接に連絡を取ることができれば、あるいはこうした別れ方をせずに済んだかも知れません。

そういう意味では、これは悲劇と言えばたしかに悲劇です。

でも、この兄弟の悲劇すら、結果的には頼朝にとっては幸運として働きます。

なぜなら、二人の対立が深まっていく過程で、義経追討が口実として使われ、頼朝は守護と地頭を任命する権利を勝ち取ることになるからです。

1185（文治元）年、頼朝と不和となって行方《ゆくえ》をくらました源義経を捜《さが》しだし、かつ治安を維持することを口実に、頼朝は国ごとに守護《しゅご》、諸国の荘園・国衙《こくが》領ごとに地頭《じとう》をおくことを朝廷に要求し、勅許された。

（『新日本史B』桐原書店　113ページ）

少しわかりにくい文章ですが、この地頭を任命する権利を得たということは、頼朝が「日本国惣地頭《そうじとう》」に任命されたということを意味しています。そして、ここが肝心なのですが、頼朝が日本国惣地頭になったということは、その権限において部下を地頭に任命できるということであり、地頭に任じられるということは、即ち、**朝廷も認めた土地の正式な所有者になるということなのです。つまり頼朝は、ある意味弟を切り捨てることで、武士の悲願を達成させたのです。**

さらに義経の追討は、源氏の念願だった奥州藤原氏討伐にも繋がっていくのですから、義経の不幸は兄にさらなる幸運をもたらしたと言えるのです。

政治の天才である頼朝と、戦術の天才である義経。どちらも「英雄」であることは間違いありませんが、必要なときには、たとえ弟であっても切り捨てる非情さを持っていた頼朝の方が、英雄としての器は大きかったと言えるのかも知れません。

第八章のまとめ

・二十年にも及ぶ長い流人生活の中で、頼朝は武士たちが何に不満を持ち、何を望んでいるかを知ったのです。

・源氏があっという間に平家を滅ぼすことができたのは、義経という戦術の天才が、一ノ谷、屋島《やしま》、壇ノ浦と奇跡の三連勝を遂げたからです。おそらく源義経という人がいなかったら、日本の歴史は大きく変わっていたことでしょう。

・正統な皇統を繋ぐためにも、後白河法皇にはどうしても三種の神器を取り戻すことが必要だったのです。優れた政治センスを持っていた頼朝は、ここに目をつけたのです。

・頼朝が目指していたのは、武士を正式な土地所有者にすることです。そのためには、自分が武士たちの所領を安堵する「資格」を持つことが必要です。そのためには、朝廷の権力から幕府が「独立」することが必要だったのです。

第九章

後醍醐天皇

――天皇親政の英雄か、傲慢不遜の帝王か

後醍醐天皇（東京大学史料編纂所所蔵模写）

◇なぜ「建武《けんむ》の中興」から「建武の新政」となったのか

鎌倉幕府を倒したのは誰か。この問いの答えは、多くの日本人が知っていると思います。

そう、後醍醐《ごだいご》天皇です。

明治から戦前まで、後醍醐天皇の政治はその治世の年号を冠して「建武の中興《ちゅうこう》」と呼ばれ、高く評価されていました。「中興」とは、一度衰えたり途絶えたりしたものを復興させたという意味です。つまり、この「建武の中興」という言葉には、一度途絶えてしまった天皇親政という日本のあるべき姿を復興させた素晴らしい天皇という意味が込められていたのです。

「建武の中興」という言葉がつくられた明治時代は、実態はともかく、名目的には天皇が鎌倉時代に武士に奪われた政権を長い年月を経てやっと取り戻し、天皇親政が行われた時代です。だからこそ、ほんの短い間でしたが、天皇親政を復活させた後醍醐天皇の治世が高く評価され、後醍醐天皇は「英雄」とされたのです。

でも、今の歴史教科書ではもう「建武の中興」という言い方は使われていません。

1333（元弘3）年、鎌倉幕府は滅亡した。後醍醐天皇はただちに京都に帰り、光厳天皇を廃して新しい政治をはじめた。翌年、年号を建武《けんむ》と改めたので、天皇のこの政治を建武の新政《しんせい》という。

（『詳説日本史　改訂版』山川出版社　115ページ）

ご覧の通り、教科書の表記は「建武の中興」から「建武の新政」に変わっています。

なぜ呼び方が変わったのでしょう。

それは、天皇親政についての認識が変化したからです。つまり、今はもう天皇親政が日本のあるべき姿だとは考えられていないので、「建武の中興」という言葉は用いられなくなり、代わって「建武の新政」と呼ばれるようになった、ということです。

このように、歴史上の出来事の評価というのは、その時代の価値観によって変化します。そして、これは人物の評価にも当てはまります。明治時代に「英雄」と評された後醍醐天皇とは、本当はどのような人物だったのでしょう。

ちなみに、現在、後醍醐天皇の行った政治に「新政」という言葉が使われているのは、彼の目指した天皇政治が、古代の天皇親政とも、平安時代の院政とも異なる「新しい政治」だったからです。彼はいったいどのような思想を持ち、どんな政治を目指したのでしょう。

天皇は、幕府も院政も摂政・関白も否定して、天皇への権限集中をはかり、すべての土地所有権の確認は天皇の綸旨《りんじ》を必要とするという趣旨の法令を打ち出した。しかし現実には天皇の力だけでは治めきれず、中央には記録所《きろくしょ》や幕府の引付《ひきつけ》を受け継いだ雑訴決断所《ざっそけつだんしょ》などを設置し、諸国には国司と守護を併置した。また東北・関東地方には、それぞれ陸奥将軍府《むつしょうぐんふ》・鎌倉将軍府《かまくらしょうぐんふ》をおいて、皇子を派遣したが、それらの実体はむしろ鎌倉小幕府というにふさわしいほど旧幕府系の武士を重用《ちょうよう》したものであった。

天皇中心の新政策は、それまで武士の社会につくられていた慣習を無視していたため、多くの武士の不満と抵抗を引きおこした。

（『詳説日本史　改訂版』山川出版社　115〜116ページ）

しかし、教科書の記述にあるように、後醍醐天皇の目指した政治は失敗します。彼がどのような政治を目指し、なぜそれは失敗したのか、そのことを語るためには、まず、彼が生きた時代の少々複雑な歴史的背景について語らなければなりません。

◇頼朝が最も欲した「特権」とは？

私たちは、鎌倉幕府が開かれた当初からその統治権は全国に及んでいたと思いがちです。でも、実際に幕府の勢力範囲が及んでいたのは、東国だけでした。西のほうはあくまで朝廷が仕切っていたのです。

そもそも一介の流人に過ぎなかった源頼朝がなぜ天下を取れたのかというと、「俺の家来になれば、おまえたちを正式な土地の所有者として認めさせる」と約束したからでした。そして頼朝は平家を倒すと、この約束を守ります。**朝廷から「日本国惣地頭《そうじとう》」の称号を受け、自分に従った武士たちを「地頭」に任命したのです。ですから、鎌倉時代は将軍直属の家来を「御家人《ごけにん》」と言いますが、鎌倉時代の御家人というのはイコール「地頭」でもあるわけです。**

平清盛の時代は、武士は事実上土地を所有していましたが、それは不法占拠した土地を実効支配しているに過ぎませんでした。なぜなら、当時は土地を持つというのは事実上位の高い人だけに認められた特権だったからです。

自分で汗水垂らして開拓し、耕し、武装して命がけで守っている農地なのに、武士だというだけでその所有権が認められない。そんな武士たちの抱える不満をくみ取り、「お前たちの悲願をオレが叶えてやるから、オレの味方をしろ」と言ったから、頼朝は天下を取れたのです。

ですから、鎌倉幕府というと、武家の第一人者・源頼朝が朝廷から征夷大将軍に任じられたことばかりが注目されがちなのですが、本当に重要なのは、**実は征夷大将軍に認められたということよりも、むしろ頼朝が日本国惣地頭に任ぜられたということなのです。**

なぜなら、征夷大将軍に任命されることによる特権は、徴税権や徴兵権など、頼朝個人が政治を行うためにはとても重要な特権ですが、幕府というものに武士たちが従うという「幕府の根幹」を支えたのは、彼が日本国惣地頭として、配下の御家人たちを土地の正式な所有者である「地頭」に任命する特権を有していたからに他ならないからです。

当時の武士にとって、土地の正式な所有者に認められるということは、それほどまでに大きな恩恵だったということです。自分たちを土地の所有者にしてくれた将軍・頼朝様の「御恩《ごおん》」は海よりも深く山よりも高い、だから、その恩に報いるために、将軍様に従い、何かあれば将軍様のために働こう、ということになっていたのです。これがいわゆる「ご奉公《ほうこう》」です。

◇「承久《じょうきゅう》の乱」で完全な武士の世になった

その後、鎌倉将軍家である源頼朝の家系は内紛によってわずか三代で絶えてしまいますが、頼朝が作り上げた土地所有制度とその任命権は鎌倉幕府に帰属し続けます。そして、源将軍家が途絶えた後、そのシステムを管理・運営することで実権を握ったのが、もともと源将軍家のマネージャー（番頭）的立場にあった北条氏でした。

北条氏の役職は「執権《しっけん》」と言いますが、執権というのは、もともとは将軍家の執事のようなものに過ぎませんでした。それが、源将軍家が絶え、その代わりに都からお飾りの「宮将軍《みやしょうぐん》」を迎えることで、執権という立場でありながら北条氏が全権を握ることで幕府を維持してきたのです。

こうしてスタートした鎌倉時代前期は、もちろん西国にも武士が地頭として任命された場所はあったのですが、やはり圧倒的に地頭が多いのは、つまり征夷大将軍の部下である御家人が多いのは、武士の本場である東国であったわけです。

実質的には東国だけだったとはいえ、「武士に政権の一部をとられた」ことに当然のことながら不満を抱く天皇が現れます。第八十二代・後鳥羽《ごとば》天皇です。当時は院政の名残を汲んだ時代だったため、政治に取り組めるようになるのは、基本的に天皇を引退し、上皇になってからなので、正しくは後鳥羽上皇です。

上皇は当初、三代将軍・実朝《さねとも》に近臣の娘を嫁がせ、その縁から朝廷の所領拡大をもくろみました。しかし、御家人の所領はよほどの大罪を犯さない限り、将軍といえど没収できないというのが幕府の大前提だったので、なかなか思う通りに事は運びませんでした。

そうした状態は、実朝が暗殺され、幕府の実権を北条氏が握るようになると、さらに悪化します。

そこでついに後鳥羽上皇は、幕府追討の院宣《いんぜん》を出すに至ります。こうして勃発したのが「承久《じようきゆう》の乱」です。

幕府を追討すると言っても、朝廷は軍隊を持っていません。そこで後鳥羽上皇は、鎌倉幕府に対して不満を持つ武士を利用します。

いつの時代でも大勢に不満を持つ者というのはいます。後鳥羽上皇はそうした武士を手なずけて、朝廷のガードマンとして雇い入れたのです。当時、朝廷のガードを行う人々を「北面《ほくめん》の武士」と言いましたが、後鳥羽上皇は「北面」だけだった武士に「西面《さいめん》の武士」を加え、その数を増やし、幕府への対抗勢力としました。つまり、後鳥羽上皇は武士を倒すために武士を利用することを考えたのです。

しかし、**いくら幕府に不満を持っているとはいえ、武士は武士です。武士の権利と権益を守るためにできた大労働組合とも言うべき幕府を倒すことはできませんでした。**

さらに、このとき幕府に幸いしたのは、頼朝の妻・政子《まさこ》が存命だったことです。政子は朝廷との対決を前に、御家人たちの前に出て大演説をぶったと言います。

当時、源将軍家はすでに絶え、幕府の実権は執権の北条義時《ほうじようよしとき》にありました。御家人にとって将軍は「主人」ですが、執権は仲間内から選ばれた代表者のようなものなので立場は「対等」です。いくら事実上は義時が実権を握っていたとしても、御家人は彼の家来ではないので命令を下すことはできません。

そこで登場したのが北条政子でした。政子も北条の一族なので、御家人たちと対等の立場の人間です。でも、彼女には初代将軍・頼朝の夫人という尊敬される肩書きがありました。

鎌倉時代に書かれた歴史書『吾妻鏡《あずまかがみ》』によれば、彼女はその「尊敬される立場」を利用しつつも、あくまでも対等の立場から御家人たちに語りかけたと言います。

皆心を一にして奉るべし。これ最期の詞《ことば》なり。故右大将軍（頼朝）朝敵を征罰し、関東を草創してより以降、官位と云ひ俸禄と云ひ、其の恩既に山岳よりも高く、溟《めい》渤《ぼつ》（大海）よりも深し。報謝の志浅からんや。而《しか》るに今逆臣の讒《そしり》に依り非義の綸旨を下さる。名を惜しむの族は、早く秀康・胤義等を討取り、三代将軍（実朝）の遺跡を全うすべし。但し院中に参らんと欲する者は、只今申し切るべし。

（『吾妻鏡』より）

「皆さん心をひとつにして聞いてください。これは私からの最後の言葉です。亡き夫、頼朝様が朝敵《ちょうてき》を滅ぼして関東に幕府を開いてから、あなた方は官位も収入も増えたはずです。その恩は山よりも高く、海よりも深いのではないでしょうか。それなのに、今その恩を忘れて上皇の倒幕の綸旨《りんじ》に従おうという者がいます。名を惜しむ者は藤原秀康《ふじわらのひでやす》・三浦胤義《みうらたねよし》（この二人は朝廷側についた有力武士）らを討ち取って、三代将軍・実朝の恩に報いてください。でも、もしこの中に朝廷側につこうと考えている者がいるのなら、今ここで申し出て私を殺しなさい」

政子のこの演説によって、御家人たちは一致団結し、後鳥羽上皇との対決を決意したのでした。

こうして戦いに敗れた後鳥羽上皇は隠岐島《おきのしま》に流され、そのまま島で生涯を終えます。

一方、**倒幕の危機を乗り越えた幕府は、承久の乱で朝廷の力が弱まったことによって、むしろその勢力を西国に広げる結果となります。**

もともと九州辺りには、鎌倉幕府の御家人が多かったのですが、朝廷のお膝元である関西・中国地方は、上皇やその側近の所領が多く御家人はほとんどいませんでした。それが後鳥羽上皇が敗れたことによって、幕府が没収した彼らの所領を御家人に恩賞として分け与えたので、結果的に御家人の支配が関西・中国地方に及ぶことになったのです。

◇「元寇《げんこう》」によって御家人体制が崩れた

承久の乱を治めたことで、鎌倉幕府は北条執権体制を固めていきました。

後醍醐天皇によって鎌倉幕府が倒されるのは、この百十二年後のことです。でも、この間に朝廷が独自の軍隊を持ったわけではありません。実を言えば、後醍醐天皇が行ったのも、基本的には後鳥羽上皇と同じことなのです。

つまり、幕府に対して不満を持つ武士を集めて、幕府を倒す武力としたのです。朝廷側に言わせれば「毒を以《もっ》て毒を制す」ということですが、要は他人の褌《ふんどし》で相撲を取ろうということです。

問題は、後鳥羽上皇のときには失敗したこのやり方で、後醍醐天皇はなぜ幕府を倒すことができたのか、ということです。結論から言えば、違っていたのは「状況」でした。

まず第一に挙げられるのは、執権体制が腐敗していたということです。本来ならば、武士の権利を守らなければいけない執権が賄賂をとったり、所領に関する裁判が公正ではなかったり、あるいは御家人と同格であるはずの執権が大きな屋敷に住んで贅沢な生活をしているのも不満の種でした。でも、それ以上に御家人たちが不満に感じていたことがありました。

それは、なされるべき論功行賞がきちんと行われなかったことです。

きっかけは鎌倉中期に起きた「元寇《げんこう》」でした。

元寇というのは、「元」つまりモンゴル帝国が日本に攻めてきた、言わば侵略戦争です。鎌倉幕府は御家人たちを総動員し、「文永《ぶんえい》の役（一二七四年）」「弘安《こうあん》の役（一二八一年）」と二度にわたる元寇を撃退することに成功します。

元の侵攻を撃退できたこと自体は万々歳だったのですが、問題はこれが防衛戦争だったということです。

そもそも当時の御家人たちは、戦いに出るとき、その費用はすべて自弁が基本でした。彼ら御家人は、自分たちが正式な土地の所有者となれたのは幕府のお陰なので、国に万が一のことが起きたときには武力を提供する義務を負っていたからです。義務とはいえ、幕府は自腹を切って命がけで戦ってくれた御家人には、その働きに応じて恩賞を与えなければなりません。

通常の戦争なら、ここに何の問題もありません。戦いに勝ちさえすれば、没収した相手の所領を恩賞として御家人たちに分け与えることが可能だからです。

ところが、元寇の場合は「防衛戦争」だったので、戦いに勝ったものの、自分たちの領土を守っただけで敵の領土が手に入ったわけではありません。そのため、戦ってくれた御家人たちに恩賞を出したくても、その原資となるものがなかったのです。

原資がなくても恩賞を与えなければ幕府と御家人の信頼関係が崩れてしまいます。仕方がないので、幕府は自分たちの領土を切り崩して分け与えたりもしたのですが、御家人たちの要望に応《こた》えきることはできませんでした。

その結果、幕府は本来なら恩賞を与えるべき御家人の要求を無視したり、あるいはあまり要求が激しいときには、その御家人を無実の罪に落として首にするようなことまでしてやりすごしました。

このとき、御家人たちがそこそこ豊かな生活ができていればまだよかったのですが、御家人たちは、元寇とはまた別の要因から生活に困窮していました。事実、恩賞を期待し

Point
元寇によって幕府と御家人の信頼は引き裂かれた！

て、借金をして戦いに参加した御家人も少なくありませんでした。

それなのに恩賞が出ないのですから、元寇以降、御家人たちの生活はさらに困窮することになってしまいました。

御家人たちの生活が苦しくなればなるほど、幕府の力も弱体化していきます。つまり、後醍醐天皇が倒幕を企《くわだ》てたときには、鎌倉幕府はすでに経済的な面から言っても、それを支える御家人との信頼関係という面から見てもボロボロの状態だったのです。

◇「均分相続」が御家人の力を弱めた

鎌倉幕府の御家人たちを貧しくしてしまった最大の要因は「相続」でした。

今は子供の数が少ないですが、昔の武士は多くの子供を持っていました。今のように医学が発達していないので幼い子供の死亡率が高かったこともありますが、武士はそもそも戦うことが仕事なので、無事に成長したとしても子供が親よりも先に亡くなることも珍しいことではありませんでした。ですから、子供はできるだけたくさんつくることが求められたのです。

鎌倉時代の武士は農場主でもあるので、子供が多ければそれだけ働き手も多いということになるのでいいのですが、問題は「相続」するときでした。

実は、今から考えると信じられないようなことなのですが、鎌倉時代の相続法というのは、江戸時代などより遙かに「民主的」なものだったのです。

この場合「民主的」という表現が適しているのかどうかわかりませんが、今風に言えば間違いなく民主的と言えます。なぜなら、正妻の子供に限るのですが、相続は男女の区別なく子供たちが「均分相続」するのが基本とされていたからです。均分相続というのは、子供が五人いたら、五人できっちり五等分して相続するということです。

財産はこのようにきっちり均等分けされますが、分けられないものもありました。それは、「御家人」という立場です。そこで、御家人の立場は長男が受け継ぎ、長男の家を「宗家《そうけ》（本家）」、次男以下の家を「分家《ぶんけ》」と言い、分家は宗家の長である「惣領《そうりよう》」を中心に結束し、助け合って幕府に奉公することになっていました。

武士の一族は強い血縁《けつえん》的統制を特徴としており、宗家《そうけ》（本家）と分家は一門・一家《いっか》と名乗り、宗家の長を惣領《そうりよう》とあおいでその命《めい》にしたがった。分家である庶子《しよし》は惣領から所領を分けあたえられた（分割相続《ぶんかつそうぞく》）が、そのかわりに惣領がもつ各地の所領の支配に派遣されるなどの奉公にはげみ、戦時には惣領の指揮のもとで団結して戦わなければならなかった。一族の団結を強めるために、館の近くに氏寺《うじでら》や神社がつくられ、その仏事や祭祀《さいし》をとり行なうのは惣領であった。このような惣領を中心とした一族の支配体制を惣領制という。

（『日本史B　改訂版』三省堂　92〜93ページ）

この均分相続（分割相続）と対照的なのが、江戸時代に行われていた「長子相続」です。長子相続とは、長男が財産のすべてを相続し、次男以下は他家に養子に出るか、生涯「部屋住み」として兄の世話になって生きるしかありませんでした。他家に嫁ぐことが基本とされた女性には当然のごとく相続権はありませんでした。

私たちは今、自由な社会に生きているので、能力に関係なく生まれた順が先だったというだけで財産のすべてを相続する長子相続は非民主的だと思うことでしょう。そして、女の子にまで均等に財産を分け与えた鎌倉時代の均分相続を民主的で「優れた相続法」だと思いがちです。

確かに、財産を均等に分ける代わりに、一族みんなで長男を支え、一族として支え合って生きていくというのは、言葉にするととても美しいものです。でも、実際問題として、そうした「美しい状態」は、長く続くものではありませんでした。

兄弟みんなで、親の財産を等しく分ける。とても民主的な方法ですが、ここには大きな落とし穴があるのです。それは、当時の財産とは、ほぼイコールで「土地」だったということです。

考えてみてください、土地を子供たちが均等に分けるということは、たとえば五人の子供がいた場合、一世代経つと一人当たりの財産は五分の一になり、その子供にまた五人の子供がいて相続したら、一人当たりの財産は初代の二五分の一になってしまうということです。

財産は減っても、御家人としての務めは減りません。つまり、五分の一の財産で、親がしていたのと同じだけの務めを惣領は果たさなければならなかったのです。いくら一族で助け合うといっても、代を経るごとに助け合うことも難しくなっていきます。そもそも、農業というのは、規模が大きければ大きいほど効率がいいのです。それぞれに家族を持った細かい土地の持ち主が集まっても、それは貧乏者の集まりに過ぎなくなってしまうのです。

こうして御家人たちは、どんどん困窮していったのです。

でも、どんなに貧しくても御家人たちも生きていかなければなりません。そこで仕方なく、土地を担保にお金を借りることになります。もちろん返すあてなどないので、領土を持たない御家人というのが出てくるわけです。

御家人の経済力が幕府の根幹なので、こうした状況に対して、幕府も一応は救済策を講じます。

それが「徳政令《とくせいれい》」です。

蒙古襲来は御家人たちに多大な犠牲を払わせたが、幕府は十分な恩賞《おんしょう》をあたえることができず、御家人たちの信頼を失う結果になった。また御家人たちの多くは、分割相続《ぶんかつそうぞく》のくり返しによって所領が細分化されたうえ、貨幣経済の発展にまき込まれて窮乏しており、蒙古襲来の影響はいっそう大きかった。

幕府は窮乏する御家人を救う対策をとり、1297(永仁《えいにん》5)年には永仁の徳政令《とくせいれい》を発布し、御家人の所領の質入れや売買を禁止して、それまでに質入れ、売却した御家人領を無償《むしょう》でとりもどさせ、御家人が関係する金銭の訴訟を受けつけないなどの対策をとった。しかし効果は一時的であった。

(『詳説日本史　改訂版』山川出版社　103~104ページ)

この教科書の記述からもわかるように、徳政令というのは、わかりやすく言えば「借金取り消し棒引き令」です。でも、いくらそれまでの借金を棒引きにしても、それで救われるのかというと、一時しのぎにはなりますが、根本的な問題が解決するわけではないので、御家人の力が回復することはありませんでした。

後醍醐天皇が倒幕を目指した時代というのは、このように幕府の信頼が失われるとともに、その幕府を支える御家人も弱体化していたのです。

◇後醍醐天皇の驚くべき倒幕理由とは？

当時、問題を抱えていたのは幕府だけではありませんでした。朝廷もまた、大きな問題を抱えていました。朝廷が抱えていた問題も、御家人たちのものとは違いますが、やはり一種の相続問題でした。

ことの発端は、第八十八代・後嵯峨《ごさが》天皇のワガママでした。

後嵯峨天皇には、兄「久仁《ひさひと》」と弟「恒仁《つねひと》」という皇子がいました。二人は母も同じ実の兄弟です。ところが、後嵯峨天皇は、弟の恒仁の方を溺愛しました。その結果、当初兄の久仁に譲った皇位（後深草《ごふかくさ》天皇）を、十三年後に弟の恒仁に無理矢理譲らせてしまったのです（亀山《かめやま》天皇）。そして、亀山天皇に皇子が生まれると、兄の後深草にも皇子がいたにもかかわらず、亀山の子供を皇太子にしてしまったのです。つまり後嵯峨天皇は、弟である亀山の血筋が皇位を継承していくようにしたのです。

収まらないのは、兄の後深草上皇です。なぜ弟の亀山の子が我が子を差し置いて皇太子とされたのか、そんな不満を抱えていたとき、亀山の子供が皇位に即《つ》くのを見ることなく、後嵯峨法皇が亡くなります。父の後嵯峨法皇が生きていれば、まだ思い直して後深草上皇の子供が皇太子になる可能性もあったのに、後嵯峨法皇が亡くなってしまった以上、もう自分の子が皇位に即く望みはなくなってしまった。そう嘆いた後深草上皇は、世を捨てて出家すると言い出します。

すると、そんな後深草に同情したのでしょう。それまで皇位継承に一切口を出すことのなかった幕府の執権・北条時宗《ほうじようときむね》が突如として調停に乗り出したのです。

でも、この調停案がまた褒められるようなものではありませんでした。というのも、時宗は亀山の子である後宇多《ごうだ》天皇の皇太子に、後宇多天皇の皇子を立てるのではなく、後深草の子供の熙仁《ひろひと》（後の伏見《ふしみ》天皇）を立てることを提案したのです。

ここで系図を見ていただきたいのですが、この調停案以降、後深草の血統である「持明院統《じみよういんとう》」と、亀山の血統である「大覚寺統《だいかくじとう》」が交互に皇位に即いています。

皇統が二系統になった結果、皇位に即く順番待ちの皇子が増え、変な話なのですが、多くの皇子を皇位に即けるために皇位に「任期」が決められるようになります。つまり、「任期」は「各統十年の交代制」、これを「両統迭立《りようとうてつりつ》」と言います。

●天皇家の系図

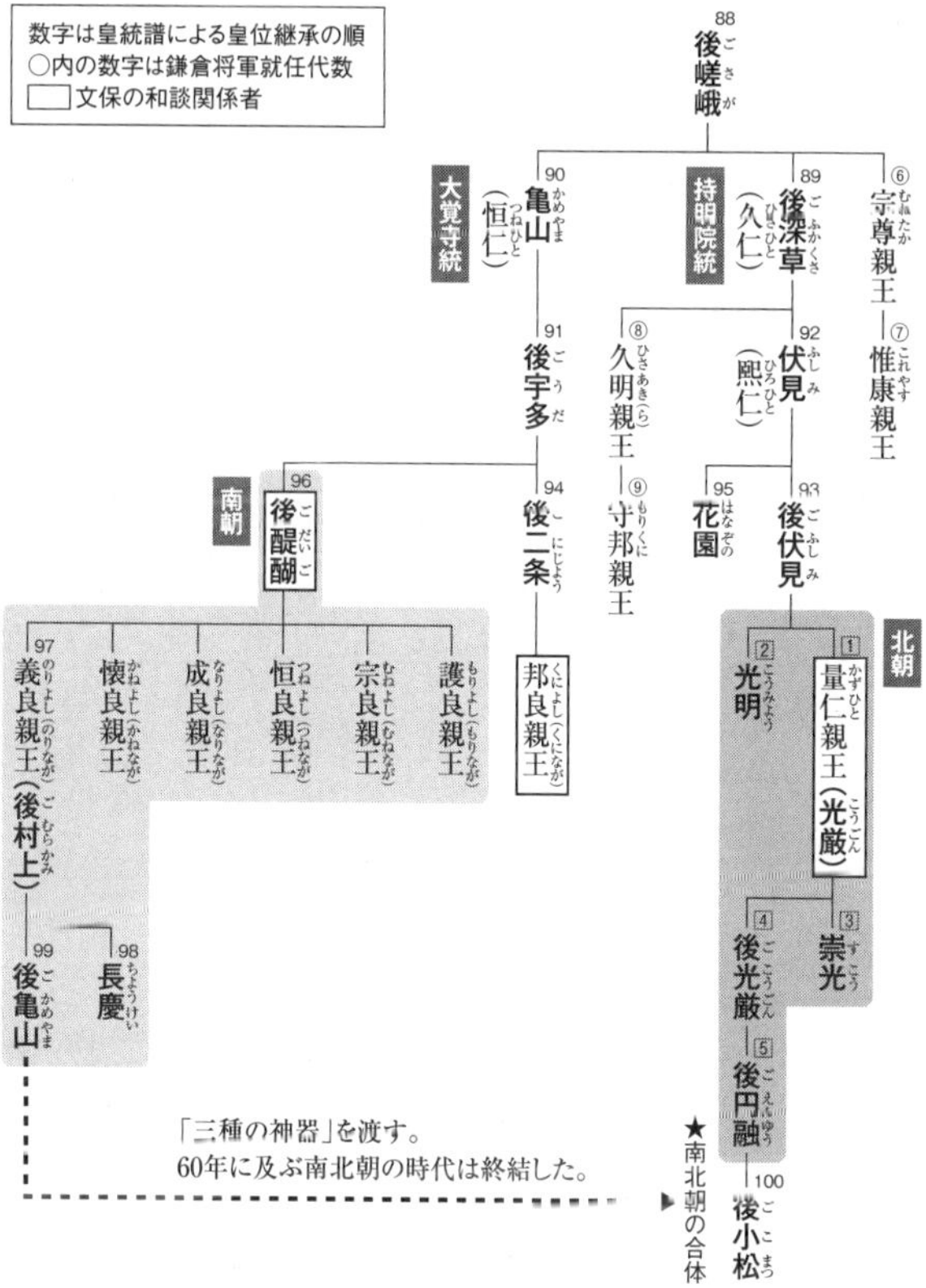

数字は皇統譜による皇位継承の順
○内の数字は鎌倉将軍就任代数
文保の和談関係者
88 後嵯峨《ごさが》
大覚寺統
90 亀山《かめやま》（恒仁《つねひと》）
持明院統
89 後深草《ごふかくさ》（久仁《ひさひと》）
⑥ 宗尊《むねたか》親王
⑦ 惟康《これやす》親王
91 後宇多《ごうだ》
⑧ 久明《ひさあき(ら)》親王
92 伏見《ふしみ》（煕仁《ひろひと》）
南朝
96 後醍醐《ごだいご》
94 後二条《ごにじょう》
⑨ 守邦《もりくに》親王
95 花園《はなぞの》
93 後伏見《ごふしみ》
北朝
97 義良《のりよし》親王（のりなが）（後村上《ごむらかみ》）
懐良《かねよし》親王（かねなが）
成良《なりよし》親王（なりなが）
恒良《つねよし》親王（つねなが）
宗良《むねよし》親王（むねなが）
護良《もりよし》親王（もりなが）
邦良《くによし》親王（くになが）
2 光明《こうみょう》
1 量仁《かずひと》親王（光厳《こうごん》）
99 後亀山《ごかめやま》
98 長慶《ちょうけい》
4 後光厳《ごこうごん》
3 崇光《すこう》
5 後円融《ごえんゆう》
100 後小松《ごこまつ》
「三種の神器」を渡す。
60年に及ぶ南北朝の時代は終結した。
★南北朝の合体

持明院統、大覚寺統、各統十年ずつと言っても、それぞれの統の中で兄弟など皇位の順番待ちをしている人間がたくさんいるので、実際には一人の天皇が皇位にいられる期間はもっと短いものにならざるを得なくなっていました。

後醍醐天皇が皇位に即いたのは、そうした両統迭立の時代でした。

大覚寺統の後醍醐天皇の先帝は持明院統の花園《はなぞの》天皇です。当然、後醍醐天皇も数年皇位に即いたら、持明院統で順番待ちをしている皇子に皇位を譲らなければなりません。ところが、彼は皇位を譲ることを断固として拒否したのです。

後醍醐天皇は、幕府を倒すにあたり、武士のようなケガレた者どもが世の中を仕切っているのはけしからんとかいろいろな大義名分を掲げますが、**倒幕を目指した本当の理由は、この「天皇を辞めたくない」ということだったと私は思っています。**

後醍醐天皇は、自分が皇位を譲るなら相手は持明院統の皇子ではなく、我が子に譲りたいと思っていました。後醍醐天皇に限らず、我が子に継がせたいというのはどの天皇も思っていたことだと思います。それでも、そうした思いがそう簡単に叶わないのが当時の状況でした。

◇後醍醐天皇は自分で「追号」をつけていた！

後醍醐天皇というのは、とびきりユニークな人物です。また強欲でエネルギッシュ、諦《あきら》めるということを知らない不屈の自信家でもあります。そして非常な女性好きで、多くの女性との間に三〇人もの子供をもうけたとされています。そんな後醍醐天皇は密教の中でも真言立川流《しんごんたちかわ》という現代では異端視されている宗派の熱心な信者だったとも言われています。

後醍醐天皇の「後醍醐」という追号にも、他の天皇にはないちょっと面白い話が伝わっています。

これまでにも何度か説明しましたが、「追号」というのは死後贈られる名前なので、生前にその名が使われることは基本的にはありません。ところが、後醍醐天皇は、自ら「俺は後醍醐だ」と言っていた可能性があるのです。なぜなら、彼の「後醍醐」という追号は自分でつけたものだからです。追号というのは天皇が亡くなった後に学識経験者や官僚が協議してその天皇がお住まいになっていた場所の名前や、お好きだったものの名前など、その天皇にちなんだ名前が贈られるのが普通です。自分で自分の追号をつけるなど、異例中の異例です。

ちなみに後醍醐というからには、それ以前に「醍醐天皇」という方がいらっしゃったということです。

醍醐天皇というのは、平安中期、ちょうど菅原道真《すがわらのみちざね》が大宰府《だざいふ》に追いやられたときの天皇です。平安中期は藤原氏の全盛時代、このようなことを言うのも何ですが、その後半生は完全に藤原氏にコントロールされてしまった天皇です。

では後醍醐天皇は、なぜそんな天皇にちなんだ名前を自らの追号に選んだのでしょう。実は、今でこそ評価の低い醍醐天皇ですが、その治世の前半は摂政《せっしょう》も置かず天皇親政を行っていました。鎌倉時代には、醍醐天皇の治世は天皇親政が非常にうまくいっていた素晴らしい時代だったという評価がなされていたのです。そこで、天皇親政を目指していた後醍醐天皇は、それにあやかるよう、「朕《ちん》が亡くなった後は後醍醐と呼べ」と言ったらしいのです。

◇並の精神力ではなかった後醍醐天皇

このように非常にユニークなキャラクターだった後醍醐天皇は、強運の持ち主でもありました。というのも、彼が天皇になれたのは、兄である後二条《ごにじょう》天皇が若くして亡くなったお陰だからです。

後醍醐の兄・後二条天皇は在位八年目に二十四歳の若さで亡くなります。これによって皇位は持明院統の花園天皇に移ります。その後、本来なら後二条天皇の子の邦良《くによし》親王が皇位を受け継ぐのですが、邦良がまだ幼かったため、後二条の父・後宇多上皇は邦良が成長したあかつきには皇位を譲ることを条件に、後二条の弟である後醍醐が大覚寺統の次の後継者になることを認めたのです。

しかし後宇多上皇は、邦良親王の即位を見ることなく、亡くなってしまいます。後ろ盾になってくれていた後宇多上皇の死に焦《あせ》った邦良親王は、幕府に働きかけ、後醍醐天皇を退位させて天皇になろうと目論《もくろ》みます。

このことが後醍醐天皇の最初の決起を促すことになります。

先ほど後醍醐天皇という人は、諦めるということを知らない不屈の自信家だと申し上げました。それは、彼の決起が二度までも失敗し、それでも諦めずに、三度目にやっと成功するからです。

両統迭立を支持する幕府に不満をいだいていた天皇はこの情勢をみて討幕の計画を進めたが、1324（正中《しょうちゅう》元）年、幕府側にもれて失敗した（正中の変）。さらに1331（元弘《げんこう》元）年にも挙兵をくわだてて失敗したために（元弘の変）、持明院統の光厳《こうごん》天皇が幕府におされて即位し、後醍醐天皇は翌年隠岐《おき》に流された。

しかし、後醍醐天皇の皇子護良《もりよし》親王や楠木正成《くすのきまさしげ》らは、悪党《あくとう》などの反幕勢力を結集して蜂起し、幕府軍とねばり強く戦った。やがて天皇が隠岐を脱出すると、天皇のよびかけに応じて討幕に立ちあがるものがしだいにふえ、幕府軍の指揮官として畿内に派遣された有力御家人足利高氏《あしかがたかうじ》（のち尊氏《たかうじ》）も幕府にそむいて六波羅探題《ろくはらたんだい》を攻め落とした。関東で挙兵した新田義貞《にったよしさだ》もまもなく鎌倉を攻めて得宗の北条高時以下を滅ぼし、１３３３（弘元3）年、鎌倉幕府は滅亡した。

（『詳説日本史　改訂版』山川出版社　１１４〜１１５ページ）

この教科書の記述からもわかるように、後醍醐天皇が最初の挙兵から、鎌倉倒幕に至るまで三回挙兵し、まさに「三度目の正直」で成功しています。要した期間は十年。その間、仲間を失い、自分自身も隠岐島に流されています。それでも一度も倒幕を諦めなかったのですから、やはり並の精神力ではありません。

この教科書の記述は比較的よくまとまっていますが、肝心なことが書かれていません。それは、まず第一に、一口に「挙兵」と言っていますが、何度も言っている通り朝廷は直属の軍を持っていないのに、どのようにして挙兵したのか、ということです。

第二に、最初の挙兵「正中《しょうちゅう》の変」に失敗したのに、後醍醐天皇はなぜその責めを免れ、天皇であり続けることができたのか。そして三つ目が、最後の成功する挙兵のとき、

「悪党《あくとう》」と呼ばれる反幕勢力を味方にしたとありますが、彼らと後醍醐天皇はどのようにして結びついたのか、ということです。

特に三つ目の問題は重要です。

そもそも後醍醐天皇は、武士というものは血で穢《けが》れているから賤《いや》しいケガレた存在だとバカにしていたわけです。倒幕を目指したときの大義名分も、そういうケガレた連中が軍事政権をつくって日本を仕切っていること自体が間違っているのだ、というものでした。

そんな後醍醐天皇がどのようにして武士の中でも、幕府に属する御家人にも入らない、社会的には下層に位置する武士たちと接点を持ち、「ともに戦い、幕府を倒そう」とまで決意させることができたのでしょう。

当時は身分社会なので、常識的に考えれば、彼らは住む世界の違う人々です。そんな接点を持たない彼らがどのようにして接点を持ったのか。でも、接点ができ、彼らを味方にできたからこそ、後醍醐天皇は倒幕に成功するのです。

◇倒幕に失敗した後醍醐は、なぜ天皇であり続けられたのか

後醍醐天皇の最初の挙兵「正中の変」は見事に失敗します。

確かに鎌倉幕府はもうボロボロで、御家人たちは幕府としての機能を果たせていない鎌

倉幕府に愛想を尽かしていました。しかし、だからといってすぐに倒幕に結びつくかというと、人の心はそれほど簡単ではありません。

今もそうですが、今のままではダメだ、世の中が変わらなければ良くならないという認識はみんな持っているのですが、だからといって、それを誰に任せればいいのか、となると決断できないというのが正直なところでしょう。

当時も同じなのです。もう鎌倉幕府、もっと具体的に言えば執権である北条家ではダメだとみんな思っているのですが、じゃあ後醍醐天皇に任せていいのかというと、特に武士たちは確信が持てませんでした。

このとき後醍醐天皇に味方したのは、後鳥羽上皇のときと同じく、鎌倉幕府に不満を持つ一部の御家人たちでした。彼らを焚きつけて、まず京都にある幕府の支部「六波羅探題《ろくはらたんだい》」を討つ計画を立てます。これは言わばパフォーマンスです。当時はマスコミなどないので、味方を募るためには何か事を起こして、「俺たちは六波羅を倒したぞ、幕府に不満を持っている者は俺たちのもとに集まれ、ともに幕府を倒そう」と呼びかけることで、仲間を増やしていくことが必要だったのです。

しかし、六波羅を討つ前に、後醍醐勢は幕府に鎮圧されてしまいます。幕府がこれほど早く対応できたのは、後醍醐サイドの人間が密告したからでした。

では、ここで教科書ではわからなかった最初の疑問、「なぜ後醍醐天皇は、正中の変以降も天皇であり続けることができたのか」ということを説明しましょう。

ごく簡単に言えば、後醍醐天皇が「私は何も知らなかった。あれはすべて部下たちが勝手にやったことだ」と、部下に責任をなすりつけて、自分は知らぬ存ぜぬを押し通したからでした。

そして幕府も、黒幕が後醍醐天皇であることはわかっていたはずなのに、事を荒立てたくなかったのでしょう、関係者を処罰することで収めてしまったのです。幕府は、これがいい薬になって、後醍醐天皇も倒幕などバカなことはもう考えないだろう、と思っていたようです。

しかし、後醍醐天皇はそんなヤワな人間ではありませんでした。

後醍醐天皇は、何度も言っているように武士に対して人一倍の差別意識を持っていました。だからこそ、武士が支配している世の中を覆《くつがえ》すことに必死になっていたわけです。**この差別意識の根底にあるのは、間違いなく「ケガレ」を忌《い》み嫌う思想です。**ですから彼が潔癖な人間であれば、自らは御簾《みす》の陰にいて部下を動かすに止《とど》まったと思います。いくら目的のためとはいえ、武士に積極的に接近することはなかったでしょう。

でも、後醍醐天皇は、目的のためには手段を厭《いと》わない「したたかなやり手」でした。敵である幕府を倒すためであれば、ケガレた武士にも積極的に接近し、味方に取り込むということを行っています。

幕府の構成要員である御家人を使って失敗した後醍醐天皇は、次は幕府に属さない反幕府勢力を味方にしていきます。

まず目をつけたのが比叡山《ひえいざん》です。今でこそ寺院は武力とは無縁の存在ですが、それは織田信長が思いきった焼き討ちをして武装解除に成功したからであって、当時は巨大な寺院というのは、その権益を守るために強大な武力を有していました。後醍醐天皇は息子の護《もり》良《よし》親王を天台座主《ざす》（天台宗の最高位）に就けることで、比叡山の僧兵を味方につけることに成功します。

そうして起こしたのが二度目の挙兵「元弘《げんこう》の変」です。目の付け所はよかったと思うのですが、結果から言うとこれも失敗します。敗因はまたもや密告でした。

後醍醐天皇は今度も側近に罪をなすりつけて逃げようとしますが、さすがの幕府も今度は許さず、後醍醐天皇は隠岐島に流され、幕府は新たに持明院統から光厳《こうごん》天皇を立てます。

普通なら、主犯が島流しに遭ってしまったのですから、野望もここで潰《つい》えそうなものなのですが、これも後醍醐天皇の強運なところで、まさに「救世主」と言って過言ではない人物が登場するのです。

その救世主こそ、楠木正成《くすのきまさしげ》です。

楠木正成の軍略は天才的で、動員した兵の数は決して多くはなかったのですが、数の上では一〇倍以上の幕府軍を翻弄し、決して負けることがありませんでした。

実際に鎌倉幕府を倒したのは、この後登場する足利・新田といった有力武士なのですが、彼らをその気にさせ、後醍醐に味方する決心をさせたのは、間違いなく楠木正成の活躍だったのです。

◇武士を裏切った楠木正成は、大忠臣か悪人か

楠木正成は謎に満ちた人物です。

先祖も家系も、身分も定かではありません。わかっているのは河内《かわち》（今の大阪府の南部）の出身だということだけで、どこを本拠地としていたのかすらわかっていません。

本項の冒頭で、歴史上の人物の評価は、時代の価値観によって大きく変化するという話をしましたが、楠木正成はまさにその典型とも言える人物です。

明治から戦前まで、大日本帝国最大の忠臣は誰かと言えば、ほとんどの人が「大楠公《だいなんこう》（楠木正成の尊称）」と答えました。なぜなら、当時の歴史教育で彼こそ日本一の大忠臣だ

楠木正成（楠妣庵観音寺蔵）

と徹底的に叩き込まれたからです。

その理由は言うまでもないかも知れませんが、不遇の後醍醐天皇に忠誠を尽くし、倒幕・天皇親政を成し遂げた最大の功労者だからです。

しかし、室町時代から江戸時代初期にかけての彼の評価は「武士のくせに武士を裏切った悪人」というものでした。あるときは日本一の大忠臣、またあるときは武士の風上にも置けない裏切り者の大悪党、いったい本当の楠木正成とはどのような人物だったのでしょう。

残念ながら、彼の実像を語っているとの確証を持てる資料はほとんどありません。確かなのは河内出身の豪族で身分は大して高くないということぐらいです。

そうした謎の多い中でも、特に私が注目したいのは、そんな身分も低く、身元もはっきりしない楠木正成と、後醍醐天皇がどこで出会い、何をもってあそこまで強く結びついたのか、ということです。

Point

室町時代、楠木正成の評価は「悪人」だった！

楠木正成が御家人ではなかったことは明らかです。教科書でも楠木正成が「悪党」と呼ばれる反幕勢力を集結させて蜂起したと記されていますが、どうも楠木正成という人は幕府に属さない「悪党」と呼ばれる武装集団の親分だったと考えられています。

ここで言う「悪党」とは、いわゆる極悪人という意味ではありません。自分たちの支配から外れたところで、武装して勝手なことをしている連中、という意味で、幕府が用いた言葉です。つまり、彼らは武装集団であるという意味では武士なのですが、土地を持ち、幕府に属する御家人とは明らかに異なる階層の人々でした。

土地を持たない彼らの本業は農業ではありません。では、彼らは何をして生活していたのでしょう。答えは運送業です。

鎌倉時代は、金貸しが存在していたことからもわかるように、商業活動が発達した時代でもありました。商業活動の基本は、必要としている人のいる所に物資を持って行って売るということです。たとえば、生産地に食べきれないほどの米があり、都では米を必要としている人がたくさんいても、誰かが運んでくれなければ都の人の口に米は入りません。しかし、警察も軍隊もない当時は治安が悪く、貴重な物資を運ぶことには大きな危険が伴いました。

そこで登場したのが、武装した運送業者なのです。

商業が活発化すれば、絶対に必要になる職種ですが、幕府は農業政権なので、商業に関してはまったくタッチしていません。幕府が公的な商取引をやるようになるのは、室町時代になってからのことです。鎌倉時代の武士たちは、基本的には農民であって、農場主として生産活動は行っているけれど、それを売るということはしていませんでした。

農業政権である幕府が管理・把握しているのは、基本的に農場主である御家人だけです。ですから、農場主ではない楠木正成のような人物は、幕府の戸籍にも載っていません。

楠木正成自身は、「自分は楠木荘《しょう》という田んぼを本拠としているので楠木という」と言っていますし、実際に本拠地らしき場所もあったようなのですが、正式な地頭ではなく、そういう意味では彼らは正統な武士ではなかったのです。

この武装集団ではあるけれど正式な武士ではない「悪党」に後醍醐天皇は目をつけたのです。

私は、個人的には後醍醐天皇をあまり褒められた人物ではないと思っているのですが、唯一立派だと思うのは、何があっても決して諦めない彼の意志の強さです。

味方から内通者が出て挙兵に失敗しても、隠岐島に流されても、何があっても彼が考え続けたのはただひとつ、「では、どうすれば幕府を倒すことができるのか」ということだけでした。そうして考え続けた結果たどり着いたのが、これまでのような既存の兵力を使うという方法では幕府を倒すことはできない、可能性があるとすれば、幕府と接点を持たない兵力である悪党を使うという方法だったのです。

でも、一口に「悪党を味方にする」と言っても、ここには大きな問題があります。それは、当時は身分の高い人と身分の低い人が交流できる「場」がない、ということです。

楠木正成は無位無冠はもちろん、武士たちからも悪党と蔑《さげす》まれていた人間です。一方、後醍醐天皇は、文字通りの殿上人《てんじょうびと》、雲の上のような存在なのです。

◇後醍醐と楠木正成を結びつけた中国の学問とは？

本来なら、決して出会うことのない二人を結びつけたのは何だったのでしょう。

この時代のことを記した『太平記』という本は、二人の出会いを次のように伝えています。

正中の変を、部下に罪をなすりつけることで逃れた後醍醐天皇ですが、元弘の変ではそれもならず隠岐島へ流されてしまいます。それでも何とか隠岐島を脱出した後醍醐天皇は、大和国笠置山《やまとのくにかさぎやま》へ逃れ、そこで倒幕の志を持つ者を募りました。

しかし、思ったようには人材が集まりません。そんな悩ましい思いを抱えていたある日、後醍醐天皇は夢を見ます。

その夢とは、御所の紫宸殿《ししんでん》の南に大きな木があり、その前に百官が並んでいる。でも、一段高い王座は空席になっています。そこで、「あれは誰の席だろう」と不思議に思っていると、二人の童子が現れて「今、陛下のおわす場所はあそこしかございません」と、涙ながらに訴える、という意味深なものでした。

さっそく後醍醐天皇がこの夢の意味を占ってみると、南に位置する大きな木なので「楠《くすのき》という人物が天皇を助けて都へ戻してくれるというお告げである」ということになり、探してみると河内国金剛山《こんごうさん》のふもとに楠多門兵衛《たもんひょうえ》正成という武士がいることがわかったので、すぐに使者を出して呼び寄せた、というのです。

これは昔から有名な話なのですが、私はこれはやはり後世に作られたフィクションであり、実際にあったことではないと思っています。

では、二人はどこでどのようにして出会ったのでしょう。

私が最も可能性が高いと思っているのは「寺」です。

楠木正成が幼い頃に学問を学んだと伝えられている寺が河内にあります。それは、国宝・如意輪《にょいりん》観音があることで有名な観心寺《かんしんじ》という寺です。

実はこのお寺は、後醍醐天皇の属する大覚寺統が支配する寺で、当時最新流行の学問

「朱子学」の学問所でもあったのです。**私はこの「朱子学」という学問こそが、両者を結びつけるカギだと考えています。**

朱子学というのは、孔子が創始した儒教の一派です。儒教は宗教であると同時に学問でもあります。孔子が最初に説いた頃の儒教は宗教としての色が強かったようですが、彼の「怪力乱神《かいりきらんしん》を語らず」という言葉がカギとなり、時代とともに学問としての色が強くなっていきました。

ちなみに、怪力乱神というのは、超自然現象という意味です。たとえば死んだらどうなるのかとか、神様はどこにいるのかとか、この出来事は何かの祟《たた》りなのではないかといったことは「語らない」、つまり、儒教では論じないということです。でも、科学では解明できないこうした超自然現象を扱うのが宗教ならではの一面なので、それをしないと公言したことによって、儒教は学問としての意味合いがつよくなっていったというわけです。

◇「我こそ天子である」と心から信じていた天皇

では、儒教には宗教的な要素がまったくないのかというと、そんなこともありません。孔子は「天」というものの存在を強く信じていました。「天」とは人間を超越した大きな権威です。孔子は神という言葉は使いませんでしたが、天を神と言っても差し支えないと思います。

「天」は文字通り天に存在し、われわれ人間の行動を常に監督していると言います。この思想をもとに中国で発展したのが「易姓革命《えきせい》」という思想です。

人間の世界は、「皇帝」という天に選ばれた人間によって治められるのが正しい姿です。では、天は何をもって皇帝を選ぶのかというと、「徳」です。天はこの有徳の人間に、「この世の中を治めて人民を幸せにしなさい」と命じるのですが、これを「天命」と言い、天命を受けた人間を「天子」と言うというのが儒教の考え方です。

有徳の天子は、世の中がきちんと治まっている限り、自分の子にこの天命を世襲させることができます。しかし、もし天子から徳が失われれば天命は他の有徳の人に移り、世の中は乱れます。こうなると、最優先されるのは天命なので、新たに天命を受けた有徳の士が、今の皇帝を滅ぼして新たな天子として皇帝になることが正しいことだとなります。

これを「易姓革命」と言います。「天の命が革《あらた》まり、それに伴って皇帝の姓が易《か》わる」という意味です。

こうした思想を持つ朱子学が日本に入ってきたのが鎌倉時代です。

後醍醐天皇は、この大陸から伝来した最新の思想に傾倒しました。

ただし、ここでひとつ注意しなければならないのは、中国の皇帝と日本の天皇の根本的な違いです。中国の皇帝は天命がすべてなので、天命が革まれば滅ぼしても殺してもい い、新たに天命を受けた人が、新たな皇帝になれるのですが、日本の天皇はそうはいきま せん。なぜなら天皇は、皇室の祖神・天照大神《あまてらすおおみかみ》の血統を受け継いでいるということが絶対条件だからです。

そう考えるともともと無理があるのですが、朱子学に傾倒してしまった後醍醐天皇は、自分は天皇家の血を受け継いでいるということで、すでに「天命を受けている」ということにしてしまったのです。

なんとも自分勝手な都合のいい解釈です。本当なら、「天命」と「血統」という矛盾に悩み、自分は天命を受けた人間だと思っていいのか、自分は本当に有徳の士と言えるのか、と自問自答しなければならないと思うのですが、そこはプライドが高く、自信家の後醍醐天皇です。一片の疑問も感じず、「我こそ天子である」と心から信じました。

後醍醐天皇は、常に自分がいちばん正しく、立派な人間だと思っていました。だからこそ、仲間に内通者が出ても、挙兵に失敗しても、自信も志も揺るがないのです。

子供をたくさんつくったのも、自分が素晴らしい人間だと思っていたからでしょう。日本で最も優れた人間なのですから、当然子供もいっぱいつくるべきなのです。

天皇の位も、他の天皇はともかく、天命を受けた自分がわずか十年で交代するなど、むしろ天に対する冒瀆《ぼうとく》だとすら思っていたかも知れません。

　さらに、日本的な価値観から言っても、自分はケガレなき至高の存在です。すぐに刀を振り回して、人を殺し、その血でケガレた武士とはくらべものにならない尊い存在なのです。それなのに現実世界では、そのケガレた武士たちが政権を握っている。こんな状態を天が許すはずがない。天が求めているのだから、天命を受けた私が幕府を倒さなければならない。

　これが後醍醐天皇の思いだったのです。

　なんて身勝手なと思うかも知れませんが、やはりこの時期に観心寺で朱子学を学んだと思われる楠木正成は、後醍醐天皇に忠誠を誓い、命を懸けて彼の野望の達成を助けました。おそらく実際に二人の間を取り持ったのは、観心寺に縁を持つ僧侶だったのだと思います。

　朱子学という共通の思想のもと、二人は天子が治める理想の世を夢見ました。そして、おそらくこのとき楠木正成の眼には、後醍醐天皇が本当の「天子」に見えていたのでしょう。

　では、後醍醐天皇の眼に楠木正成はどう映っていたのでしょう。これは私の想像でしかありませんが、後醍醐天皇は正成を仲間というよりは、天が自分に遣わした道具のひとつぐらいにしか思っていなかったのではないでしょうか。どんなに必要不可欠な存在だったとしても、後醍醐天皇が楠木正成の手を取ったのは、幕府という巨大な毒を制すために、使える毒が必要だったからです。

「毒を以て毒を制す」。武士の政権を倒し、天皇親政を取り戻すという崇高な目的のためなら手段を選ばないということを、徹底して行った後醍醐天皇。彼が英雄なのか、悪人なのか、簡単に結論付けることはできませんが、「自らの信念に忠実に生きた人」であったことだけは間違いないと思います。

第九章のまとめ

・後醍醐天皇が倒幕を企てたときには、鎌倉幕府はすでに経済的な面からいっても、それを支える御家人との信頼関係という面から見てもボロボロの状態だったのです。

・倒幕を目指した本当の理由は、「天皇を辞めたくない」ということだったと私は思っています。

・私は「朱子学」という学問こそが、後醍醐天皇と楠木正成を結びつけるカギだと考えています。楠木正成は、後醍醐天皇に忠誠を誓い、命を懸けて彼の野望の達成を助けました。

第十章

足利尊氏

――「英雄」でも「悪人」でもなかった「善人」の武士

足利尊氏の木像（等持院蔵）

◇尊氏らを裏切らせた楠木正成《くすのきまさしげ》の戦略

後醍醐《ごだいご》天皇が鎌倉幕府を倒すという野望を実現させることができたのは、彼を助けた三人の人物のお陰だと言っても過言ではありません。その三人とは、一人目が前項で述べた楠木正成《くすのきまさしげ》。二人目が幕府の本拠地である鎌倉を攻め落とした新田義貞《にったよしさだ》。そして三人目が「建武《けんむ》の新政」ののちに室町幕府を開く足利尊氏です。

楠木正成は武士とは言っても幕府に属さない「悪党《あくとう》」です。それに対して、新田義貞と足利尊氏は、れっきとした御家人《ごけにん》です。しかも、由緒正しき源氏の末裔で、鎌倉幕府の中でも執権《しっけん》・北条氏にも一目置かれる家柄でした。

そんな彼らがなぜ後醍醐天皇の倒幕側についたのでしょう。

彼らが幕府側から後醍醐側に移っていったのは、後醍醐天皇の討幕運動が最終局面にさしかかってからでした。

西国の高い経済力と、寺社や悪党の勢力の成長を背景に、両統迭立に不満を持つ後醍醐天皇が、天皇中心の政治の復活をめざして討幕計画をおこしたのが二つの事件である。

計画は2度とも失敗におわったが、これをきっかけに畿内周辺の寺社勢力や悪党勢力、さらに北条氏に反発する御家人もたちあがった。後醍醐天皇の皇子護良《もりよし》親王や河内の武士楠木正成らのしつような抵抗がつづくなか、幕府は反乱を鎮圧するために足利高氏らを派遣したが、その高氏は途中から御家人をひきいて幕府にそむき、六波羅探題を攻めおとした。

関東の有力御家人新田義貞も周辺の御家人をひきつれて鎌倉に攻めいり、高時以下の北条氏一族をほろぼし、こうして1333（元弘3）年、鎌倉幕府は滅亡した。

（『もういちど読む山川日本史』山川出版社　102〜103ページ）

つまり、足利尊氏（当時は高氏）は、後醍醐軍の鎮圧に幕府から派遣された「幕軍」の司令官だったのに、土壇場で後醍醐側に寝返り、倒幕軍に加わったのです。

尊氏が倒幕軍に加わった背景に、楠木正成の奮戦があったことは事実です。

後醍醐天皇に味方するとして挙兵した楠木正成。当時彼の軍勢がどれほどの人数だったのかというと、正確な数字はわからないのですが、多く見積もっても一五〇〇人程度だと考えられます。

これに対して幕府軍は、当時の記録によれば「八〇万人」とあります。さすがに八〇万というのは、当時の石高《こくだか》や人口を考えるとあり得ない数字です。鎌倉幕府が全国の御家人に動員をかけたとしても、おそらく実際に動員できたのは一〇万人ほどだったでしょう。

それでも一五〇〇人対一〇万人、単純計算で楠木正成は六六倍の大軍と戦ったことになるのです。普通なら勝てるはずがありません。

ところが、ここが楠木正成が軍略の天才と言われるゆえんだと思うのですが、**彼はこの「勝てるはずがない」ということを逆手にとって、後醍醐勢を勝利に導いてしまうのです。**

正成が目指したのは、勝つことではなく「負けないこと」でした。

考えてみてください、楠木軍から見て「勝てるはずがない」ということは、幕軍から見れば「勝って当たり前」の戦いだということです。万が一にも負けるなどということはあり得ないし、引き分けでも許されません。どうしても勝たなければならない戦いだということです。

たとえるなら、現役の大リーガーのチームが、日本の中学生のチームと野球の試合をするようなものなのです。勝って当たり前、もし引き分けたらどうなるでしょう。中学生たちが褒められるというより、「それでも大リーガーか！」と罵倒されるはずです。この場合も同じことなのです。鎌倉幕府は軍事政権です。ということは、そこへ動員される兵士というのは、武士の中でも日本で最も強いプロの軍人のはずなのです。**それが大差をもっ**

て攻めてきたのに勝てなければ、世間は間違いなく「鎌倉幕府なんて偉そうなことを言っているが、実際にはたいしたことないな」と思うようになります。権威の完全なる失墜です。

楠木正成は、それを目指したのです。

◇正成の二度の奇跡が鎌倉武士を分裂させた

当時はマスコミなどない時代です。仮にマスコミがあったとしても、「幕府なんて言っても、もう百五十年近く過ぎてガタガタ、兵士も弱くなってしまっている」と、いくら口で言っても世間は信用しません。でも、実際に幕府の威信をかけた大軍が、たかだか一五〇〇人の、しかも正式な武士でもない悪党どもの集まりに勝てなかったらどうでしょう。軍略に長《た》けた楠木正成は、だからこそ赤坂《あかさか》城や千早《ちはや》城という山の上の城に「籠もった」のです。

楠木正成の籠もった山城《やまじろ》は、われわれが通常イメージするような戦国の城のような立派なものではなく、砦《とりで》のようなものだったようです。それでも、鎌倉武十の最大の能力を封じることはできました。

鎌倉武士の最大の能力とは、「馬」です。

鎌倉武士というのはもともとが騎兵集団なのです。確かに平地での戦いでは騎兵は歩兵の何倍もの威力を発揮します。でも、その自慢の騎兵も戦場が山城では使えません。仕方がないので、幕府軍は馬を降りて山を徒歩で登って行きます。

『太平記』によれば、そうして登ってきた幕府軍に対して、楠木正成は山の上の城から石やお湯、時には糞尿までもかけたと言います。『太平記』は話を面白くするために脚色されている部分が多いので、本当に糞尿まで用いたかどうかはわかりませんが、石やお湯を上からかけるというのは、敵に最小限の労力で最大のダメージを与えることができる優れた攻撃です。坂道で上を登っている者が攻撃され転げ落ちれば、下の人間を何人も巻き込みながら落ちていくことになるので、一人への攻撃で何倍もの兵にダメージを与えられるからです。

こうした攻防が数カ月も続いたと『太平記』は書いています。まあこれも『太平記』特有の誇張で、実際には数日間の攻防だったと思いますが、それでも何十倍もの大軍を相手に数日間も持ちこたえ、最後に楠木正成の軍は夜陰に紛れて逃げてしまったのです。

つまり、負けなかったのです。

この宣伝効果は絶大でした。それまで幕府に不満を持ちつつも、戦いの行く末を眺めていた幕府に属さない武士たちから幕府に対する畏《おそ》れが薄れていきました。

すると赤坂城から逃げた正成が、もう一度、今度は千早城に籠もって同じことをやって見せたのです。

いくら夜陰に紛れると言っても、そうそう同じことができるだろうか、これも誇大表現なんじゃないのか、と疑問に思うかも知れませんが、私はこれは事実だったと思います。なぜなら、正成は、この作戦を成功させるために兵士たちに城の周りをランニングさせ、脚と体を鍛えさせていたことがわかっているからです。文献ではこのランニングを「尽度《じんど》巡り」と記しています。

もちろん幕府側の武士たちも普段から体を鍛えていました。でも、それは乗馬や組み討ち、弓を射るなどといったもので、騎兵を基本としていた彼らは走って足腰を鍛えるということはしていませんでした。普段は馬に乗っているので重たい鎧を着けていても苦にならなかったのが、ただでさえなれない徒歩での山城攻めで疲れ切っていたはずです。もし、夜に楠木軍が走って逃げるのに気づいたとしても、幕府の兵たちに足腰を鍛えていた楠木軍を追いかける体力は残っていなかったことでしょう。

こうして勝って当たり前の戦いで、幕府軍は二度も勝利を逃してしまったことで幕府の権威は完全に失墜し、全国の、楠木正成と同じような幕府に属さない武士たちが続々と後醍醐軍に加わることになったのです。

幕府にしてみれば、それだけでも大誤算なのに、さらに思いがけないことが起こります。それが、鎌倉幕府軍の有力メンバーであった新田義貞と足利高氏（尊氏）の寝返りでした。

正確な日付で言うと、楠木正成が赤坂城で戦ったのが一三三一年九月（以下日付は旧暦）、千早城での戦いが一三三三年二月、幕府軍の劣勢に北条氏の命を受けて高氏が後醍醐勢を討つために丹波国《たんばのくに》（現・京都府北部）に入ったのが一三三三年四月二十九日、それが、五月七日には京都の六波羅探題《ろくはらたんだい》を襲って陥落させているのです。さらに言えば、新田義貞が幕府の本拠地である鎌倉に攻め上るべく挙兵したのが、高氏が六波羅探題を陥落させた翌日の五月八日です。

鎌倉幕府は、楠木正成が千早城で奮戦したわずか三カ月後に、身内によって滅ぼされてしまった、ということです。

◇鉄壁の守りであった鎌倉は、なぜ陥落したのか

今、関東の中心地と言えば誰もが「東京」と答えます。名前は「江戸」と違えど、江戸時代でもこれは同じです。でも、それ以前は違いました。なぜなら、関東平野は地図で見ただけだと広くて人が住むには最適な土地に思えるのですが、実際に行ってみると邪魔な

山がぼこぼこ点在している上、多くの人が暮らすために必要不可欠な大河がなかったからです。利根川《とねがわ》が一応あるにはあるのですが、これは有名な暴れ川で氾濫を繰り返していたため、人が住むには適さなかったのです。

では、江戸時代以前の関東の中心はどこだったのかというと、鎌倉なのです。

鎌倉は、地理的には決して開けた土地ではありません。三方を山に囲まれ、残る一方は海に面しているため平地はごくわずかしかありません。そんな鎌倉の地理的特徴を象徴するものに「やぐら（窟／岩倉）」というものがあります。

普通は、「やぐら」と言うとお城の天守閣を除いた物見の部分「櫓」を意味するのですが、鎌倉ではそれとは別に崖を掘って作った横穴式のお墓を「やぐら」と言いました。これは鎌倉特有のものです。平地がほとんどなく、墓所に土地が割《さ》けないので、こうした「やぐら」を作って葬ったのでしょう。

そんな平地の少ない鎌倉を、なぜ頼朝は首府に選んだのでしょう。答えは、守りやすいからです。三方を山に囲まれた鎌倉は、府内に入る道は少ないだけでなく、「切通《きりとお》し」と呼ばれる山の谷間に通された細い道ばかりでした。不便だと思うかも知れませんが、防衛ということを考えるなら、これ以上守りやすい場所はありません。

当時はまた大きな船もないので、海から水軍が大挙して攻めてくるという心配もありませんでした。そんな守りやすい土地だったからこそ、頼朝は鎌倉の地に首府を置いたのです。

そんな天下の要害なら、新田義貞は鎌倉攻めにさぞ苦労したことだろうと思われるのですが、実際には、新田義貞の挙兵からわずか二週間で鎌倉は落ちています。

では、どのようにして義貞は短期間で鎌倉を落としたのでしょう。

実はこれは、少し前までほとんどの日本人が知っていました。なぜなら、「鎌倉」という文部省唱歌（作詞：芳賀矢一《はがやいち》）に歌われていたからです。

『鎌倉』
七里ヶ浜《しちりがはま》のいそ伝い　稲村ヶ崎《いなむらがさき》名将の
剣《つるぎ》投ぜし古戦場
極楽寺坂《ごくらくじざか》越え行けば
長谷《はせ》観音の堂近く　露座《ろざ》の大仏おわします

この歌の冒頭の歌詞は、新田義貞が鎌倉攻めを行った際に、海に剣を投げ入れて神に「潮が引くように」と祈ったところ、見事に潮が引いて、七里ヶ浜の磯を歩いて渡ること

●「鎌倉幕府の滅亡」の関係図

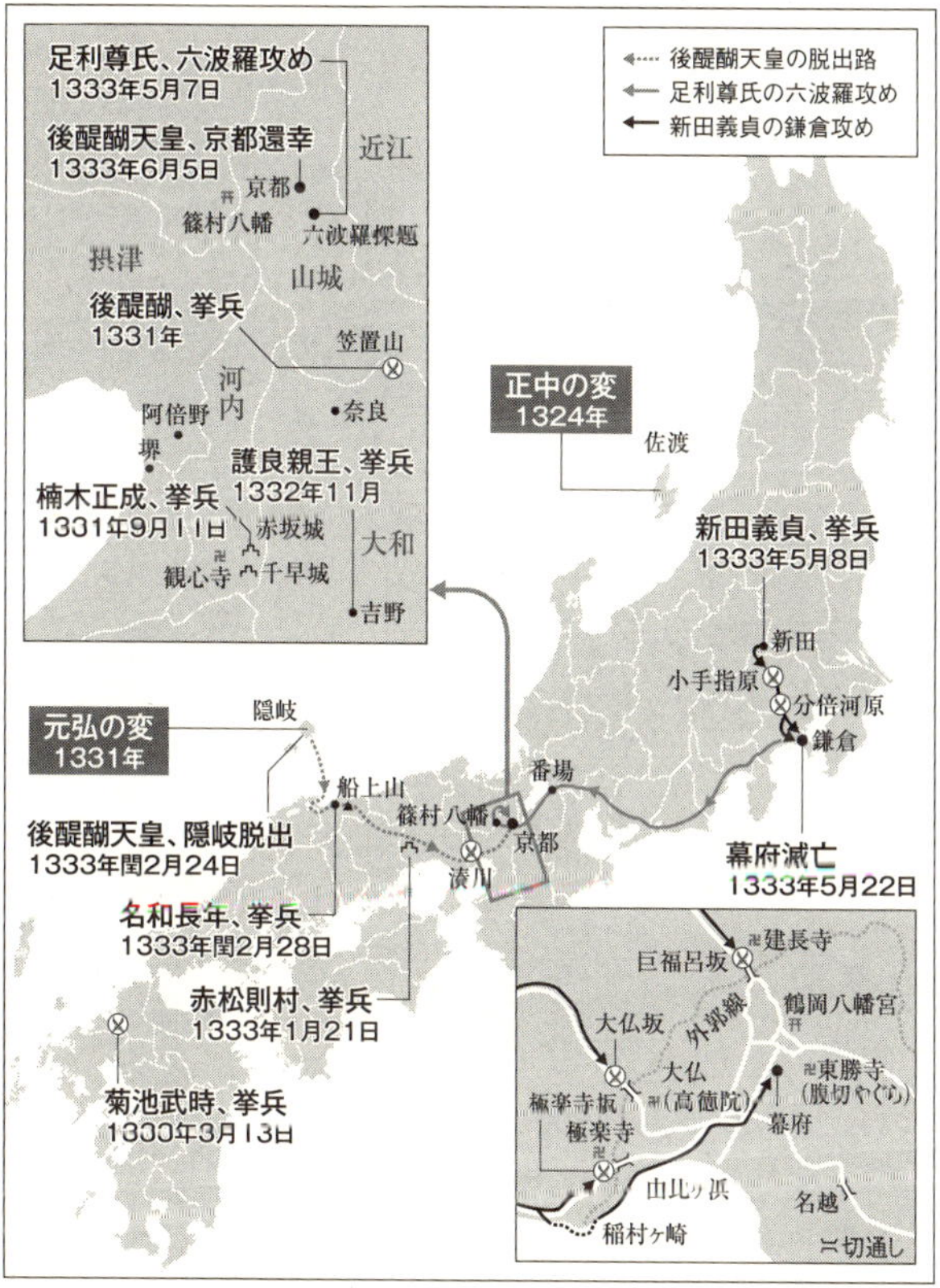
後醍醐天皇の脱出路
足利尊氏の六波羅攻め
新田義貞の鎌倉攻め
足利尊氏、六波羅攻め
1333年5月7日
後醍醐天皇、京都還幸
1333年6月5日
近江
京都
篠村八幡
六波羅探題
摂津
山城
後醍醐、挙兵
1331年
笠置山
河内
阿倍野
奈良
堺
護良親王、挙兵
1332年11月
楠木正成、挙兵
1331年9月11日
赤坂城
大和
観心寺
千早城
吉野
正中の変
1324年
佐渡
新田義貞、挙兵
1333年5月8日
新田
小手指原
分倍河原
鎌倉
元弘の変
1331年
隠岐
船上山
番場
篠村八幡
京都
湊川
後醍醐天皇、隠岐脱出
1333年閏2月24日
幕府滅亡
1333年5月22日
名和長年、挙兵
1333年閏2月28日
赤松則村、挙兵
1333年1月21日
菊池武時、挙兵
1333年3月13日
建長寺
巨福呂坂
鶴岡八幡宮
外郭線
大仏坂
大仏
(高徳院)
東勝寺
(腹切やぐら)
極楽寺坂
極楽寺
幕府
由比ヶ浜
名越
稲村ヶ崎
切通し

ができたので、鎌倉を陥落させることができた、という故事にちなんだものです。

どうも、新田義貞が鎌倉を攻めた日というのは大潮だったらしく、潮がいつもより引いたので、普段は歩いて移動できない海岸沿いを通って、鎌倉に入ることができたのです。

幕府はまさか海から敵が攻めてくるとは思っていなかったので、やられてしまった、というわけです。

先ほど、義貞の挙兵から二週間で鎌倉が落ちたと言いましたが、義貞も当初は巨福呂坂《こぶくろざか》切通し、大仏坂切通し、極楽寺坂《ごくらくじざか》切通しという三本の道から鎌倉へ攻めいったのですが、これは幕府軍の想定範囲の攻撃だったので、抗戦激しく攻めあぐねていたのです。そこで、神に祈りを捧げ、由比ヶ浜《ゆいがはま》からの攻撃を行うことにするのですが、この海沿いの進軍が行われたのが五月十八日、執権・北条高時《ほうじょうたかとき》が自害したのが五月二十二日ですから、実質的には鎌倉に入ってからはわずか四日間で鎌倉は落ちているのです。

◇後醍醐の深慮遠謀が尊氏と義貞を引き裂く

楠木正成の天才的な奮戦、そして足利尊氏による六波羅探題陥落、これらも素晴らしい功績なのですが、やはり一番手柄は敵の本拠地である鎌倉を攻め落とし、敵将・北条高時を自刃に追い込んだ新田義貞だと言えるでしょう。

ところが、後醍醐天皇は論功行賞で、新田義貞ではなく足利尊氏を優遇します。武功第一として後醍醐天皇の名「尊治《たかはる》」から一字を与えて、高氏を「尊氏」と改めたのもこのときです。

なぜ後醍醐天皇が尊氏を優遇したのか、くわしい事情はわかっていません。研究者の中には、足利氏の方が新田氏より家格が上だったからだと考える人もいます。足利も新田もともに清和《せいわ》源氏の流れを汲む名家なのですが、当時、足利の方が格上とされていたのは事実のようです。

３４０ページの系図を見ていただきたいのですが、足利も新田も先祖を辿れば清和天皇の直系である八幡太郎義家《はちまんたろうよしいえ》に行き着きます。

源義家の息子たち「義親《よしちか》」と「義国《よしくに》」のうち、直系は義親が継ぎます。鎌倉幕府を開いた頼朝がこの義親の子孫です。

一方、新田と足利は「義国」の二人の子供たち「義重《よししげ》」と「義康《よしやす》」をそれぞれ祖とする家です。新田義貞の先祖が兄の義重、足利尊氏の先祖が弟の義康です。ですから系図だけ見ると、同じ義国のＤＮＡを受け継いでいる新田と足利ですが、新田の方が兄の家なので格上に思われます。しかし、足利尊氏の妻が執権・北条一族の出身なのです。

執権の家から妻を娶《めと》ることができるということは、幕府の中でかなり優遇される立場に

●足利・新田氏の略系図

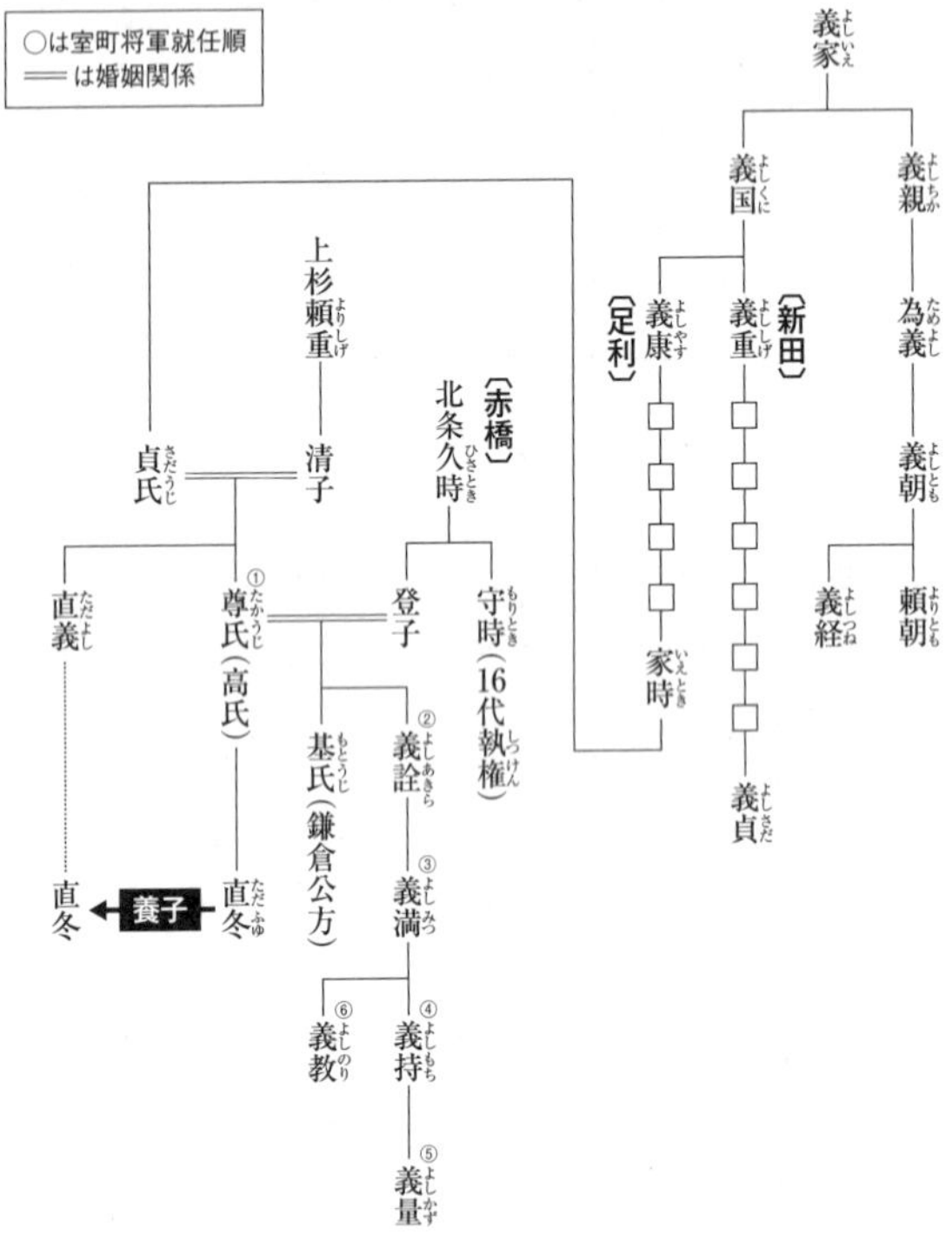
○は室町将軍就任順
══は婚姻関係
義家《よしいえ》
義国《よしくに》
義親《よしちか》
〔足利〕
義康《よしやす》
〔新田〕
義重《よししげ》
為義《ためよし》
義朝《よしとも》
義経《よしつね》
頼朝《よりとも》
家時《いえとき》
義貞《よしさだ》
上杉頼重《よりしげ》
〔赤橋〕
北条久時《ひさとき》
貞氏《さだうじ》
清子
直義《ただよし》
①尊氏《たかうじ》（高氏）
登子
守時《もりとき》（16代執権《しっけん》）
基氏《もとうじ》（鎌倉公方）
②義詮《よしあきら》
直冬
養子
直冬《ただふゆ》
③義満《よしみつ》
⑥義教《よしのり》
④義持《よしもち》
⑤義量《よしかず》

あったということなので、本来の血筋から言えば新田の方が上なのですが、実際には足利の方が力を持っていたと考えられるのです。

尊氏が優遇された理由については他にも諸説があり、たまたま京都という後醍醐天皇の身近な場所で挙兵した尊氏の方が、遠い鎌倉で挙兵した義貞より親しみを感じていたのではないか、という人もいます。確かに、後醍醐天皇という人は、実際の成果ではなく自分にとって身近な人間を優遇する傾向が見られます。

本当のところはどうだったのでしょう。少々嫌《いや》な考え方かも知れませんが、私は、**武士の力をこれ以上大きくしないようにと考えての措置だった可能性もあると思っています。**

後醍醐天皇は、日本という神聖な国家でケガレた武士どもが我がもの顔でのさばっているのが許せない、という気持ちを持っていました。だから彼ら武士の組織の中枢である幕府を倒そうと思ったのです。しかし倒すといっても、自分は武力を持っていないし、自ら剣を振るうなど考えるだけで嫌です。そこで、幕府に不満を持っている武士を集め、「毒を以《もっ》て毒を制す」ことにしたのです。

といっても、この方法は目新しいものではありません。朝廷というのは、平安時代の末期から、常に武士同士を戦わせて自分たちは高みの見物をするということを繰り返してきたのです。

でも、この方法を行うとき気をつけなければいけないのが、常にいくつかの氏族をライバル関係に置き、競わせておくことです。かつての平家のように、ライバルがいなくなってしまうと武力を持たない朝廷の立場が弱くなってしまうからです。

つまり、もしここで新田の鎌倉陥落を一番手柄として優遇してしまうと、武士団の中でも新田の力が強くなりすぎてしまうことを、後醍醐天皇は懸念したのではないでしょうか。だから敢《あ》えて、手柄としては小さい足利尊氏を引き立て、新田義貞を蔑《ないがし》ろにしたとも考えられるのです。

◇「同床異夢《どうしょういむ》」だった後醍醐と尊氏

先ほども述べた通り、新田と足利は、同じ源義家の血を引く源氏の名門です。それでも本家の将軍家が健在だった頃は、ともに本家をもり立てていこうという気持ちもあったと思いますが、その本家は三代で途絶え、今や源氏の英雄・義家の血を引く名家は新田と足利だけです。

尊氏の本拠地は下野国《しもつけのくに》（現・栃木県）足利荘《しょう》、義貞の本拠地は上野国《こうずけのくに》（現・群馬県）新田郡《こおり》と、その領地も近く、両家は今や対抗意識を持つライバル同士だったのです。

そんな彼らは共通の不満を持っていました。それは、なぜ幕府の実権を北条氏が握っているのか、ということです。

北条氏は今でこそ「執権」という立場で権力を振るっていますが、元を正せば源氏の家来に過ぎません。それならば、源氏の本家が絶えた今、源氏の正統である自分が将軍家を継ぐべきではないか。なのに、執権にすぎない北条氏が俺たちの主人面をして威張っている、という不満です。

そして、新田は自分の方が血筋的には「兄」なのだから、将軍職には自分がふさわしいと思い、足利は、古い血筋より、今実力が勝っている自分こそ将軍職にふさわしいと思っていたわけです。

両者ともそうした不満を抱えていたものの、一足飛びに北条氏を倒すこともできないでいたところに、後醍醐天皇が倒幕を掲げて動いたのです。

天皇自らが、「幕府というのは悪である。おまえたちが本当の正義を求めるならば、朕《ちん》に従って幕府を討て」と言ったことが大義名分になり、楠木正成が幕府軍に勝たないまでも負けない戦いをしたことで、足利尊氏も新田義貞も思い切って倒幕へ動くことができたのです。

ここで注目すべきは、同じ倒幕の立役者でも、楠木正成と足利・新田とでは、後醍醐天皇に味方した動機がまったく違っていたということです。

楠木正成は、武士ではありますが、朱子学を信奉し、後醍醐天皇の思いに共感した、言わば「後醍醐信者」です。でも、足利尊氏が後醍醐天皇に味方したのは、北条氏が牛耳《ぎゅうじ》っている今の鎌倉幕府には不満を持っていたからですが、幕府政治そのものに問題があるとは思っていません。ですから、北条氏を倒した後は、自分が将軍になって一から幕府を立て直すことを目指していたのです。でも、幕府政治自体を否定していた後醍醐天皇は、それを決して許しませんでした。

「同床異夢《どうしょういむ》」という言葉があります。同じところで寝ていても見ている夢は違うという意味ですが、まさに後醍醐天皇と尊氏はこの関係だったのです。

尊氏が目指していたのは、北条氏を倒して、武功を立て、かつて頼朝が成し遂げたように、自分を征夷大将軍に任命してもらい、新しい幕府を作ることだったのです。

◇「建武《けんむ》の新政」で世の中は大混乱に陥った

鎌倉幕府滅亡の知らせを聞いた後醍醐天皇は、すぐに京都に戻り、幕府が立てた持明院《じみょういん》統の光厳《こうごん》天皇を廃し、精力的に新しい政治を始めます。でもそれは、武士の力で天下をとったにもかかわらず、武士の影響力を最大限排除した政治でした。

後醍醐天皇が理想としたのは、かつて醍醐天皇が行っていたという天皇親政の再興でした。

前項でも触れましたが、今はあまり評価の高くない醍醐天皇ですが、後醍醐天皇の時代には、天皇親政を行い、世の中も非常によく治まっていた時代として高く評価されていました。だからこそ彼は、「朕が死んだら諡《おくりな》は後醍醐とせよ」と遺言したのです。

天皇は、幕府も院政も摂政・関白も否定して、天皇への権限集中をはかり、すべての土地所有権の確認は天皇の綸旨《りんじ》を必要とするという趣旨の法令を打ち出した。しかし現実には天皇の力だけでは治めきれず、中央には記録所《きろくしょ》や幕府の引付《ひきつけ》を受け継いだ雑訴決断所《ざっそけつだんしょ》などを設置し、諸国には国司と守護を併置した。また東北・関東地方には、それぞれ陸奥将軍府《むつしょうぐんふ》・鎌倉将軍府《かまくらしょうぐんふ》をおいて、皇子を派遣したが、それらの実体はむしろ鎌倉小幕府というにふさわしいほど旧幕府系の武士を重用《ちょうよう》したものであった。

天皇中心の新政策は、それまで武士の社会につくられていた慣習を無視していたため、多くの武士の不満と抵抗を引きおこした。また、にわかづくりの政治機構と内部の複雑な人間的対立は、政務の停滞や社会の混乱を招いて、人びとの信頼を急速に失っていった。

（『詳説日本史　改訂版』山川出版社　115～116ページ）

新田義貞は鎌倉を落とし、足利尊氏は鎌倉幕府の京都支社とも言うべき六波羅探題を落としました。彼らの働きなくしては倒幕は成らなかったのですから、本来ならこれによって武士と朝廷の連立政権ができるはずでした。ところが、後醍醐天皇は武士に一切の権限を与えず、すべてを自分一人に集約しようとします。

でも、後醍醐天皇が思ったようにはいきませんでした。その上手くいかなさをとてもうまく風刺した、当時の「落書」が伝わっています。それは「二条河原落書《にじょうがわらのらくしょ》」と言われるもので、日本落書き史上最高の傑作と言われているものです。

【二条河原落書】

此頃《このごろ》都ニハヤル物。夜討、強盗、謀綸旨《にせりんじ》。召人《めしうど》、早馬《はやうま》、虚騒動《そらそうどう》。生頸《なまくび》、還俗《げんぞく》、自由出家。俄《にわか》大名、迷者《まよいもの》、安堵《あんど》、恩賞《おんしょう》、虚軍《そらいくさ》。本領ハナル、訴訟人。文書入タル細葛《つづら》。追従《ついしょう》、讒人《ざんにん》、禅律僧。下克上《げこくじょう》スル成出者《なりでもの》。器用ノ堪否《かんぷ》沙汰モナク。モル、人ナキ決断所。キツケヌ冠《かんむり》上ノキヌ。持《もち》モナラハヌ笏《しゃく》持テ。内裏《だいり》マジハリ珍シヤ。賢者カホナル伝奏ハ、我モ我モトミユレトモ、巧ナリケル詐《いつはり》ハ、ヲロカナルニヤヲトルラム。

簡単に意訳すると、この落書は次のような意味になります。

「近ごろ都で流行《はや》っているのは、人の寝込みを襲う夜盗に強盗。そして偽ものの『綸旨《りんじ》(天皇の命令書)』をまことしやかに振りかざす者。急な非常招集が度々かかるほど、あちこちでケンカが絶えない。街では生首でさえすっかり見慣れたものになり、僧侶は自分勝手に俗人に戻り、すっかり秩序が失われてしまっている。

正式な認可を受けていない大地主が現れる一方で、路頭に迷う者も増えている。自分の所領を保証してもらうために偽の手柄をでっち上げたり、訴訟を起こしたり。そのためにわざわざ都に出てくる田舎者も多いが、そういう奴らは大切そうに証文を入れた細い葛《つづら》を抱えているのですぐにわかる。偉い人にお追従《ついしょう》を言う口のうまいヤツ、才能のある者、コネを持っている禅宗や律宗の僧侶たち。そんな成り上がりの者たちが役人になり、似合わない衣冠をまとって、手に笏《しゃく》を持って御所に並んでいる姿はなんとも滑稽だ。みんなもっともらしい顔をして天皇に意見をしているが、その内容は嘘ばかり」

天皇がやろうとしていた政治が空回りして、人々が右往左往している様がよくわかります。

いろいろな問題が噴出していることがこの落書からわかるのですが、特に注目していただきたいのが土地問題です。

そもそも、一介の流人に過ぎなかった頼朝がなぜ武士たちを味方につけ、幕府を開くことができたのか思い出してください。そうです、鎌倉幕府ができる以前は、正確に言えば頼朝が日本国惣地頭《そうじとう》になるまでは、武士たちは自分たちで汗水垂らして開拓した土地であっても、正式な土地の所有者になることができなかったからです。**自分たちの土地所有権を認めて欲しい、それが武士の悲願であり、「その悲願を叶えよう」と約束したから頼朝は武士たちの支持を得ることができたのです。**

土地というのは限られたものです。その限られた土地の権利を武士に認めたということは、その陰で所領や権益を召し上げられて冷遇された公家たちがいたということです。**後醍醐天皇は、こうした鎌倉政権下で冷遇された公家たちに多くの恩賞を与えてしまったのです。**

たとえば、「私はかつて後鳥羽《ごとば》上皇に仕えていましたが、承久《じょうきゅう》の乱で上皇側が負けてしまったので土地を取られてしまいました。しかし、それは後鳥羽上皇様がお前のものだと認めてくださった土地です。そのことを明かす証書もここにございます。どうかこの権利を認めてください」と後醍醐天皇に古い証文を持参して泣きつくと、後醍醐天皇は、「そうか、それは不憫《ふびん》な」と言って、今の状態をよく確かめもせずに、その公家のものと認めるという綸旨を出してしまったのです。

こうした勝手なことをするために後醍醐天皇が行ったのが、「これまでの土地の権利関係を一切白紙にして私が決め直す」ということでした。その結果、今現在土地を所有している人はもちろん、かつて土地を所有していた人や、この機会になんとかうまいことを言って土地を手に入れようとする者が、大挙して「古証文」や「偽証文」、「偽綸旨」を持って都に押しかけることになってしまったのです。

◇公家にとって都合のいい政権

こうなると、今でいう悪徳弁護士ではないですが、訴訟を引き受けてやると言って、あくどいことをして、成功報酬を取るという人々も現れますから、もうめちゃくちゃです。

後醍醐天皇はこんなことになるとは思っていなかったのでしょう。勝手なことをした末に困り果てると、「もう手に負えん」ということで、土地問題専用の裁判所をつくり、人を雇って委任してしまいました。これが「雑訴決断所《ざっそけつだんしょ》」です。

この「雑訴」という名前に、後醍醐天皇の思いが見て取れます。つまり、こんな「些末《さまつ》な訴え」は、国家にとってたいして重要なことではないが、おまえらが騒ぐから仕方がないので窓口を作ってやろうということなのです。

しかし公家贔屓《びいき》の後醍醐天皇は、ここでもその「雑訴決断所」の職員に公家を抜擢《ばってき》するということをしてしまいます。結果がどうなるかはもう言わなくてもおわかりでしょう。そうです、公家にとって都合のいい裁判結果ばかりが出ることになるのです。

土地問題というのは、後醍醐天皇にとっては些末な問題かも知れませんが、武士は平安時代から、常に土地のために命をかけてきた人々です。平安時代に虐《しいた》げられていた彼らは、鎌倉幕府を建てることでやっと正式な土地所有者になれました。しかし、それも均分相続を繰り返す中でどんどん失われてきています。幕府に対する不満も、こうした相続問題を解決できないふがいなさと、元寇《げんこう》の後で期待した恩賞がもらえなかったことが原因でした。

武士たちにしてみれば、自分たちが命がけで戦ったからこそ後醍醐天皇は天下を取ることができたのに、なぜ汗のひとつも流していない公家たちが多くの恩賞をもらい、自分たちは冷遇されなければいけないのか、これでは命がけで戦った意味がない、ということになります。

足利尊氏は、今の幕府がおかしいと思って倒幕に加わっただけで、幕府の仕組み自体は間違っているとは思っていません。それに、天皇を倒すつもりもありません。彼が願っていたのは、「天皇は御所にいてください。雑巾がけのような雑務はわれわれがやりますから、そのために武士の代表である足利尊氏を征夷大将軍に任命してください」ということなのです。

後醍醐天皇は武士をケガレているとして嫌い、そんな「ケガレた武士たちが日本を治めるのは許せん」と言うのですが、どうせ軍事や警察といったものは、朝廷の人間はやりたがらないし、誰かがやらなければならないことなのですから、武士たちに委任すればよかったのです。

土地問題にしても、後醍醐天皇にとっては「雑訴」と言うぐらいなのですから、尊氏に任せていれば後醍醐政権はもっと長続きしたのではないかと思います。

でも、後醍醐天皇は、そんなことをしたら「昔に戻ってしまうではないか」と言って、

Point

「建武の新政」は民衆にとって最悪の政治だった！

すべてを自分でやることに固執しました。

◇後醍醐天皇の失敗は「信賞必罰」を行わなかったことだ

政治において最も大切なことは何でしょう。今であれば、民主主義の尊重とか言論の自由とか、経済問題への対処などいろいろなものが挙げられますが、その中でも昔から重視されているのが「信賞必罰《しんしょうひつばつ》」ということです。信賞必罰とは、功績のある者はきちんと表彰し、褒美を与え、悪いことをした者にはきちんと罰を与えるということです。**この信賞必罰を誰が見ても妥当な判断だと思えるように行うことが、国家に対する信頼に直結するからです。**

ところが、後醍醐天皇は武士に対して偏見を持っていたので、明らかに公家を優遇した不公平な賞罰がなされていました。

でも、後醍醐天皇自身が、自分の差別意識を自覚していたかというと、実は疑問です。おそらく本人は自分のしていることが偏見に基づく差別だとは思っていなかったのだと思います。

ですから、もしも後醍醐天皇に「あなたは、武士に偏見を持っていますね」と言ったら、たぶん「なにバカなことを言ってるんだ。偏見を持っていたとしたら、そんな相手に

楠木正成を祀る湊川神社（兵庫県神戸市中央区）。1868年、明治天皇が勅令を出し、1872年に創建されたのが、現在の湊川神社である。

自分の名前から一字を与えるわけがないじゃないか」と答えたのではないかと思います。

後醍醐天皇は自分の諱《いみな》である「尊治」から「尊」の一字を与え、「高氏」を「尊氏」に変えさせています。確かにこれは、当時としては異例と言ってもいいほど凄《すご》いことです。天皇がご自身の本名の字を与えたという前例はなく、足利尊氏が最初で、私が知る限りでは最後です。ですから、後醍醐天皇は、尊氏のことを大事に思っているということになるのです。

しかし、それでも尊氏が本当に求めている「征夷大将軍」の称号は決して与えようとはしませんでした。そして、尊氏が欲しがっていた征夷大将軍の職には、自分の息子である護良《もりよし》親王を任命したのです。

護良親王という人は、後醍醐天皇の長男なのですが、どうもあまり後醍醐天皇に好かれていなかったらしく、わずか六歳のときに出家させられています。護良親王は長じて天台座主《ざす》にまでなりますが、父・後醍醐天皇が二度目の旗揚げ（元弘の乱）をすると、還俗《げんぞく》して自ら武器を取って戦います。本当かどうかわかりませんが、『太平記』によれば幼い頃から武勇を好み、叡山《えいざん》にいるときも鍛錬を欠かさない、当時としては珍しい皇子だったようです。

◇尊氏は武士の希望の星となった

後醍醐天皇は「武」をケガレたものだと思っていました。その武の職を息子の護良親王に与えたということは、「護良、おまえはこの程度の職でいいだろう」と思っていたということなのかも知れません。かわいそうな皇子です。

後醍醐天皇と護良親王の親子関係はともかく、本当にすべての権限を自分に集約するために国防を担う征夷大将軍の職に息子を任命したのなら、護良親王のもとできちんと軍団を再編成すべきでした。でも、後醍醐天皇はそれすらもしませんでした。

できないのなら、やりたいし能力もある人間に任せればいいのに、それもしない。これではうまくいくものも行かなくなるのは当然です。

朱子学では覇者が武力で世を治めるのは正しくない、徳を持った王者がこの世を治めるのが正しい状態である、と説きます。後醍醐天皇も楠木正成も、この朱子学の教えを信じ、後醍醐天皇こそ天が任命した王者だと信じて幕府を倒し、建武の新政を断行したわけです。これが正しいのなら、世は治まらなければなりません。

しかし、実際の世の中はうまく治まるどころか、乱れに乱れてしまいました。

おそらく楠木正成も、正しいことをしたはずなのに、なぜこんなにも世の中が乱れているのか、と悩んだことと思います。二条河原落書を目にして、庶民にこのように辛辣《しんらつ》に揶揄《やゆ》されている現状を嘆いたかも知れません。

そうした中で、武士たちが尊氏に期待を寄せるようになり、尊氏の挙兵に繋《つな》がっていくのです。

天皇中心の新政策は、それまで武士の社会につくられていた慣習を無視していたため、多くの武士の不満と抵抗を引きおこした。また、にわかづくりの政治機構と内部の複雑な人間的対立は、政務の停滞や社会の混乱を招いて、人びとの信頼を急速に失っていった。このような形勢をみて、ひそかに幕府の再建をめざしていた足利尊氏は、1335（建武《けんむ》2）年、北条高時の子時行《ときゆき》が反乱をおこして鎌倉を占領した中先代《なかせんだい》の乱を機に、その討伐のため関東に下《くだ》り、新政権に反旗をひるがえした。

（『詳説日本史　改訂版』山川出版社　116ページ）

みんなの不満に後押しされる形で立ち上がった足利尊氏は、後醍醐天皇が出した「土地の問題を一切白紙に戻す」という命令を自らの権限で廃棄すると宣言しました。

これに喜んだのが、土地問題の訴訟に負けて、鎌倉時代以来ずっと保持していた所領を公家に取り上げられてしまった人たちでした。尊氏のもとに行けば、失った土地を取り戻すことができるという話は瞬《また》く間に広がり、公家贔屓《びいき》のやり方に不満を持つ人々が次々と足利尊氏のもとに集まり、彼の勢力は日増しに高まっていきました。

◇二度の大チャンスをみすみす逃した後醍醐

しかし、それでもまだ、武士の勢力は一枚岩とはいきませんでした。

足利尊氏が武士のための政治を行うために動くというのはわからなくもないが、もしも尊氏が征夷大将軍になってしまったら、尊氏が武士の中の第一人者ということになって、自分は尊氏の家来になってしまうではないか、それだけは嫌だ、という人もいたということです。その代表が新田義貞でした。

このときの新田義貞というのは、実に中途半端な立場でした。倒幕の武勲は誰が見ても第一なのに、後醍醐天皇からは評価されず、大した恩賞ももらえなかった。確かに血筋は足利より上かも知れないが、今現在、力がないのでは、今ひとつ頼りがいがありません。楠木正成のように朱子学を信じているわけでもないので、後醍醐天皇を助けたいわけではない。尊氏のように征夷大将軍を目指したいが、人気が伴いません。

楠木正成の姿勢は明確です。朱子学の信者である正成は、武士というものはあくまで添え物でいいという考えです。世の中は天皇が中心となって治めるべきなのだから、自分はそれを黙ってサポートすればいい、という考え方です。

足利尊氏は楠木正成とは対照的です。彼は、武士が天皇の世をサポートするのではなく、天皇には雲の上の人として御所に住んでいただき、実務は自分たち武士が主役となって行うべきだし、その方が絶対にうまくいくと考えていました。

もちろん、自分たちが主役になるといっても、天皇を蔑《ないがし》ろにするわけではありません。天皇は日本国のトップとして推戴《すいたい》するけれど、現実の政治に口出しはするな、ということです。

このとき、後醍醐天皇は自分のやりたいようにやってみてうまくいかなかったのですから、妥協すればよかったのです。

そもそも後醍醐天皇が倒幕を志《こころざ》した最大の理由は、天皇の皇統が持明院統と大覚寺統《だいかくじ》のふたつに分かれてしまい、このままでは自分が天皇を辞めなければいけないし、自分の息子に皇位を継がせることもできないということでした。そんなことはとても我慢できないというエゴイズムから立ち上がったわけです。ならば、天皇は「実際の政治はおまえにすべて任す」と言って、尊氏を征夷大将軍に任命する。その代わり征夷大将軍・足利尊氏は、天皇に対して皇統の、天皇家の内々のことには一切口を出しませんと約束するということにすれば、妥協が成立したはずなのです。

では、なぜ妥協が成立しなかったのでしょう。

おそらく、後醍醐天皇の方が譲らなかったのだと思います。というのも、この後、後醍醐天皇の方が有利な立場で尊氏と講和を結ぶ機会があったのに、後醍醐天皇の方がそれを蹴っているからです。

後醍醐天皇が尊氏に妥協しなかったのは、まずは武士側が一枚岩ではなかったということ。もうひとつは、楠木正成という戦術の天才が天皇方にいたことが大きかったのだと思います。

事実、後醍醐天皇が有利な立場で尊氏と講和を結べるチャンスを作ってくれたのは、楠木正成でした。

実は、後醍醐新政権に反旗を翻《ひるがえ》した当初、尊氏は楠木正成と戦って大敗北を喫し、多くの兵を失い、命からがら九州に逃げているのです。勝利に沸く後醍醐陣営にあって、唯一冷静だった楠木正成は、このとき天皇に「今こそ足利尊氏と講和を結ぶべきです」と進言したのです。

楠木正成は戦術の天才であると同時に戦略の天才ですから、自分が勝っているときの講和がどれほど有利かよくわかっていました。それに、後醍醐天皇と足利尊氏の間に妥協の余地があることもわかっていたのだと思います。

しかし、戦勝におごった後醍醐天皇も、天皇の取り巻きの公家たちも正成の進言に耳を傾けませんでした。

「何をバカなことを言ってるんだ。あいつはもうボロボロで命からがら九州に逃げたじゃないか。なぜこちらから和を結んでやる必要があるんだ」と言って、結局、逃げた尊氏をそのまま放っておくことにしてしまったのです。

でもこれは明らかな失策でした。

確かに尊氏は手勢をほとんど失いましたが、それでも「お前たちの権利をオレが認めさせる」と言った尊氏は、武士たちにとって最後の望みだったのです。

このときの尊氏は、ちょうど身ひとつで伊豆に流された頼朝に似ています。頼朝もすべてを失い、数人の家来しか持たない流人から身を起こし、幕府を開きました。そして、その原動力となったのは、「源氏の血」と「武士の権利を認めさせる」という約束でした。だからこそ武士たちは、一か八かの博打のようなものでしたが、頼朝を旗印にして平家に反旗を翻したのです。尊氏の場合も同じでした。

後醍醐天皇が君臨している限り、武士の権利が認められる望みはありませんでした。それならば、もう一度足利尊氏を押し立てて、後醍醐政権をひっくり返すために戦うしかありません。こうして、身ひとつで九州に流れてきた足利尊氏でしたが、武士たちの支持を得て、一年後には再び大軍を率いて向かってきたのです。

楠木正成は、冉び尊氏と戦うことになったとき、ここでもひとつの策を進言しています。

本音を言えば、「だからあのときに講和を結んでおくべきだったのに」という気持ちだったと思います。でも正成は黙って、ただ尊氏を討つ「必勝の策」を進言します。

それはまさに奇策でした。

まず天皇を京都から比叡山に逃がし、京都を空っぽにしておいて、そこに尊氏の大軍が攻め込んできたら、逃げ口を塞《ふさ》いで兵糧攻めにするというものでした。

京都は盆地のため、入り口が限られています。普通そういう都市で戦う場合、地の利を活かして防衛戦略がとられます。つまり、入り口を死守するのです。でも、正成の策は逆でした。

京都は日本中から物資の集まる日本一の都です。でも、それは見方を変えれば、都市であるが故《ゆえ》に生産地ではないということです。生産地ではない閉鎖空間に敵を閉じ込めてしまえば、敵が大軍であればあるほど、早く兵糧が底をついてしまうので、敵兵は飢えて自滅することになります。これは京都だからこそ可能な奇策でした。

この策は敵が大軍であればあるほど効果が大きくなります。つまり、これは少人数で大軍に勝つためのものでした。ほとんどの武士が敵に回り、もう後醍醐天皇のために戦おうという者は、楠木正成しかいなかったのです。

しかし、「京を動きたくない」ということだったのだと思いますが、せっかくのこの策も却下されてしまいます。

そのため楠木正成は、やむを得ず、西の方から上ってくる足利尊氏の大軍を、神戸の湊《みなと》川《がわ》というところで迎え討つことになるのですが、やはり多勢に無勢、さしもの楠木正成も戦死してしまいます。

◇尊氏の「優しさ」が南北朝の動乱を呼んだ

楠木正成を破った尊氏は、京都を苦もなく制圧し、新たに持明院統の天皇を立て、室町幕府を開きます。

1336（建武3）年、京都を制圧した足利尊氏は、持明院統の光明《こうみよう》天皇を立て、幕府をひらく目的のもとに当面の政治方針を明らかにした建武式目《しきもく》を発表した。これに対し後醍醐天皇は京都を逃れ、吉野《よしの》の山中にこもって、正統の皇位にあることを主張した。ここに吉野の南朝《なんちょう》（大覚寺統）と京都の北朝《ほくちょう》（持明院統）が対立して、以後約60年にわたる全国的な南北朝の動乱がはじまった。

（『詳説日本史　改訂版』山川出版社　116ページ）

もしも戦前にこのようなことを言ったら殺されてしまうでしょうが、足利尊氏はここで、後醍醐天皇を殺さないまでも、捕らえて島流しにしてしまうべきだったのです。なまじ情けを掛けて、吉野に逃げるのを見逃してしまったから、南北朝という室町幕府がその後何十年も悩まされる禍根を残してしまったのです。

では、なぜ足利尊氏は、後醍醐天皇を島流しにしなかったのでしょう。

答えは、「彼が優しい人だったから」です。

意外に思われるかも知れませんが、実は足利尊氏というのは、もの凄く「優しい、いい人」なのです。これは天皇に対してだけではありません。女性にも、子供にも、弟にも家臣にも、とにかく周囲の人間すべてに優しい人なのです。

「優しい」というと、人間の美徳だと思われがちですが、政治家にとっては優しいというのは美徳ではありません。むしろ優しい人は政治家には不向きなのです。なぜなら、必要なときに非情の決断ができないからです。

そのことを如実に物語っているエピソードがあります。

尊氏には直義《ただよし》という大変に仲の良い、同母の弟がいました。

足利直義は戦争は下手でしたが、政治家としてはとても優秀でした。一方、足利尊氏は、政治はあまり上手くないのですが、軍人としての才能に優れていました。それぞれ違う才能を持った仲の良い兄弟は、ある意味理想的なパートナーでした。

幕府を開いた当初、二人は仲良く協力し合って政治を行っていました。ところが、次第に二人の間に考え方の相違が生まれてきます。こうした場合、当時の常識から言えば、弟を殺してしまうのが普通でした。事実、頼朝は弟の義経を殺しています。

実の弟を殺すなんて酷《ひど》い、と思うかも知れませんが、それは現代人の価値観です。当時は民主主義の時代ではありませんが、政治の権力は一元化していなければダメなのです。民主主義の今でさえ、最終的には政権政党が強権を発動できるようになっています。権力というのは、一元化しないと機能しないからです。

ところが、尊氏は優しい男であるが故に、どうしても弟を殺すことができないのです。政治のためには、もっと言えば日本国をひとつにするためには、弟を殺さなければいけないというときでも、殺せない。後醍醐天皇を島流しにできなかったのも同じです。

政治では、非情な決断がどうしても必要なときがあります。それなのに、尊氏は、可愛い弟だからとか、かつては一緒に頑張ってくれたのだからと情に流され、殺すことができない。

後醍醐天皇に対しても、島流しにしなければならないことはわかっていたと思うのですが、お世話になったし、とか、尊の字ももらってるしな、ということでグズグズしているうちに逃げられてしまったのです。

他にも、こんなエピソードがあります。

あるとき将軍家に祝い事があって、朝から晩まで多くの大名たちが祝いの品を持って挨拶に来ました。祝いの品は座敷を埋め尽くすほど集まったはずなのに、夜になりみんなが帰ってみると、座敷には何も残っていませんでした。

おわかりでしょうか、もらった祝いの品を、来た人たちにみんな振る舞ってしまったということです。

また、これは実際にお寺に残っている尊氏自筆の「願文《がんもん》」に書かれていることなのです

Point

頼朝にあって尊氏にないものは「非情さ」だ！

が、「私はこんな世の中がつくづく嫌になった。弟にすべてを譲りたい」と言っているのです。これが書かれたのは、まだ二人の仲が良かったときですが、すでに将軍になってからですから、単に人がいいだけでなく、無欲な人でもあったようです。

人の上に立つ人間ですから、情け深いのはいいのですが、必要なときに非情な決断ができないというのは政治家としては致命的欠陥と言わざるを得ません。実際、尊氏のこの優しさが、こののち六十年も続く「南北朝」という大きな問題を作り出してしまうのですから。

◇政治家にとって必要なこととは？

皇室が後醍醐天皇系（大覚寺統）の南朝と、光明《こうみよう》天皇系（持明院統）の北朝のふたつに分かれていることによる最大の問題は、本来なら万世一系《ばんせいいつけい》、唯一無二であるべきものに「代わり」が存在してしまうということです。

それは、具体的に言えばこういうことです。

たとえば、ある大名家に兄と弟がいたとしましょう。長じて兄が家を継ぎますが、実は弟は自分の方が優秀だと思っているので、自分が家を継げなかったことが不満でたまらない。そんなときに皇室が南北ふたつ存在したらどうなるでしょう。

兄が従っているのは室町幕府なので北朝の天皇です。すると弟は「南朝につけば、兄の家をひっくり返すことができるかも知れない」と思い、南朝につくことになるのです。南朝側もなぜ自分たちに味方するのかわかっているので、たとえば兄がAという国の領主ならば、弟に「おまえをA国の領主に任命する」ということを言うのです。その結果、ひとつの領地に、南北二人の天皇にそれぞれ任命された二人の領主ができることになるので、国の中にふたつの派ができ、争うことになってしまうのです。

つまり、**天皇が二人いることが原因で、さまざまなものがふたつに分かれ、ともに「自分こそ正統だ」と言って争うことになるのです。そしてこの争いは、皇室がふたつ存在する限り、決して終わらないのです。**

後醍醐天皇は亡くなるときに、息子である後村上《ごむらかみ》天皇に「必ず京を回復せよ」と遺言したと言われています。実は、この言葉がまるで呪いのように室町幕府に災いをもたらします。なぜなら、南朝の歴代天皇が、京都回復を目指し、それが叶わないと少しでも北朝の世を乱してやろうと、果てしないゲリラ戦に出るからです。

このことが原因で、室町幕府は都から動けなくなってしまいます。

基本的に武士の本場というのは東国です。だからこそ鎌倉幕府でも江戸幕府でも、「幕府」は関東に置かれたのです。でも、室町幕府だけは、京の室町に本拠が置かれました。

これは、置きたくて京都に置いたのではありません。南朝がたびたびゲリラ活動を仕掛けるので、身動きが取れなかったのです。**幕府が京にある最大のデメリットは、武士の本場である東国を別の人に任せなければならない、ということです。**

鎌倉時代、京都には幕府の出先機関である「六波羅探題」が置かれました。同じように、室町幕府では鎌倉に「関東公方《かんとうくぼう》」が置かれました。この関東公方は武士の本場を任せるので、まったくの他人ではなく、足利の一族の中から選んで任命していました。ですから関東公方は、単なる一大名ではなく、「大名の総督」として赴任しました。

武士の本拠地である関東で、いざというときには他の大名を抑えなければならないので、関東公方には強力な権限が与えられるとともに、一族の中でも強い者が選ばれました。最初は足利の一族だということで良かったのですが、次第に関東公方は、「俺はもともと将軍家と同格だ」と思うようになり、そのうえ事実上関東を支配しているので、都の幕府に対して、たびたび反乱を起こすようになっていきました。これが原因で室町幕府はどんどん弱体化していくわけですが、この関東公方も、後にお家騒動で分裂し、さらにややこしいことになっていきます。

結局、尊氏が殺すべき人間を殺せなかったがために、室町時代は内乱の絶えない、非常にわかりにくい時代になってしまうのです。南北に分かれた皇統に六十年間も悩まされ続け、また弟・直義を支持する直義派の大名と尊氏を支持する大名の争いが、幕府内を真っぷたつにしてしまったからです。

人のいい尊氏は、こうした複雑な人間関係に悩んだ末、武士の棟梁《とうりょう》とは思えない、実にみっともないことまでしています。それは何かというと、後醍醐天皇に降伏を申し入れて、「自分を何とか助けて欲しい」と言っているのです。優しい尊氏は自分が泣きつけば何とかなると思ったのかも知れませんが、後醍醐天皇はあいにく彼のような「善人」ではありませんでした。

日本の歴史に幕府を開設した英雄が三人います。源頼朝と足利尊氏と徳川家康。最近はよく、歴史上の英雄に経営学を学ぶというセミナーがありますが、この三人の中で足利尊氏に学ぼうというセミナーだけは聞きません。それは、足利尊氏という人は、人としては優しいいし、いい人なのですが、源頼朝や徳川家康に共通している「優しさと非情さをきちんと使い分ける」ということができていないため、政治家としてはどうしても評価が低くなってしまうからなのです。

政治家というものは、特に政治家の中でもトップに立つ人間は、倒すべき敵は倒しておかないと、結局、国家そのものを分裂状態にしてしまうのです。

家康が豊臣秀頼を追い込んで殺したことを非情すぎると言う人もいますが、もしもあそこで秀頼を生かしておいたら、江戸幕府はどうなっていたでしょう。南北朝時代と同じように分裂していた危険性があったのです。徳川家康はそのことがわかっていたから、殺すべきときに殺すべき相手として、きちんと秀頼とその子供たちを皆殺しにしたのです。

時代によって評価の大きく変わる足利尊氏ですが、こうして見ていくと、彼を評するのにもっともふさわしい言葉は、「英雄」でも「悪人」でもなく「善人」、それも政治家としては欠陥と言っていいほどの「善人」だと、私は思います。

第十章のまとめ

・楠木正成の戦略は鎌倉幕府に「勝てるはずがない」ということを逆手にとって、後醍醐勢を勝利に導いてしまうことでした。つまり、幕府の権威を失墜させるのが狙いだったのです。

・尊氏が目指していたのは、北条氏を倒して、武功を立て、かつて頼朝が成し遂げたように、自分を征夷大将軍に任命してもらい、新しい幕府を作ることで、後醍醐天皇とは決して相容《あいい》れないものでした。

・むしろ優しい人は政治家には不向きなのです。なぜなら、必要なときに非情の決断ができないからです。尊氏には決定的に足りないものでした。

第十一章

足利義満

——南北合一の英雄は「中国人」となった！

足利義満（鹿苑寺蔵）

◇六十年にもわたる動乱に終止符を打つ

室町時代は、日本史の中でも最もわかりにくい時代と言っていいでしょう。なぜわかりにくいのかというと、まず皇統が南北ふたつに分裂し、それが原因で幕府も、ひいては日本中がふたつに分裂し、その力関係が時に応じて入れ替わるなど、複雑に変化するからです。

室町時代をそうしてしまった諸悪の根源は、前項で申し上げましたが、足利尊氏という人が、非常に優しい、いい人だったからです。尊氏がいい人であったが故《ゆえ》に、政敵を抹殺するという非情の決断ができず、それが原因となって世の中が大きく乱れていったのです。

> 京都に入った尊氏は、持明院統の光明《こうみょう》天皇を立て、後醍醐天皇を幽閉《ゆうへい》したが、後醍醐天皇は吉野に逃れて、皇位の正統を主張した。以後約60年間、朝廷は京都（北朝）と、吉野（南朝）に分かれ、両朝の対立が続いた（南北朝時代）。
>
> （『新日本史B』桐原書店　141ページ）

優しい尊氏が抹殺できなかったのは後醍醐《ごだいご》天皇だけではありませんでした。弟の直義《ただよし》を殺せなかったことが幕府の勢力を二分することに繋《つな》がり、それぞれが交互に南朝に味方しては乱を起こすということをしたので、世の中は一向に治まらなかったのです。

そのような世の中でストレスが大きかったのでしょう、尊氏の跡を継いで二代将軍となった息子・義詮《よしあきら》は三十八歳で早世します。将軍在任期間はわずか九年でした。この義詮の跡を継ぎ、三代将軍となったのが、金閣寺で有名な足利義満《よしみつ》です。

父が早世したことで、義満はわずか十一歳で将軍となります。

義満は金閣寺を作った人として有名ですが、**将軍としての最大の功績は、何と言っても祖父と父を悩ませ続けた六十年にもわたる南北朝時代に終止符を打ったことでしょう。そういう意味では、彼は「英雄」と言ってもいい人物です。**

しかしそのやり方は、祖父・尊氏なら決してやらないであろう「ずるい」ものでした。尊氏のお人好しなまでの優しい人物像とは対照的に、義満は目的のためなら手段を選ばない、なかなかしたたかな人間だったようです。

では、彼が「南北合一」という目的のためにとった「ずるい方法」とはどのようなものだったのでしょう。

義詮のあとを継いだ義満《よしみつ》は、九州を平定するとともに、1391（明徳《めいとく》2・元中《げんちゅう》8）年には、有力守護の山名氏清《やまなうじきよ》を一族の内紛を利用して倒し（明徳の乱）、幕府の権力を確立した。ついで翌1392年、義満は南朝と交渉し、南朝の後亀山《ごかめやま》天皇が北朝の後小松《ごこまつ》天皇に譲位する形で、南北朝の合体を実現させた。こうして、室町幕府は全国支配を完成し、こののち皇位は、北朝の子孫が継承した。

（『新日本史B』桐原書店　142ページ）

この教科書の記述では、どのような方法で義満が南朝と「交渉」したのかがよくわかりません。ごく普通の交渉では、六十年間も首を縦に振らなかった南朝が北朝への「譲位」を承諾するはずがありません。いったい、義満はどんな方法で南朝を納得させたのでしょう。

◇「三種の神器」が天皇の正統性を証明する

実はこの南北朝の問題には、力では解決できない事情がありました。それは、幕府の不手際と言えば不手際なのですが、**室町幕府の支持する北朝の天皇が、正統な天皇であることを証明する「三種の神器」を持っていないことでした。**三種の神器は、吉野の南朝が持っていたのです。

三種の神器をめぐる歴史はとてもややこしくてわかりにくいものです。また、教科書ではこの問題をほとんど取り上げていないことも、南北朝問題をわかりにくいものにしている要因のひとつだと思います。

なぜ北朝が三種の神器を手にすることができなかったのか、ということを説明するには、少し遡《さかのぼ》って説明しなければなりません。

そもそも嵯峨《さが》天皇のワガママで、両統迭立《りょうとうてつりつ》が行われていたとき、三種の神器は持明院《じみょういん》統と大覚寺《だいかくじ》統の間を皇位とともに行ったり来たりしていました。

しかし、後醍醐が皇統を持明院統に渡すことを拒んだため、神器は後醍醐天皇が持ち続けていました。その後醍醐天皇が元弘《げんこう》の乱に敗れ、隠岐《おき》に流された際、皇位は光厳《こうごん》天皇へ譲られ、同時に神器も持明院統に移りました。

ところがその後、隠岐を脱出した後醍醐天皇が楠木正成《くすのきまさしげ》、足利尊氏、新田義貞《にったよしさだ》の活躍によって鎌倉幕府を倒し、光厳天皇を廃して再び皇位に即《つ》いたことで、神器も再び後醍醐天皇のもとに戻ります。しかしそれもつかの間、建武《けんむ》の新政の失敗により、後醍醐天皇は尊氏と対立することになります。最後の頼みの綱だった楠木正成が討たれ、尊氏が室町幕府を開くと、比叡山《ひえいざん》に逃げていた後醍醐天皇も「もはやこれまで」と、三種の神器を持って京に戻り、尊氏が立てた光明《こうみょう》天皇に神器を渡します。

不手際、という意味では、ここで室町幕府が後醍醐天皇を島流しにするなり、島流しにしないまでも、その身柄をしっかり拘束しておけば良かったのですが、それをしなかったために、ほとぼりが冷めた頃、後醍醐天皇が京都を脱出し、吉野の山に隠れて我が皇統こそ正統である、と主張したことでした。しかもこのとき、後醍醐天皇は「北朝に渡した三種の神器はニセ物である。本物は私が持っている」と明言したのです。

後醍醐天皇の言っていることが本当なら、南朝が持っている三種の神器こそ本物の天皇の証《あかし》であり、ニセモノを摑《つか》まされた北朝の天皇は「ニセ天皇」ということになってしまいます。

◇室町幕府にとって「三種の神器」は最大の政治課題だった

神話によれば「三種の神器」とは、天孫降臨《てんそんこうりん》の際に天照大神《あまてらすおおみかみ》から授かった「鏡」「玉」「剣」の三つからなる神宝ということになっていますが、それは秘宝であり、誰も見て確かめた人はいません。しかも、三種の神器というのは、昔から謎の多い神器なのです。

たとえば、「玉」は一般的に「八尺瓊勾玉《やさかにのまがたま》」と呼ばれていますが、その形状については、ネックレスのようなものだと言う人もいれば、大きなひとつの勾玉（曲玉）だとする説もあり、はっきりしません。時代によっては勾玉ではなく、宝石で作られた天皇のハンコ「玉璽《ぎょくじ》」だと考えられていたこともありました。

剣は「天叢雲剣《あめのむらくものつるぎ》」または「草薙剣《くさなぎのつるぎ》」と呼ばれるもので、その所在に謎がつきまとっています。というのも、三種の神器は天皇の正統性を証明するもので、「御所の中にある」ということになっていて、皇位継承の際に、次期天皇に渡されるのですが、名古屋の熱田《あつた》神宮に祀《まつ》られているのも、この三種の神器のひとつ「草薙剣」ということになっているのです。

草薙剣が熱田神宮に祀られるようになったきっかけは、ヤマトタケルの東征でした。ヤマトタケルは東征に赴《おもむ》く際、伊勢神宮に祭祀する姉からこの草薙剣を拝受します。その後、静岡で敵から火攻めにあったとき、この剣で草を薙ぎ払ったところ、風向きが変わりヤマトタケルは九死に一生を得ます。ちなみに、この故事がもととなって、天叢雲剣は草薙剣という別名で呼ばれるようになったのです。

しかしその後、ヤマトタケルは伊吹山《いぶきやま》に赴く際、この大切な剣を熱田に残して行ってしまい、そこで命を落としてしまうのです。こうして熱田に残された剣を祀ったのが、熱田神宮だとされています。

ですから、ヤマトタケルの時代から、草薙剣はずっと熱田神宮にあるということになっているのです。ということは、熱田神宮に三種の神器のひとつの剣があるはずで、宮中にはないということになるはずなのですが、宮中にも本物がある、ということになっているのです。

剣にまつわる所在の問題はこれだけではありません。平安末期、平清盛が擁立した安徳《あんとく》天皇が壇ノ浦で入水《じゅすい》したとき、三種の神器も道連れにしているのです。

義経は兄の頼朝から「何としても三種の神器だけは持ち帰れ」と厳命されていたので、その回収に必死に取り組みます。幸い鏡と玉は木箱に入れられていたので、海面に浮き上がったところを無事に回収することができたのですが、剣は海の底に沈んでしまい、ついに発見できなかったとされています。ということは、三種の神器の剣は今も壇ノ浦の海の底に沈んでいる、ということになるのですが、宮中にも本物があるのです。

つまり、**北朝に残された三種の神器が本物なのか、後醍醐天皇が言うようにニセモノなのか、確かめるすべはないということです。**そんなとき大勢を決めるのは人々の噂です。これまでのいきさつから、人々は後醍醐天皇という人が、一筋縄ではいかないしたたかな人であることをよく知っていました。それだけに、「確かに、素直に本物を渡すような人じゃないよな」ということから、南朝の言い分を信じるようになっていったのです。

実はこれが、室町幕府初期の最大の政治課題、それも難問だったのです。なぜなら、世の中の人の間で、**三種の神器を持つ南朝のほうが正統で、持たない北朝は傀儡《かいらい》政権なのではないかという意識が強くなってしまったからでした。**

いかにして南北朝問題を解決して、日本を平和な国に戻すか。この難しい課題に挑み、やり方としてはかなりずるいものでしたが、南北合一を成功させたのが足利義満という人だったのです。

◇義満は南朝をペテンにかけ、南北を合一した

義満が南朝に持ちかけたのは、「両統迭立に戻しませんか」というものでした。

もともと後醍醐天皇の両統迭立に対する不満が原因で南北に分かれた皇統でしたが、南朝方も吉野に籠もってから何十年も経つと、さすがに都への郷愁が高まります。すでに後醍醐天皇もいません。九州では後醍醐天皇の皇子の一人、懐良《かねよし》親王を戴く菊池氏など南朝の支持者もいたのですが、その九州も幕府に平定され、南朝の勢力は著しく低下、このままでは後醍醐天皇の「必ず京を回復せよ」という遺命も果たせそうもありません。義満は、こうした南朝の弱った状態を見透かすようにして、「両統迭立に戻す」という提案をしてきたのです。

そして、両統迭立に戻すに当たり、まずは今の北朝の天皇を認めてもらうためにも三種の神器を北朝に「譲国《じょうこく》の儀」をもって渡して欲しい。そのかわり、次の代の天皇は南朝の皇子を立てましょう、と言ったのです。

でもこの提案は嘘でした。つまり、義満は南朝をペテンにかけたのです。

義満が重視したのは「譲国の儀」でした。なぜなら、この儀式を執り行うことで、南朝の天皇が北朝の天皇を正式な天皇と認め、三種の神器を譲った、ということになるからです。つまり、この儀式を執り行うことで、「北朝は傀儡政権なんじゃないか」という噂を払拭《ふっしょく》することができるのです。

まず幕府が南朝を正式な皇統と認め、その正統な皇統から北朝に正式に皇位が三種の神器とともに譲られる、この方法なら南北両朝とも面目が立ちます。

これで両統迭立が行われていれば正当な取引だったのですが、実際には両統迭立は行われませんでした。義満には最初から両統迭立に戻す気などありませんでした。ですから、「ペテン」なのです。

その証拠に、北朝側は三種の神器を受けとったとき、「これは譲国の儀にあらず」と言っています。譲国の儀式ではないというのはどういう意味かというと、「おまえたちが勝手に盗んでいたものが戻ってきただけだ。もともとこちらの方（北朝）が正統な天皇家なのだ」ということです。

さらに北朝側は、三種の神器を渡した南朝の天皇である後亀山《ごかめやま》天皇を、正式な天皇ではなかったのだからという理由で、上皇とは認めないと言い出したのです。

義満が南朝側に提案した講和条件の中には、後亀山天皇が北朝の後小松《ごこまつ》天皇に譲位したら、正式に上皇として待遇するとしてあったのですが、北朝側は、「**あんな吉野の山に逃げた泥棒の子孫をどうして上皇と認めなければならないのか**」と突っぱねたのです。

南朝を騙した義満ですが、さすがにそれはまずいということで、後亀山天皇を上皇とすることだけはなんとか北朝にも納得させました。

こうした室町幕府のずるいやり方を怨んだのでしょう、のちの話ですが、南朝に味方するゲリラ的武士が御所に押し入って、三種の神器を持ち逃げするという事件が起きています。このとき、北朝はどのような方法で神器を取り返したのかというと、なんと暗殺団を雇って南朝系の皇族を皆殺しにして三種の神器を奪い返しているのです。こうして南朝の皇統は滅びたということになっています。

でも、本当に南朝の血が絶えたのかどうかは不明です。というのも、太平洋戦争が終結したばかりの昭和二十年十一月に、熊沢寛道《くまざわひろみち》という人が「自分は南朝の子孫だ」として皇統の正式継承権を主張するという事件が起きたりもしているからです。また、ほんの数年前のことですが、殺された南朝最後の皇族の霊を守って毎年行われている秘密の儀式が初めて公開されるというので、吉野の山奥にある川上村というところまで見に行ったことがあるのですが、そこでは殺された南朝の皇族のお墓を南朝家臣の子孫が代々守り続けていました。

ですから南朝の人々から見たら、足利義満というのは二枚舌のとんでもないペテン師の大悪党ということになります。何しろ義満に騙されて、神器も皇位も奪われた上に南朝は滅んでしまったのですから。

◇金閣寺は今でいう「霞ヶ関」だ！

南朝から見れば非道なだまし討ちに近いこの義満の行為も、大所高所から見れば日本を安定と平和に導いた「功績」であることは間違いありません。確かに義満のやり方はフェアではありませんでした。**でも彼は、祖父・尊氏の政治的ミスから始まり、父の義詮も解決できなかった南北朝問題を見事に解決したのです。そういう意味では、義満は間違いなく「英雄」と言えるでしょう。**

南北朝問題を見事に解決した義満は、この後ひとつの野望を抱き、その実現に向かって動き出します。

その手始めとして行ったのが、将軍職を息子の義持《よしもち》に譲り、自らは太政《だいじょう》大臣に就任することでした。しかし、その太政大臣の職も翌年には手放し、出家してしまいます。ただし、出家したとは言ってもそれは政界を引退したということではありません。むしろ、かつての院政がそうだったように、役職から離れることで、彼は権力を維持したまま自分のやりたいことをやれる立場になっていったのです。

そんな義満の「野望」を象徴する建物があります。

それこそが、「金閣寺」なのです。

多くの日本人が「金閣寺」という名前で親しんでいますが、あれは通称で、正式には「鹿苑寺《ろくおんじ》」と言います。その名の通り、現在は臨済宗《りんざい》相国寺《しょうこくじ》派の寺院ですが、義満が建てたときは寺院ではありませんでした。

現在金閣寺が建つ土地を義満が手に入れたのは、彼が太政大臣を辞した二年後の一三九七年のことです。

この土地はもとは公家の西園寺《さいおんじ》家の山荘でしたが、当時はかなり荒れ果てていたと言います。義満はそこを大々的に作り替え、「北山第《きたやまだい》」と名付けました。今は金閣寺しか残っていませんが、金閣寺は広大な北山第の中心に立つ建築物として建てられたものなのです。

実は北山第は、義満の単なる別荘ではありませんでした。北山第は、彼が自分の政治を行うための場、言わば朝廷に対する新しい霞ヶ関のような場所だったのです。

その義満の霞ヶ関の中心に立つ「金閣」は、実はとても珍しい作りになっています。

建物は三層から成っていますが、一番下の一層目は寝殿造《しんでんづくり》、二層目は武家造《ぶけづくり》、一番上の三層目は禅宗仏殿造《ぜんしゅうぶつでんづくり》と言われる中国風の作りになっているのです。私たちは金閣を見慣れているのであまり不思議に感じませんが、このように各層ごとに建築様式を変えた奇妙な建物は金閣以前には存在していません。

◇金閣寺に隠された義満の思想とは?

なぜ義満は自らの政治の中心地に、このような奇妙な建物を作ったのでしょう。この問題は、この建物がある北山第で、義満がどのような政治を行おうとしていたのかということと合わせて考えるべき問題です。でも、現在の教科書では、金閣寺は北山文化を代表する建築物としてしか紹介されていません。

3代将軍足利義満は京都の北山《きたやま》に壮麗《そうれい》な山荘(北山殿《どの》)をつくったが、そこに建てられた金閣《きんかく》の建築様式が、伝統的な寝殿造風《しんでんづくりふう》と禅宗《ぜんしゅう》寺院の禅宗様《よう》を折衷したものであり、時代の特徴をよくあらわしているので、この時代の文化を北山文化とよんでいる。

（『詳説日本史　改訂版』山川出版社　134ページ）

義満が京都北山《きたやま》の山荘（のちの鹿苑寺《ろくおんじ》）にもうけた金閣《きんかく》は、1層（初層）が伝統的な寝殿造《しんでんづくり》、2層が和様の仏堂、3層が禅宗様式という建築様式で、この文化の特徴をよく示していることから、室町時代初期の文化を北山文化とよんでいる。

（『日本史B　改訂版』三省堂　122ページ）

しかも教科書の記述では、「時代の特徴」とか「文化の特徴」といった曖昧な表現がされているだけで、金閣にどのような意味が込められているのかについては何も語っていません。

なぜ義満は各層ごとに建築様式を変えたのでしょう。そして、そこにはどんな意味が込められていたのでしょう。

私も始めはわかりませんでした。しかしあるとき、この建物を子供のような素直な気持ちで眺めていたとき、これが足利義満という男の政治上の価値観を表したものであることがわかったのです。

金閣の一層目は「寝殿造」です。寝殿造に住むのは天皇であり、貴族です。もっとわかりやすく言えば「朝廷勢力」です。その上の二層目は「武家造」。言うまでもなく、武家造に住むのは武士です。つまり義満は、一層目に住む貴族より二層目に住む武士を「上」と考えていたということです。サルのマウンティングと同じで、上に載るものの方が優位であることを示しているのです。

では、最上層の三層目「禅宗仏殿造」はどのような人を象徴しているのでしょう。実はこれは、「中国人の禅僧」を示しているのです。そして、**それは同時にこの建物の主である足利義満本人を示しているのです。**

思い出してください。金閣を建てたとき義満はすでに出家し、禅僧となっています。禅僧であるのはいいとして、なぜ日本人の義満が中国人なのか、と思われた方もあることでしょう。**実はここで言う「中国人」というのはDNAの問題ではないのです。中華思想を信じ、その文化を信奉する人間、という意味での中国人なのです。**

なぜなら、中国というのは、「中華の国」という意味だからです。中華というのは、世界で一番素晴らしい、世界の中心ということです。具体的にその地域を言うと、北京を中心にした中国大陸の漢民族の居留地です。

中華が素晴らしいという思想は、同時にそれ以外のところは全部野蛮人の住む場所に過ぎないという思想を生み出しました。そのため、中華思想では、中華の地の南方には「南蛮《なんばん》」という野蛮人が、東方には「東夷《とうい》」という野蛮人が、北には「北狄《ほくてき》」という野蛮人が、西には「西戎《せいじゅう》」という野蛮人がそれぞれ住んでいると考えます。

ただし野蛮人であっても、中国に対して、具体的に言えばその代表である皇帝に対して、貢ぎ物を持参して「あなた様の家来にしてください」と臣従を申し出たものに対しては「国王」の名を授け、中国皇帝の家来として「中国人と認める」ということをしたのです。ですから、**東アジアで言う「国王」というのは、英語の「ｋｉｎｇ」とは異なり、中国皇帝の家来という意味なのです。**

◇義満は本当に「中国人」となった!?

昔の東アジアでは、ほとんどの国が中国に貢ぎ物を届け、「国王」に任じてもらうことで秩序が保たれていました。日本も例外ではなく、邪馬台国の女王・卑弥呼《ひみこ》や、それより前の一地方の王が中国から国王と承認された証《あかし》である金印をもらっています。

しかし、日本は聖徳太子の時代にこの「中国皇帝の家来」の立場から独立します。それを象徴するのが、有名な「日出《いづ》る処《ところ》の天子、日没する処の天子に書を致す」という国書です。この国書の文面を作ったのは聖徳太子だと考えられていますが、実はこの国書に関する記述は『日本書紀』にはありません。中国皇帝に、今で言えば「タメ口」の国書を送ってきた日本に、時の中国皇帝・煬帝《ようだい》が激怒したということで、中国の文献に残っているのです。

幸い、日本と中国の間には海があって、大国中国といえど簡単には攻めてこられなかったので、これが原因で戦争になることはありませんでしたが、天皇制が確立して以降、日本と中国は正式な国交は持っていません。平安時代に遣唐使が行っていますが、実はあれは国と国との正式な国交ではないのです。その遣唐使も菅原道真《すがわらのみちざね》の時代、八九四年を最後に廃止されます。これ以後日本は、実は明治に至るまで中国とは正式な国交を持っていないのです。

そんな中、唯一の例外が、足利義満の時代なのです。

義満は、わざわざ中国に貢ぎ物を持たせた使いを送り、「私を日本国王に任命してください」と申し出ています。このときの書状には足利義満の本名「源義満」ではなく、法名（出家名）である「道義」に姓を冠した「源道義」という名が使われています。おそらく中国人風の名を用いた方が心証がいいと思ったのでしょう。

しかし、中国は義満をすぐには日本国王と認めてくれませんでした。なぜなら、後醍醐天皇の時代に、南朝の抵抗勢力を強めるために中国の力を借りようとして、中国皇帝に貢ぎ物を贈り、九州に勢力を持っていた後醍醐天皇の息子・懐良《かねよし》親王を「日本国王」に任じてもらっていたからでした。ちなみに、このときもらった名前は「日本国王良懐」というものでした。

義満が中国に使いを送ったときにはすでに南朝は滅びていたのですが、中国サイドにそのような日本国内の事情はわかりません。「我が国では良懐という人物が日本国王ということになっています。違うというなら、証明してください」ということになり、義満は完成して間もない金閣で中国使節をもてなしています。すると、中国でも見られない黄金造りの建物に使節団は驚き、義満は「おまえを日本国王とする」という国書を無事に受けることができたと言います。これにより義満は、「日本国王源道義」という名を授かります。おわかりでしょうか、私が「義満＝中国人」と申し上げたのは、中華思想を信奉し、その文化・文明に対して臣下の礼をとった人、という意味なのです。

◇義満は金閣寺の一番上に立っている！

中国人である義満が日本の最高位にあることを示した建築物「金閣」には、もうひとつ、彼の野望を象《かたど》った意匠があります。それは屋根の上の「鳳凰《ほうおう》」の飾りです。

実は寺の屋根に鳳凰の飾りがある例は、全国におそらく一〇〇〇以上はあると思われる古寺の中でも、金閣寺とそれを模した銀閣寺、あとは宇治の平等院鳳凰堂ぐらいのもので、とても珍しいものなのです。昔から古寺巡りを趣味としていた私は、鳳凰の屋根飾りが珍しいものだということは知っていたのですが、なぜ金閣にその特殊な屋根飾りがつけられたのかということは、恥ずかしながら長い間、考えてこなかったのです。でも、あるとき、金閣各層の意味がわかったときに、この鳳凰の謎も解けたのです。

鳳凰には次のような意味があります。

鳳凰　聖天子が現れると世に出るという、想像上のめでたい鳥。

（『広漢和辞典』大修館書店）

「聖天子」というのは、この世を新たに作り替える聖なる皇帝のことです。つまり、金閣の屋根に鳳凰がいるということは、そこに聖天子がいることを暗示していたのです。

日本で「天子」と言えば普通は天皇を意味するのですが、金閣にいるのは天皇ではありません。金閣にいるのは誰かというと、そうです、足利義満です。

金閣は、今でこそお寺の舎利《しゃり》堂ということになっていますが、先ほど述べたように、もともとはお寺ではなく義満が政治を行うための場として作られた北山第の中心的建築物だったのです。

こうした事実から考えられるのは、**義満は自らを聖天子と考え、朝廷と幕府の上に君臨しようとしていたのではないかということです。日本でこのふたつの上に君臨できるのは天皇だけですから、これは、義満が天皇になろうとしていたということでもあります。**

しかし、義満は武士です。そして、武士出身者は絶対に天皇にはなれません。なぜなれないのかというと、天皇は「血筋」によって決まるものだからです。

日本の天皇というのは神の子孫であって、天皇家の正統な血を引いていない者は天皇になれないというのが絶対的なルールです。ですから、あれほど権勢を誇った藤原氏も天皇に成り代わろうとはしなかったし、そもそも天皇になるなどということは夢にも考えてはいけないと考えられてきました。ましてや武士はケガレた存在なのですから、天皇になるなど絶対にできないことなのです。

Point

「金閣寺」とは義満の「野望の象徴」だ！

だからこそ義満は中国人になる必要があったのではないでしょうか。

中国には「易姓革命《えきせい》」という思想があり、それに基づけば、天命が下った人は、その出身に関係なく皇帝になることができるからです。

武士である義満が天皇に成り代わるとしたら、中国式の易姓革命をやるしかありません。そして、「私は天皇家の正統な血筋ではありませんが、天が私を日本の新しい王様として選んだのです」とするしかありません。

結果的に言えば、日本で易姓革命が実現することはなかったのですが、**足利義満の野望というのは、「易姓革命によって天皇になる」ということだったようなのです。**

◇御所で行われた息子・義嗣《よしつぐ》の元服式

金閣以外にも、これが私の勝手な想像ではないことを示す証拠もあります。

それは、彼の法号（＝戒名）です。

【鹿苑院太上《だじょう》天皇】

これが、義満の菩提寺である相国寺の過去帳に記された彼の法号です。

太上天皇とは上皇のことです。彼はもちろん天皇でもなければ、皇族ですらありません。でも、義満にこの法号が贈られたのは歴史上の事実です。

では、なぜ義満に「上皇」としての法号が贈られたのでしょう。

考えられるのは、生前から義満は上皇と同じ待遇を得ていたということです。実は義満は、太政大臣を辞した頃から、巧《たく》みに自らの立場を上皇並みのものにする布石を打っていっているのです。

最初に布石が打たれたのは一四〇六年、後小松天皇の生母が亡くなったときです。このとき義満は、天皇が一代で二度も喪に服すのは不吉だとして、自分の妻である日野康子《ひのやすこ》を天皇の准母《じゅんぼ》としているのです。准母というのは、儀式などの際に天皇の母の代理を務めるもので、その待遇は天皇の母に准じます。一般的には准母は皇族から選ばれるのですが、平清盛の時代に当時関白《かんぱく》だった藤原基実《ふじわらのもとざね》の妻・平盛子《たいらのもりこ》が高倉《たかくら》天皇の准母を務めたことを先例に、義満は自分の妻を後小松天皇の准母としました。ちなみに、皇族以外で准母となったのは、平盛子と日野康子の二人だけです。

こうして自分の妻が天皇の准母となったことで、義満は「准母の夫なのだから」ということで自分を准上皇の地位にしてしまったのです。

そのことを証明するように、その二年後、義満の宮殿とも言うべき北山第に後小松天皇を招いたとき、彼は天皇と「並座」しています。並座したということは、身分の上下がないということです。

しかも、そのときに座敷に敷かれていた畳がまた問題でした。これは今でも金閣で用いられていると思いますが、「繧繝縁《うんげんべり》」と言われる、縁にいろいろな色・柄を縦縞のようにあしらった特別な畳で、この畳が使えるのは天皇と三宮《さんぐう》（皇后・皇太后・太皇太后）と上皇だけと決まっていました。義満は、その繧繝縁の畳が敷かれた座敷に座って、後小松天皇を迎え、並座したのです。

極めつけは、彼は息子の義嗣《よしつぐ》の元服式を、御所で「立太子の儀式」として行っているのです。

義満は早くに将軍職を長男の義持に譲っていますが、最も寵愛したのは次男の義嗣でした。その義嗣を、天皇の後継者である皇太子を立てるときに行う儀式「立太子の儀」で元服させたのです。

義満本人は天皇になれないまでも、自分が准上皇になることで、愛する息子を天皇にしようと考えていたのはまず間違いないと言っていいと思います。

しかし、彼のこの野望は、あと一歩というところまで来ていながら潰《つい》えます。なぜなら、この立太子の儀式のわずか二週間後に義満が突然死んでしまったからです。

◇義満の大きな功績は「南北合一」だけではなかった

公式には、義満の死は病死ということになっています。

ですから慎重な学者は、義満の法号について、義満は生前にすでに天皇の義理の父親に準ずる資格を与えられていたので、急死した際に慰霊のために、あのような上皇としての法号が特例として贈られたのではないか、と述べています。

でも、私は義満の「病死」を疑っています。もっとはっきり言えば、私は、義満は暗殺されたのではないかと考えています。

私が彼の病死を疑う第一の理由は、その死があまりにも急すぎることです。何しろ、わずか二週間前には元気に愛息の元服式を取り仕切っているのです。しかも、彼の死が病死であることを証明するものもありません。

そしてもうひとつ、**私が義満が殺されたのではないかと考える理由は、金閣は義満の遺言によって寺にされたというのですが、その遺言なるものがいまだに見つかっていない、ということです。**

義満の死後、北山第を鹿苑寺という寺にしたのは息子の義持ですが、義持はこのとき金閣だけは残したものの、北山第にあった多くの建物をすべて取り壊してしまっています。それはまるで、父の野望を全否定するかのような徹底ぶりです。

義満の死に際し、朝廷は確かに上皇としての法号を贈っていますが、それは何も義満の生前の行動を良しとしていたからだとは限りません。朝廷、あるいは天皇家にとって、義満を天皇に準じる存在とするメリットは何もないからです。

それよりは、**義満が本当の意味で上皇になることを阻止しようとした皇室勢力によって暗殺されたからこそ、その霊を慰撫するために上皇待遇の法号を贈ったと考えたほうが私は納得がいきます。**

義満のあまりにも突然な死は、おそらく毒殺でしょう。死後の北山第の処理から考えて、実行犯は義持配下の人間だったことも十分に考えられます。

義満の功績は、泥沼化していた南北朝の争乱を見事に終わらせたことだけではありません。彼が中国に礼を尽くし、日本国王となった根底には易姓革命を日本で実現させ、天皇に成り代わろうという野望があったことは確かだと思いますが、彼が日本国王となり、**当時の中国「明《みん》」と正式に朝貢《ちょうこう》貿易をしたことで、実は日本は大量の銅銭を手に入れ、貨幣経済を発展させることができたのです。**

朝貢貿易の恩恵はそれだけではありません。

祖父の足利尊氏が気前のいい人物だったことは前項でも触れましたが、気前が良かったが故に、多くの領土を配下の大名に分けてしまい、実は室町幕府というのはその当初からかなり財政的な問題を抱えていたのです。そうした苦しい経済状態で、一〇〇の貢ぎ物を持って行くと、一〇〇〇の土産を授けてくれる朝貢貿易は、室町幕府の経済をかなりの部分で助けていたのです。

このように見ていくと、足利義満という人は、易姓革命による天皇交替というそれまで誰も考えたことのない無謀とも言える野望を抱いた人ではありますが、**その行き方は決して夢見がちなものではなく、むしろ目的と実利のためには見栄もプライドも捨てることのできた、合理主義者だったと言えるのではないかと思います。**

少々ダーティーな方法をとりましたが、優しい善人だった祖父がのこした「負債」をすべて返し、なおかつ大きな「野望」の実現に向かって着実に突き進んだ足利義満は、英雄なのか、悪人なのか、一概に断定することはできません。それでも、足利将軍の中では、その行いも野望も、最もスケールの大きな人物であったことだけは間違いないでしょう。

Point

天皇になろうとした義満は暗殺された！

第十一章のまとめ

・南北朝問題には、力では解決できない事情がありました。それは、室町幕府の支持する北朝の天皇が、正統な天皇であることを証明する「三種の神器」を持っていないことでした。

・南朝の人々から見たら、足利義満というのは二枚舌のとんでもないペテン師の大悪党ということになります。でも彼は、祖父・尊氏の政治的ミスから始まった南北朝問題を見事に解決したのです。そういう意味では、義満は間違いなく「英雄」と言えるでしょう。

・義満は自らを聖天子と考え、朝廷と幕府の上に君臨しようとしていたのではないかということです。これは、義満が天皇になろうとしていたということでもあります。

第十二章

北条早雲

——戦国大名第一号は「気配りの達人」だった

北条早雲（早雲寺蔵／写真提供：箱根町立郷土資料館）

◇北条《ほうじょう》早雲《そううん》を「戦国大名第一号」とする理由

数多《あまた》登場する戦国大名のうち、戦国大名第一号と言えるのは誰か、と聞かれたら、私は「北条早雲《ほうじょうそううん》」の名を挙げるでしょう。北条早雲は、次項で取り上げる斎藤道三《さいとうどうさん》と並んで戦国大名の走りとして捉えられている人です。

異論もあるかも知れませんが、知名度と歴史的な存在感から見ても、戦国大名第一号と言うにふさわしい人物は、やはり私は北条早雲だと思います。

もちろん、そこには何をもって「戦国大名」とするのか、という定義上の問題もあります。

歴史教科書の出版で有名な山川出版社では、次のように定義しています。

戦国大名　せんごくだいみょう
戦国時代、各地に割拠した大名をいう。守護大名と異なり、必ずしも将軍から守護に任命されていない。守護代・国人などが下剋上の風潮に乗じて、一定地域の支配権を確立し郷村制を基礎に農民を支配した。戦国大名は、家臣団を城下に集住させて大名領国制を確立した。

（『日本史B用語集』山川出版社　１２２ページ）

16世紀前半、近畿地方ではなお室町幕府における主導権をめぐって、細川氏を中心とする内部の権力争いが続いていたが、他の地方ではみずから力で領国《りょうこく》（分国《ぶんこく》）をつくりあげ、独自の支配をおこなう地方権力が誕生した。これが戦国大名《せんごくだいみょう》である。

（『詳説日本史　改訂版』山川出版社　１４１ページ）

いずれの記述でも共通しているのが、第一に「室町幕府が任命した守護大名ではない」ということ、さらに「下剋上《げこくじょう》の潮流に乗って自力でのし上がった者」ということです。

しかし、実際に戦国大名と呼ばれる人の中には、武田信玄や今川義元《いまがわよしもと》のようにもともと守護大名だった人もいるのでややこしいのです。彼らは、ほかの守護大名が没落する中、逆に体制を強化して成長しているので、守護大名から戦国大名に変質した例だと言えます。

実際にはこうした変質タイプの戦国大名もいるので、一概に「守護大名でない成り上がり者が戦国大名だ」とは言い切れない、というところがあります。用語集に「必ずしも守護に任命されていない」と、少々回りくどい書き方がされているのは、こうした変質タイプの戦国大名もいるため「守護大名ではない」と言い切ることができないからです。

こうした変質タイプの戦国大名は別として、一般的に私たちが戦国大名に抱く「室町幕府の守護大名の家柄でなかったものが、なんらかの手段をもって守護大名を追い払い、その土地の実効的支配者になったもの」というイメージに適う者ということで言えば、その第一号にふさわしいドラマ性を持っているのは北条早雲と斎藤道三だと思います。

数多《あまた》いる戦国大名の中で、特に北条早雲と斎藤道三がその代表とされてきたのは、まず「時代が早い」ということがひとつ。もうひとつは、その土地の人間ではない「流れ者」であったということが挙げられます。

流れ者がふらっとやって来て、その実力を買われて土地の大名に仕えるが、やがてその大名を追い払って自らがトップにのし上がっていく。その過程にはさまざまなドラマチックなエピソードがあり、それはまさに「英雄」物語として人々に語り継がれてきました。

しかし、人間というのはいつの時代も英雄物語を作りたがるという傾向があるものです。そしてそれは得てして真実とは違ってしまうものです。北条早雲らの英雄物語もそうした例に漏れず、研究が進んだ結果、今この二人の事績については、残念ながら昔のような英雄的評価だけではなくなってきています。

◇なぜ早雲は本名の「伊勢盛時《いせもりとき》」と呼ばれないのか

北条早雲の場合、まず問題なのは「名前」です。

15世紀末、京都から下ってきた北条早雲《そううん》（伊勢宗瑞《いせそうずい》）は堀越公方を滅ぼして伊豆をうばい、ついで相模《さがみ》に進出して小田原《おだわら》を本拠とし、子の北条氏綱《うじつな》・孫の氏康《うじやす》の時には、北条氏は関東の大半を支配する大名となった。

〈『詳説日本史　改訂版』山川出版社　141〜142ページ〉

この教科書の記述には「北条早雲」とその子「北条氏綱《うじつな》」、孫の「北条氏康《うじやす》」と三人の名前が書かれていますが、早雲だけ「伊勢宗瑞」という異なる名前が併記されています。

なぜこのような書き方がされているのかというと、近年、歴史学者の先生方が「北条早雲」という名前を使うことを嫌い、「伊勢宗瑞《いせそうずい》」を使うことが増えているからです。学者が北条早雲という名を使いたがらないのは、生前彼が「北条」という苗字を使っていなかったことが明らかになってきたからです。

早雲の正確な伝記はなく、彼については本当の名前すら、実はわかっていません。

「北条」という苗字は、彼の息子である氏綱が使い始めたものであることがわかっています。なぜ氏綱が北条を名乗ったのかというと、ごく簡単に言えば箔をつけるためです。

北条という苗字は、鎌倉幕府の執権《しっけん》の名として関東では非常に通りのいい名前でした。しかし、その執権・北条家はすでに滅んで使う者がいません。そこで、伊豆を平定し、相模《さがみ》も手に入れ、二カ国の大名になったのだからもう少し箔をつけたいということで、氏綱が北条という名を使うようになったのだと考えられています。ですから、鎌倉幕府の執権である北条氏と、北条早雲の北条氏の間には、血のつながりはまったくありません。そのため研究者は、早雲の方の北条を「後《ご》北条氏」と呼んで区別しています。

早雲を祖とする後北条氏は、その後氏綱・氏康・氏政《うじまさ》・氏直《うじなお》と五代にわたって栄えます。結果的に子孫が「北条氏」として栄えたために、その始祖である早雲も、本人は北条と名乗っていなかったにもかかわらず、北条早雲と呼ばれることになったのです。

さらに、この「早雲」という下の名前も、実は彼の本当の名前ではありません。**早雲というのは、彼が出家した後に用いた庵号「早雲庵」からとったものです。**

では、学者が好んで使う「伊勢宗瑞」という名前はどこから来ているのでしょう。

まず「伊勢」は、彼がもともと伊勢氏の出身だったことから来ています。長い間詳しい出自がわからなかった早雲ですが、近年の研究で、彼が備中荏原荘《びっちゅうえばらのしょう》（現・岡山県井原《いばら》市）を領していた伊勢盛定《いせもりさだ》という人の次男「伊勢新九郎盛時」という人物の後身らしいという説が定説になりつつあります。

このように言うと、じゃあ「伊勢盛時」とすればいいのではないか、と思われるかも知れませんが、学者というのはできる限り資料のある正確な表記を好むので、まだ確定されていない盛時は使わないのです。

これに対し、「宗瑞」は、彼の名前としては、生前に使っていたものではないかも知れませんが、彼の正式な名前であることがはっきりしている唯一のものなのです。どういうことかというと、**宗瑞は彼の戒名「早雲寺殿天岳宗瑞《そううんじでんてんがくそうずい》」に用いられた名前なのです。**

できる限り正確を期したいという学者さんの気持ちもわからないではありませんが、歴史の中で彼を英雄視してきた人たちにとっては、彼はやはり「北条早雲」なのです。ですから、彼について語るなら、それは本名とは多少違うかも知れませんが、私は彼を北条早雲と呼んでいいと思いますし、私自身もそう呼びたいと思います。

ということで、歴史上正確を期すなら、生きているときには自ら北条早雲とは名乗っていなかった、ということだけご説明した上で、本項では彼のことを敢《あ》えて「北条早雲」と呼びたいと思います。後醍醐《ごだいご》天皇だって生きているときはそう呼ばれていなかったのですから。

◇早雲は歴《れっき》とした武士だった

北条早雲には、長い間「流れ者」「何の後ろ盾もない浪人」という少々ダーティーなイメージがありました。そんな彼の出世のきっかけとなったのは、彼の妹が駿河《するが》今川家の当主・今川義忠《いまがわよしただ》の正室になった上、息子を、それも嫡男《ちゃくなん》を産んでいたことでした。

流れ者の妹が、なぜ名門今川家の正室になれたのか以前は謎だったのですが、早雲の出自が明らかになってくるに従い、彼の父・伊勢盛定という人物が、伊勢宗家《そうけ》の分家ではあるものの、宗家と今川家の間を取り次ぐ要職に就いていたことが明らかになり、その謎も解けてきました。早雲の妹は「北川殿」と呼ばれている人ですが、義忠の正室になったのも、そうした両家の政治的関係に基づいてのことだったのでしょう。

早雲の出た伊勢氏というのは、室町幕府の執権とまではいかないものの、将軍の執事役を務めるかなりの名門です。早雲の父・盛定はその伊勢本家ときわめて密接な関係にあったのですから、**早雲も決してこれまで言われていたような素浪人の流れ者ではなく、それなりの力と所領を持った武士だったのです。**それでも、当時の武士というのは、所領を離れれば手足をもがれたも同然なので、そういう意味では彼がゼロから実力だけでのし上がったことは嘘ではないのです。

しかも彼が凄《すご》いのは、単にゼロからのし上がっただけでなく、スタートが非常に遅かったにもかかわらず、めざましい立身出世を遂げていることです。

早雲が歴史の舞台に登場するのは一四八七年、今川家の家督争いを解決したことがきっかけでした。このとき、早雲は何歳だったのか、実はこれも正確な年齢はわかっていません。一般に流布している説によれば、彼の年齢は、「亡くなったとき八十八歳だった」という言い伝えから逆算されたものです。それを信じるなら、早雲が今川家の家督争いを解決したのは、五一六歳のときということになります。人生五十年と言われるこの時代においては、驚くほど遅いスタートです。

そもそものきっかけは、今川氏に嫁いだ妹の危急を聞きつけて、一四七六年に駿河に駆けつけたことでした。早雲の妹の陥った危急とは、妹の夫・今川義忠の急死によって巻き起こったお家騒動でした。筋から言えば、北川殿が産んだ嫡男・竜王丸《りゅうおうまる》が跡を継ぐのが筋なのですが、まだ幼かったために国を保つことができないという理由で、義忠の従弟にあ

Point

早雲は素浪人の流れ者ではなく歴とした武士だった！

たる小鹿範満《おしかのりみつ》を当主に推《お》す動きが起こったのです。

これはすなわち、北川殿と竜王丸の「排除」を意味していました。身の危険を感じた北川殿は、竜王丸を連れて山中の洞穴に隠れ、兄の早雲に助けを求めたのです。

このとき範満のバックには堀越公方《ほりごえくぼう》がついていました。**当時、関東を実質的に治めていた鎌倉公方は、足利持氏《あしかがもちうじ》の子・成氏《しげうじ》の古河《こが》公方と、将軍義政《よしまさ》の兄弟・政知《まさとも》の堀越公方に分裂して争っていました。**

したがって、堀越公方と対立する古河公方は竜王丸を支持し、今川家の家督争いは、周囲を巻き込む複雑な様相を呈していました。そんな中、両公方とわたり合い、お家騒動を見事に調停したのが北条早雲だったのです。

この調停で有名なのが、早雲が、堀越公方の補佐をしていた関東管領《かんとうかんれい》山内《やまのうち》上杉家の家老・太田道灌《おおたどうかん》とサシで会談し、介入を断念させたというエピソードです。ちなみに、**当時は関東管領である上杉家も山内上杉家と扇谷《おうぎがやつ》上杉家に分裂し、それぞれ両公方を補佐する形で争っていました。**

江戸城を初めて築いた文武兼備の英雄として知られる太田道灌と北条早雲は奇《く》しくも同い年、「英雄、英雄を知る」の言葉通り、二人はこの会談で互いを認め合い、家督争いの泥沼化を防ぐことができたとされています。

話し合いの結果、竜王丸が幼い今は範満が竜王丸の後見という立場で家督を預かるが、竜王丸が成長したあかつきには、家督を竜王丸に戻すということで和解が成立しました。早雲はこの功が認められ、今川家の領内にある興国寺城《こうこくじ》（静岡県沼津市）を与えられています。

ところが、範満は竜王丸が成長した後も、当主の座を譲ろうとしません。そこで一四八七年、ついにしびれを切らせた早雲は、兵を集めて範満を殺し、力で今川家当主の座を竜王丸にもたらしたのです。こうして早雲の活躍によって今川家の当主となった竜王丸こそ、今川氏九代当主・氏親《うじちか》です。

今までの早雲物語では、最初の和解の成立で駿河領内の興国寺城を得てから、伊豆、そして相模へと進出していくまで早雲はずっと駿河領内に土着していたと言われていたのですが、最近の研究によると、どうもそのまま駿河に腰を落ち着けたのではなく、一旦、京都に戻り、京と駿河を往復していたらしいことがわかってきました。

なぜそう言えるのかというと、ひとつには一四八三年に早雲が将軍・足利義尚《あしかがよしひさ》に仕えていたことがわかったこと、もうひとつは、今川家のお家騒動を完全に治めたのと同じ一四八七年に、早雲の長男・氏綱が生まれているからです。

早雲には氏綱以前に子供がいたという記録はありません。それまでずっと独身だったのか、あるいは妻がいたけれど死別したのか、離別したのか、これもはっきりしたことはわからないのですが、彼が正式に結婚して子供が生まれたという話が出てくるのは、この五十六歳のときなのです。子供ができていることから考えて、妻はかなり歳の差のある若い娘だったのだと思いますが、その妻になった女性というのが、幕府に奉公していた娘なのです。このことから、**早雲の本拠はやはり京都だったと考えられるのです。**

氏親が当主となって、今川家は落ち着きます。ですから、もしもその後、堀越公方になんの内紛もなければ、早雲はそのまま京都と興国寺城を時々往復するぐらいで、一城の主として終わったかも知れません。でも、歴史は彼を必要としました。氏親が今川家の当主となった六年後の一四九三年、早雲は内乱で荒れる伊豆に侵攻し、伊豆国を乗っ取ることになります。

これにより北条早雲は、一城の主から一国の主へと変貌を遂げます。

戦国大名・北条早雲の誕生です。

◇国を盗んだ早雲の評判が悪くないのはなぜか

早雲の伊豆侵攻については、昔からいろいろなことが言われています。

当時の伊豆は堀越公方・足利政知の領地でしたが、政知が一四九一年に亡くなると家督を巡ってここでも争いが生じます。争ったのは政知の長男・茶々丸《ちゃちゃまる》とその異母弟・潤童子《じゅんどうじ》。結果は茶々丸が異母弟を殺害し、力で家督を継ぎます。しかし、その後も内紛は収まらず、伊豆国内は内乱状態になります。

早雲は、この内乱に乗じて伊豆に侵攻、茶々丸を追放して領主となったので、「国を力で奪った男」と言われれば、確かにその通りです。

でも、彼は野心だけで伊豆に侵攻したわけではないようです。伊豆は早雲が今川家から賜った興国寺城と隣接していました。伊豆の内乱は激しく、新しく領主となった茶々丸は乱暴で家臣も領民も苦しい生活を強いられていたのです。家督を争う潤童子が殺されてしまったにもかかわらず、家臣が茶々丸に心服せず、いつまでも内乱が治まらなかったのもそのためです。つまり、**悪政に苦しむ伊豆の領民の姿を早雲は見るに見かねて、伊豆に侵攻したと考えられるのです。**

その後も早雲は、扇谷上杉家の勢力圏である相模国で内乱が起きると、それを機に国を奪い取っているので、まったく野心がなかったとは言いません。それでも、さまざまなエピソードから見えてくる早雲の人物像から考えると、彼が自らの野心を満たすためだけに次々と隣国に侵攻したとは、どうしても考え難いのです。

実際、国を力で奪い取った領主であるにもかかわらず、早雲の土地での評判は悪いものではありません。戦国時代の初期に同じく力で主家の土岐《とき》家に代わり、国主となった斎藤道三は「まむし」の異名で人々に恐れられています。早雲も、直接の主人ではないにしても、武士全体の主筋である堀越公方を追放して国を奪ったのですから、恐れられてもおかしくありません。

伊豆では前の当主が悪人だったため、悪政から解放された喜びが早雲の評価を高めたという面があるのかも知れませんが、つづく相模国では早雲に隣国に侵攻する大義名分があったわけではありません。

早雲の「国盗《くにと》り」も、まむしの斎藤道三と同じように、決してきれい事だけではありませんでした。

たとえば、相模の小田原城を手に入れるときなど、まだ歳若い城主の大森藤頼《おおもりふじより》にたびたび贈り物をして親しくなったところで、「伊豆側で狩りをしていたら、獲物が箱根を越えてあなたの領内に入ってしまいました。何とか追い出したいので勢子《せこ》（鳥獣を駆り出す役目をする人々）をあなたの領内に入れたいのですが、許していただけますか？」と言い、藤頼が快諾すると、兵を勢子に化けさせて潜入させ、領内の村を焼き、小田原城を攻め落としています。決して紳士的な方法とは言えません。

それでも早雲の評判が悪くないのは、彼が「民政の達人」だったからでしょう。伊勢家

●北条早雲の関係地図

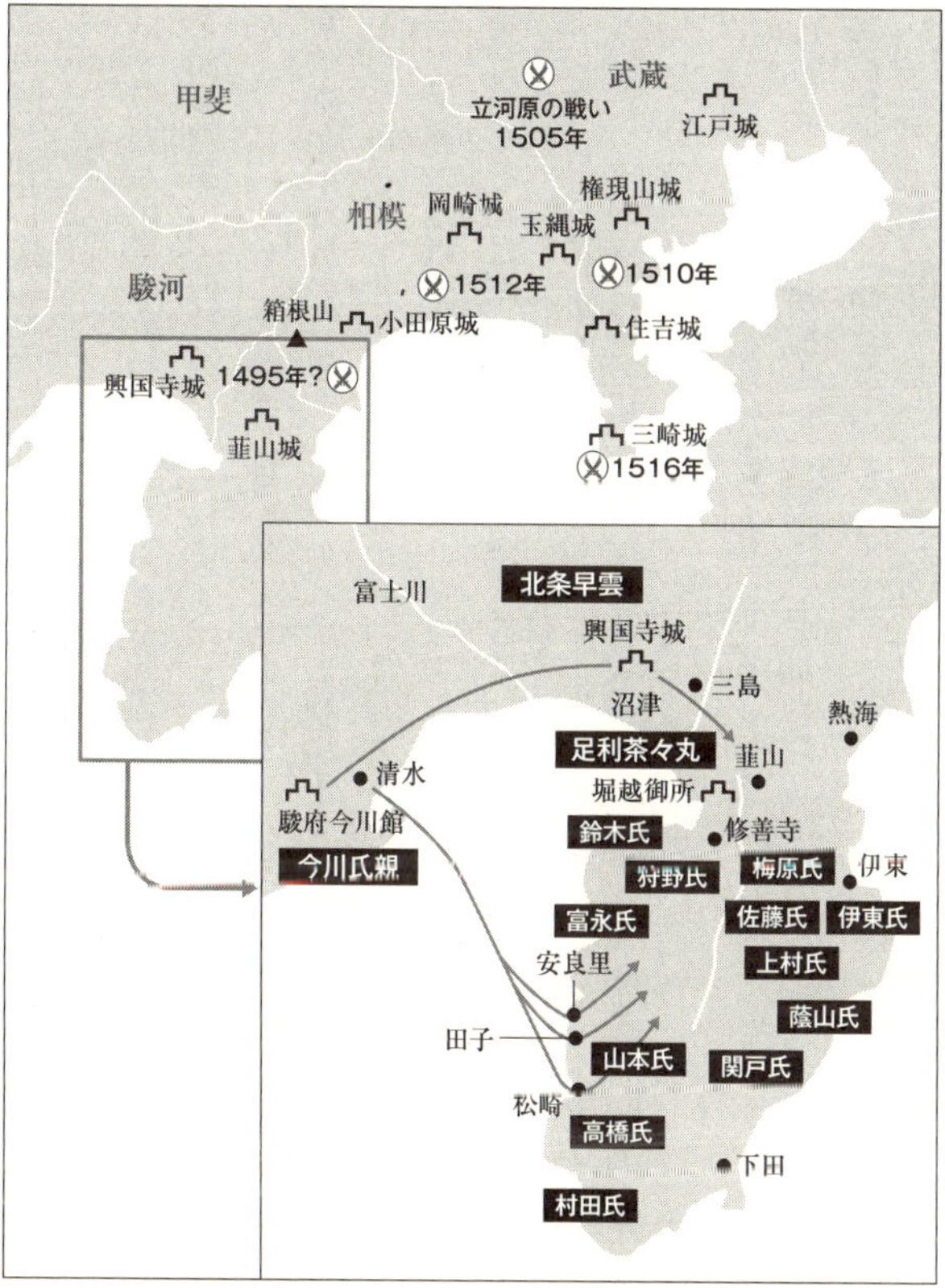

甲斐
武蔵
立河原の戦い
1505年
江戸城
相模
岡崎城
権現山城
玉縄城
1512年
1510年
駿河
箱根山
小田原城
住吉城
興国寺城
1495年?
韮山城
三崎城
1516年
富士川
北条早雲
興国寺城
三島
沼津
熱海
足利茶々丸
韮山
清水
堀越御所
駿府今川館
鈴木氏
修善寺
今川氏親
狩野氏
梅原氏
伊東
富永氏
佐藤氏
伊東氏
上村氏
安良里
蔭山氏
田子
山本氏
関戸氏
松崎
高橋氏
下田
村田氏

は早雲以降、五代にわたって領主であり続けるので、後世美化された面もあったかも知れませんが、民衆は正直です。圧政をしいた領主を良く言うことはありません。そういう意味では、早雲が民衆に慕われていたことは間違いありません。

北条氏は戦国の末期に滅亡しています。もしも悪政を行っていたとしたら、江戸時代になったときに、そのことが語り継がれていたはずだからです。政権交替が行われたときには、新政権が旧政権の「悪」を自らの宣伝に利用するのはよくあることです。

にもかかわらず、北条氏についての評判は、滅亡後もとてもいいのです。

実際、早雲の政策は当時としてはかなりの善政でした。彼は戦国大名としては初めての検地を行い、それに基づく貫高制《かんだか》を導入していますが、その税率は隣国より低く設定されていました。

貫高制というのは、その田んぼの面積で収穫できる米の量を通貨に換算して納税するというものです。

また、領民にとって早雲は寛大な領主でもあったようです。

あるとき、馬泥棒が捕まり、領主である早雲の前に引き立てられて来ました。そのとき、馬泥棒が早雲を指さして言いました。

「確かに手前は馬を盗みました。でも、そこにいらっしゃる御方は国を盗んだではないですか。そのほうがずっと罪は重いんじゃないですか」

普通の領主だったら怒るところでしょう。でも早雲は笑いながら「確かにその通りだ」と言って、馬泥棒の罪を許したというのです。

このエピソードが事実かどうかはわかりませんが、この話が早雲の有名なエピソードとして語り継がれてきたということは、早雲が領民に寛大で、かつユーモアを兼ね備えた領主だったということです。

◇「気配り」の達人だった早雲

早雲は「早雲寺殿廿一箇条《にじゅういちかじょう》」という有名な家訓を残していますが、これも彼の人柄をよく物語っています。

いろいろと面白いものが多いのですが、中でも私が注目しているのは、次の一条です。

Point

「民政の達人」早雲は「気配りの達人」でもあった！

一、出仕の時。御前へ参るべからず。御次に祗候して。諸傍輩の躰見つくろひ。さて、御とをりへ罷出べし。左様になければ。むなつく事有べきなり。

出勤してもいきなり上司のところへ顔を出してはいけない、と言っているのですが、その理由が実に面白いのです。なぜなら、何か大事件が起きているかも知れないし、上司の機嫌が悪いかも知れないからです。だから、まずは同僚と話をして、さりげなく上司の様子を探り、心の準備をしてから挨拶に行くようにしなさい。そうしないと、「むなつくこと」つまり、ぎょっとすることがあるだろう、と言っているのです。

こういうことは、織田信長や上杉謙信、あるいは武田信玄のような生まれつきの殿様には絶対に言えないことです。そもそもそんな経験がないので、思いつきもしないでしょう。

この「早雲寺殿廿一箇条」を後世の偽作だとしている学者もいますが、私は、これはやはりいろいろな人に仕え、普通なら余生となるような年齢から立身出世を遂げた苦労人の北条早雲だからこそ言えた言葉だと思います。そういう意味では、後世誰かが手を加えた可能性があるものの、少なくとも「早雲寺殿廿一箇条」の原形となる早雲自筆の家訓があったのではないかと思います。

ここまでだいぶ早雲を持ち上げてきましたが、褒められない点もあります。

これは時代的なことを考えれば、ある意味仕方のないことなのかも知れませんが、早雲というのは女性というものをまったく評価していないのです。

同じ「早雲寺殿廿一箇条」に次のような一条があります。

一、ゆふべには台所仲居の火の廻り我とみまはりかたく申付。其外類火の用心をくせになして。毎夜申付べし。女房は高きも賤も左様の心持なく。家財衣装を取りちらし。油断多きこと也。（以下略）

女というものは身分の高い者でも低い者でも、火の用心を心がける心は持たず、ただ家財や衣装に無駄遣いをするものだからよくよく用心しなければダメだと言っているのです。少なくとも女性に敬意を持っているとは思えません。

同じ戦国時代でも、早雲の約百年近く後の時代になりますが、女性の力を非常に重視したことで知られる織田信長とは対照的です。

信長という人は、内助の功ということを非常に重んじていたので、この時代、女性の名前というのはなかなか残らないのですが、彼の家来は秀吉夫人の「おね」や、前田利家夫人の「まつ」、あるいは山内一豊夫人の「千代」など数多くの女性の名前が伝わっています。

しかし、歴史に名を残す人物というのは、何かしら人より秀《ひい》でた部分を持っています。**北条早雲の場合、それは何かというと、私は「気配り」なのではないかと思っています。**

「早雲寺殿廿一箇条」を読むとよくわかりますが、彼は非常に気配りのできた人です。

誰に対しても、決して上から目線で語ることはありません。

たとえば、非番であっても何があるかわからないのだから髪ぐらいは結っておけとか、朝は早く起きて使用人が手抜きをしないようにきちんと仕事をしなさいといったことまで書いています。

また、先ほどの馬泥棒の話もそうなのですが、彼の逸話の中には、人情話が数多く残っています。たとえば、隣国が疫病に見舞われたとき、わざわざ人を派遣して看病してやったことがあったので、のちにその国に侵攻したとき、「あの領主様ならいい」ということで領民たちが進んで早雲に従ったという話もあります。

彼は「早雲寺殿廿一箇条」の中でも「どんな相手に対しても嘘を言ってはいけない」と言っています。おそらくこの言葉通り、彼は人によって態度や言うことを変えることのない、正直な人だったのでしょう。

さらに、彼は褒美についても、若い人に褒美を与えるときには金銀を与え、中年以上の者には土地を与えるのがいいと言っています。その理由がまた彼らしいのですが、若い頃優秀な人の中には、年をとったときにダメになる人がいる、そうした場合に土地を与えていると取り上げなければならなくなるので怨みを買いやすい。だから最初から後腐れのないように、若いうちは褒美は金銀で与えるべきだと言うのです。

いかにも「気配りの人」らしい細やかな心配りです。

◇スタートがもっと早ければ「天下」は狙《ねら》えたか？

本来、歴史では「たら・れば」は語らないのですが、もしも早雲がもっと早い時期に戦国大名としての人生のスタートを切っていたら、もっと領土を広げて、最終的には天下を狙《ねら》うことも可能だったと思いますか、という質問をされることがあるので、この機会に私の考えを述べておきたいと思います。

早雲ファンの方はがっかりするかも知れませんが、私は、彼は素晴らしい才覚を持った戦国大名だと思いますが、天下を狙えたかというと、その器ではなかったと思います。

そもそも、戦国大名が「天下」というものを意識するようになるのは、実はみなさんが考えているよりずっと遅いのです。私は織田信長が「天下布武《てんかふぶ》」ということを言ったのが、「天下」を意識した最初だと思っています。

それ以前は、上杉謙信でも武田信玄でも、日本の安寧秩序を取り戻そうという意識はあったと思いますが、**それはあくまでも室町将軍家を復興して、幕府がきちんと機能するように持って行くことで世の中が良くなると考えていたのではないかと思います。**

北条早雲はもちろん、北条氏康辺りでも、彼らの視野の限界は、武士の本場である関東に止《とど》まっていたと思われます。

人間というのは、今のこと、目先のことでどうしても頭がいっぱいになってしまう傾向があるので、自分の国をどうやって安定させるか、また、せいぜい隣の国をどうやったら手に入れることができるか、ということしか考えていなかったのです。

そういう意味では、やはり信長というのは戦国大名の中では異質と言っていいほど、傑出した人物だったと言えるでしょう。なぜなら彼は、尾張の小大名の頃から天下をどうやって治めるか、ということをすでに考えていたからです。

美濃《みの》国をとったときも、彼はまだ二国目に過ぎないのに、城の名前を中国の周王朝にちなんで「岐阜」と名づけています。「天下布武」という印を使い出したのもこの頃なので、すでにその頃には彼の視野に「天下」というものが見えていたということです。

当時、最も天下人に近かったのは武田信玄だと言う人もいますが、彼が本当に天下取りを考えていたかというと、私は少々疑問を感じています。なぜなら、天下を目指していたなら、川中島の合戦などしなかったはずだからです。

もし本当に信玄が「天下」ということを考えていたのであれば、あのとき上杉謙信に信《し》濃《な》の一部を返して軍事同盟を結んでおけばよかったのです。そうすれば、信玄はいち早く都に上ることができたからです。でも、彼はそれをしませんでした。それは、彼の目が天下ではなく、目先の領土を拡張することに向いていたことを意味しています。

同じように北条早雲という人も、確かにすごい男だとは思いますが、人生のスタートが早かったとしても、やはりまだ天下というものを考えることは無理だったと思います。

でも、北条早雲から始まる数多の戦国大名がいたからこそ、織田信長は出現できたのです。そういう意味では、北条早雲がいなければ織田信長もいなかったと言えるでしょう。

◇北条早雲は中高年の星だ

このようにいろいろなことがわかってきた北条早雲ですが、まだそのすべてが明らかになったわけではありません。

実は彼の年齢に関しても、近年の研究によって実は八十八で死んだというのは間違いで、実際の死亡年齢はもっと若かったのではないかという説が有力視されてきています。

そうした説によれば、北川殿は早雲の妹ではなく姉で、彼が戦国大名としてスタートを切った伊豆平定時の彼の年齢は、これまでの説より二十歳近く若い四十六歳だったとしています。

歴史を語る上で真実を知ることは大切ですが、こと北条早雲に関しては、私はやはり六十二歳で戦国大名デビューを果たしたという説を採りたい気がしています。

なぜなら、その方が人々に夢を与えることができるからです。

私はかつて、日本史の中で中高年の星を挙げるとしたらという質問に、北条早雲と伊能《いのう》忠敬《ただたか》を挙げたことがあります。この二人はいずれも、中年までは全然別の仕事をやっていて、他の人が引退するような年齢になってから新たな事業を始め、しかも大成功を収めたという人だからです。

第二の人生をこれほど豊かなものにできたのは、いずれの場合も、晩年と言われる年齢まで健康を保ちつつ辛抱強くチャンスを待ったからに他なりません。おそらくそれまでの前半生はチャンスに恵まれなかったのだと思います。きっと何度かは挫折も経験していることでしょう。

人生はいつ「チャンス」がやってくるかわかりません。焦《あせ》らず腐らず、辛抱強く待ち、チャンスが来たときにそれを一〇〇％生かし切る、それこそが早雲の最も素晴らしい部分であるとともに、彼の人生から学ぶべきものだと思っています。

真実という意味では、北条早雲の人生はその年齢を含め、まだ多くの謎を秘めています。

でも私は真実を追究するより、彼にはいつまでも数少ない「中年男にとっての英雄」でいてもらいたいと思っています。

第十二章のまとめ

・数多いる戦国大名の中で、特に北条早雲と斎藤道三がその代表とされてきたのは、まず「時代が早い」ということがひとつ。もうひとつは、その土地の人間ではない「流れ者」であったということが挙げられます。
・歴史に名を残す人物というのは、何かしら人より秀でた部分を持っています。北条早雲の場合、それは何かというと、私は「気配り」なのではないかと思っています。
・焦らず腐らず、辛抱強く待ち、チャンスが来たときにそれを一〇〇％生かし切る、それこそが早雲の最も素晴らしい部分であり、彼の人生から学ぶべきものだと思っています。

第十三章

斎藤道三

——国を盗み取った「まむしの道三」の謎

斎藤道三（常在寺蔵）

◇「まむしの道三《どうさん》」の逸話は本当のことだったのか

織田信長の舅《しゅうと》であり、一代で裸一貫から美濃《みの》の国主にまで上り詰めたとされる斎藤道三《さいとうどうさん》は、北条早雲《ほうじょうそううん》と同じく、戦国時代初期の最も有名な戦国大名の一人です。

斎藤道三と聞いたとき、誰もが思い出すのが司馬遼太郎さんの小説『国盗り物語』でしょう。これは小説そのものもヒットしましたが、一九七三年にNHKの大河ドラマにもなったことでより知名度を上げた作品です。

この作品は二部構成になっており、一部が元僧侶の松波庄九郎が、己の知恵と胆力だけで、裸一貫、一介の油売りから美濃の国主・斎藤道三になるまでの過程を、二部が織田信長を主人公に本能寺の変で亡くなるまでの過程を、それぞれ当時の時代背景を織り込みながら見事に描いた傑作です。私たちが持っている斎藤道三のイメージは、ほぼこの作品によって植え付けられたものと言ってもいいでしょう。

ところが道三もまた、早雲同様、近年の研究によってその人物像が大きく変化してきています。どのように変わったのか、それを説明するためにも、まず『国盗り物語』にも描かれた旧来の斎藤道三像を見ておきましょう。

斎藤道三の名前は、その生涯の間にいくつも変わっています。最初の名は松波庄九郎

（あるいは庄五郎）。彼の生まれた家は先祖代々北面《ほくめん》の武士を務めた由緒ある家柄でしたが、父の松波左近将監《さこんのしょうげん》が事情によって浪人していたため、彼は幼くして京都の日蓮宗寺院・妙覚寺《みょうかくじ》に入れられることになります。幼い頃から利発だったのでしょう、寺では「智恵第一の法蓮坊《ほうれんぼう》」と呼ばれていました。

しかし、退屈な寺の生活に嫌気がさした庄九郎は、寺を飛び出して、油商人の家「山崎屋」に入り婿し、山崎屋庄九郎となります。庄九郎は諸国に油を売り歩き、商人として大成功を遂げますが、ここでも満足を得ることはできませんでした。

次に彼が考えたのは、武士になるということでした。

幸い、妙覚寺時代の同輩の日護《ひご》（あるいは日運）が、美濃国常在寺《じょうざいじ》の住職をしていた縁で、庄九郎は美濃国の守護代を務める長井長弘に仕えることができました。ここで彼は、長井家の家臣、西村家の名跡を継ぎ、西村勘九郎を名乗るようになります。

その後、西村勘九郎は、美濃国の守護である土岐《とき》家に取り入り、土岐家の主・政頼《まさより》の弟、頼芸《よりよし》の信頼を得ます。この信頼を利用し、勘九郎は土岐家に内紛を引き起こし、なんと守護の政頼を急襲し、越前《えちぜん》に追い出してしまいます。

こうして頼芸が守護になることに貢献した勘九郎は、直接の主である長井長弘を無実の罪に陥《おとしい》れて殺害、長井家を乗っ取って長井新九郎を名乗ります。

こうして次々と主を追い落とし、美濃国の守護・土岐頼芸の家の家老格になった彼は、美濃守護代の斎藤家をも乗っ取り、斎藤新九郎を名乗るようになります。

でも、そこまで行っても新九郎は満足しませんでした。ついには自分が擁立した頼芸までも追放し、自ら美濃国の国主にのし上がったのです。戦国大名・斎藤道三の誕生です。

ちなみに、道三という名は、この後、息子の義龍《よしたつ》に家督を譲った後に名乗ったものなので、戦国大名になった時点で道三を名乗っていたわけではありません。しかし、早雲同様、彼の名もまた、本項では「斎藤道三」としたいと思います。

道三は自分の野望を達成するためには手段を選びませんでした。次々と主家を乗っ取り、そのたびに名を変え、最終的に一国の主になります。

彼が「まむし（蝮）の道三」または「美濃の蝮」と呼ばれたのは有名な話ですが、それは一度食らいついたら、必ずその毒で主家を殺してしまうことが、毒ヘビの「蝮」のようだと思われたからでした。そう考えると、「松波庄九郎→山崎屋庄九郎→西村勘九郎→長井新九郎→斎藤新九郎→斎藤道三」と次々と名前を変えながら大きくなっていく姿も、蛇が成長するたびに脱皮していくのに似ています。

このように彼の人生はまさに「国盗り」と称されるにふさわしいものでした。

これが、これまで信じられてきた斎藤道三のヒストリーです。

では、今は何が違ってしまったのでしょう。

大まかな出世の過程は変わらないのですが、これまでこうした国盗りのすべてが斎藤道三一代で行ったことだと考えられていたのが、「六角承禎条書写《ろっかくじょうていじょうしょうつし》」という古文書の発見によって、**斎藤道三とその父、二代で成し遂げた事績だということが明らかになったのです。**

つまり「国盗り」は、道三一代ではなく、道三と父の親子で成し遂げたことだということです。

これによって、残念ながらそれまで信じられてきた斎藤道三の、ある意味スーパーマン的な凄《すご》さがかなり否定されてしまいました。

日蓮宗の僧だったのは道三本人ではなく、彼の父である西村新左衛門尉であり、油商人として全国を歩き回ったのも、やはり父でした。美濃にきて西村家を継ぐまでが父の事績です。道三は、このように父が美濃国の領主である土岐家に仕えるようになってから生まれた息子だったのです。そういう意味では、彼は生まれたときから武士でした。

でも、その後の、冷徹なまでに主家を食って成長していったのは、道三の事績です。そういう意味では、彼はやはり「まむしの道三」だと言えるのです。

◇信長に宛てた「美濃国の譲り状」

新しい史料の発見によって、残念ながら戦国大名としての道三の「格」は少し落ちたかも知れませんが、彼が非常に優秀な武将であった事実は変わりません。隣国の織田信秀《おだのぶひで》、これは信長の父ですが、この人も今川氏と戦って一度も負けたことがないというぐらい優秀な武将なのですが、その織田信秀でさえ何度も苦杯をなめさせられているのが斎藤道三なのです。

嫡子《ちゃくし》・信長の嫁に道三の娘を迎えたのも、信秀が道三にはかなわないと悟ったからだとされています。信秀は、道三と縁戚関係を結ぶことで、今川氏に対抗しようと考えたのです。

信長に嫁いだ道三の娘をよく「濃姫《のうひめ》」と言いますが、これは美濃国から来た姫という意味で彼女の本当の名前ではありません。

当時は身分のある女性の本名を呼ぶのは失礼に当たるとされたので、周囲の人々は美濃国から来た姫の場合は「濃姫（のうひめ／のうき）」、越後《えちご》国から来た姫の場合なら「越姫（えつひめ／えつき）」というような呼び方をしたのです。結婚した後は「〇〇夫人」という意味で「美濃御前」という言い方もされました。

「北条早雲」の頃でもふれましたが、織田家というのは当時としては珍しく夫人の名前がわかる家です。道三の娘の名ももちろんわかっています。彼女の名は「帰蝶《きちょう》」と言います。

夫婦仲は良かったようですが、残念ながら信長と帰蝶の間に子供は産まれませんでした。ですから信長の子供は、すべて側室の産んだ子供です。側室の中では生駒《いこま》夫人と呼ばれた「吉乃《きつの》」（これについては異説もあります）という夫人との相性がよく、長男・信忠《のぶただ》と次男・信雄《のぶかつ》をもうけています。

道三は娘を嫁がせるとき、信長の「大うつけ」という評判を聞きつけ、娘の帰蝶に懐剣を与え、「もし婿が気に入らないときはこれで刺せ」と言ったと言います。ところが帰蝶は、非常に賢い娘だったようで「ひょっとしたら、これは父上を刺す刀になるかも知れません」と答えたそうです。

この娘の言葉に興味を持った父は、その後、信長のことを注意深く見ていたところ、槍

Point

有名な『国盗り物語』は親子二代の物語だった！

を長くしたり、新兵器の鉄砲をたくさん買い集めたりしているということが聞こえてきました。そこで、これは一度会ってみようということになり、美濃と尾張《おわり》の国境に位置する富田の聖徳寺で二人は会見することになります。

このとき、道三の家臣たちは「ここで信長を討ち取ってしまえば、労せず尾張があなたのものになりますね」と、暗に信長暗殺をたきつけますが、道三は「まずは会ってからだ」と自らの目で信長の人物を確かめることを優先します。

すると、信長はいかにもうつけ者らしい姿で寺にやって来たのに、いざ会談を行う席には見違えるほど凜々《りり》しい若武者姿で現れたではありませんか。

その姿を見た道三は、会見の直後に「我が家の子供たちが信長の門前に馬をつなぐことになるであろう」と呟《つぶや》いたと伝えられています。要は、「自分の子供たちは信長の家来になってしまうだろう」ということです。

この会見以降、道三は信長の人物に惚れ込みます。事実、にわかには信じられない話ですが、道三は死の直前に、信長に宛てた「美濃国の譲り状」をしたためています。

道三にも息子はいました。それでも自分が「国盗り」と呼ばれるほどの苦労を重ねて手にした美濃国を息子ではなく、娘婿の信長に譲ろうとしたのですから、これは凄《すご》いことです。

◇道三と息子・義龍の確執

もちろん、ここには斎藤家が抱える複雑な事情もありました。

まず、最も大きな問題は、道三が跡目を譲った長男・義龍が「実子」ではなかったのではないかということでした。義龍を産んだ深芳野《みよしの》という女性は、もとは主君・頼芸の側室でした。どうも頼芸は、深芳野が自分の子を懐妊していると知りながら、道三に彼女を下げ渡したらしいのです。

嫌《いや》な話ですが、こうしたことは昔は決して珍しいことではありませんでした。前にも述べたように自分の子供を宿した女性を家臣に与え、生まれた子供が男の子だったらその家の跡継ぎにし、女の子だったら自分の手元に戻させる。なぜそうしたことをするのかというと、自分の血を分けた子が有力家臣の跡取りになれば、先々謀反の心配がなくなるからです。

深芳野が産んだ子供は男でした。これが後の斎藤義龍です。

義龍の他にも道三には男子の実子がいました。でも、残念なことに、道三の目から見て、実子の出来は信長はおろか、義龍にも及びませんでした。

そういう意味では、最も出来が良かったから義龍に跡目を譲ったのですが、ここにはもうひとつ、実に道三らしい思惑もありました。それは、旧国主・土岐家譜代《ふだい》の家臣を従わせるためでした。

道三は主家を滅ぼして国主となったため、土岐家以来の家臣・領民たちは、仕方なく従ってはいましたが、道三に心服してはいませんでした。道三は、そうした人々を納得させるために、土岐頼芸の血を引く義龍を立てたのです。つまり、**義龍は頼芸の子供であるという公然の秘密を逆手にとって、人々を「俺の跡はこいつが継ぐのだからいいだろう」と納得させたわけです。**人々も「道三は気にくわないマムシだが、跡を継ぐのが頼芸様の子ならいいか」と思っていたようです。

ここで、道三と義龍の親子仲がよければ問題はなかったのですが、結局は道三も義龍を心から愛することができず、そんな道三の態度に、やがて義龍も自分の出生の秘密を知るにいたり、二人の仲は決別を余儀なくされていきます。

こうして一五五五年、ついに義龍は道三の二人の実子を殺害し、父道三とは義絶し、土岐家以来の家臣たちと反乱を起こします。これに「義龍は俺も殺す気なのか」と憎しみを増した道三は、このまま義龍に渡すぐらいならと、見込んだ娘婿・信長に美濃国一国の譲り状を書いて送ったというわけです。

信長に「一国の譲り状」を書いた後、道三は長良川《ながらがわ》の河畔で義龍と雌雄を決する戦いに

道三塚。斎藤道三の遺体は崇福寺の西南に埋葬されたが、塚は長良川の洪水の度に流された。そのため、天保8年（1837）、常在寺第27世の日椿上人が現在の場所に移して碑を建てた。

及びます。国盗りの因果でしょう、このとき道三に味方する家臣団は少なく、信長はこの戦いに際し、援軍を派遣しますが間に合わず、結局道三は戦死して果てます。道三の首は、義龍側についた旧土岐家の家臣によって鼻を削《そ》がれた後、葬られたと伝えられています。

ちなみに、義龍はあまり優秀な武将ではなかったという話もありますが、おそらくそれは信長を英雄化する過程で広まった嘘でしょう。事実、信長は義龍が死ぬまで、義父である道三から譲り状までもらい託された美濃国を手に入れることができませんでした。今川義元《いまがわよしもと》との対立や、道三が精魂を込めて作った稲葉山《いなばやま》城が名城だったことなど、美濃を実力で手に入れるのに難しい問題が他にもあったことは確かですが、やはり最大の問題は義龍が優れた武将だったということなのだと思います。

結局信長は、義龍が生きている間は美濃を落とすことはできませんでした。そういう意味では、義龍が三十五歳の若さで病死したことは、信長の運の強いところです。そして、さらに信長に幸いしたのは、義龍が亡くなったとき、息子の龍興《たつおき》がまだ歳若く、それほど優秀な武将ではなかったということです。

信長が美濃の稲葉山城を陥落させたのは一五六七年、義龍が亡くなってから六年後のことでした。

◇「楽市・楽座」がボロ儲けしていた寺社勢力を駆逐した

道三は美濃国を信長に託しました。でも、彼が信長に託したのは、美濃国だけではなかったのではないか、と私には思えることがあります。

信長の功績はたくさんありますが、その中でも「楽市・楽座」の実施は有名です。

> 楽市・楽座（らくいち・らくざ）
> 市の閉鎖性や、特権的な販売座席である市座を廃し、商品取引の拡大円滑化をはかった政策。市は、世俗の権力や関係から解放された場とされた。信長が美濃加納・安土山下町などに実施した後を受けて、秀吉も推進し、旧来の市の復興や新城下町の繁栄をはかった。
> （『日本史B　用語集』山川出版社　１４４ページ）

信長が行った楽市・楽座とは何かというと、ごく簡単に言えば、価格破壊を伴う流通革命です。いつの時代も政府にとって「経済」というのは、とても重要な課題です。ところが、武士政権というのは、基本的に農業経済しか知らない政権なので、農業以外の経済部門にはタッチしていませんでした。では、その部分はどうしていたのかというと、実は長い間、寺社勢力が担当していたのです。

農業以外の経済部分というのは、具体的に言えば、「土倉《どそう》」と言われる金融業や「酒屋」のように特殊な製法を必要とする製造業などです。寺社の担った経済部分は、次第に特権商人を管理することにも広がっていきました。斎藤道三が（歴史的に正確を期すなら道三の父親が）携わっていた「油屋」も寺社の管理下にあった商売のひとつでした。

私たちは「油」と聞くと石油や灯油など燃料としての油を想像しがちですが、当時の油というのは照明用、つまり「燈明《とうみよう》」のための油でした。

燈明用の油が流通する以前の日本人は、基本的に日の出とともに起きて活動し、日が沈んだら寝るという生活を送っていました。なぜなら、夜の闇を照らす「明かり」となるものがロウソクしかなかったからです。今ではロウソクは安価な商品ですが、当時は大変に高価なものでした。そのため、夜に本を読んだり、夜に遊んだりということは基本的にできなかったのです。

そうした日本人の生活は、油の製法が中国から伝わり、日本でも燈明用の油が普及したことによって大きく変わります。それまで寝ることしかできなかった夜が、燈明によって明るくなったことで、さまざまな事ができるようになります。その結果、日本は大量消費社会に変わっていきました。すると、油のニーズが飛躍的に伸び、それに合わせて油も大量生産されるようになっていきました。

今は大量生産されるようになれば、製造コストが下がるので販売価格も下がるのが常識ですが、当時はいくら大量生産されるようになっても、油の価格が下がることはありませんでした。なぜなら「油座」と呼ばれる特権商人がカルテルをつくって製造・販売を独占していたからです。

実際には大量生産によって製造コストは下がっているのに販売価格は変わらない、ということは、商人はそれだけ利幅が大きくなるので儲かるわけです。本来一〇文の物に一〇〇文という一〇倍の価格をつけても競争相手がいなければ、庶民はそれを買わざるを得ません。ですから、特権的商人はすごく儲かり、その分庶民は搾取されていたのです。

そのことがわかっていても、競争他者が生まれなかったのは、中世日本において物の生産ライセンスを持っていたのが政府ではなく、寺社勢力だったからです。

今、特権商人が儲かったと言いましたが、それ以上に儲かったのが、このライセンスを持っている寺社でした。なぜなら、商人はライセンス代に原材料費、それに販売経費もかかりますが、ライセンスを持っている寺社は、なにもしないでもライセンス代と商人たちから管理費を得ることができたからです。

◇道三が行った経済革命とは?

『国盗り物語』には、若き日の斎藤道三が、こうした寺社勢力と戦ったエピソードが描かれています。

最初、山崎屋庄九郎も「座」という組織に属する特権的な油商人でした。しかし、全国を売り歩く中、自分がやっている商売に疑問を持つようになります。そしてついに、これはおかしいということで変えようとするのですが、悲しいかな一介の商人の身分では寺社勢力の持つ強大な武力に敵わず、叩きつぶされてしまいます。

しかし庄九郎は諦《あきら》めませんでした。彼は、自分が負けたのは武力で負けたのだから、今度は領主となることで寺社勢力と戦うことを決意するのです。

『国盗り物語』の中の斎藤道三のセリフに次のようなものがあります。

「かつて美濃紙というのは座でつくられていて非常に高価なものであった。けれど、俺の政策によって誰もが気楽に使えるようになった」

実際に斎藤道三の父が寺社勢力と戦ったかどうかはわかりません。でも、道三がかつて油商人だった父から「座」の問題点や、寺社の汚いやり方などについて聞かされていた可能性は高いと思います。なぜなら、この『国盗り物語』の道三のセリフは事実に即しているからです。

そういう意味では、**道三というのは中世日本における経済改革の端緒を開いた人だと言えるのです。**もしかしたら、彼は商人の息子ということで、見下されるようなこともあったのではないでしょうか。それが正規の武士に対する反発心に繋《つな》がり、美濃の国主を目指した原動力になったり、国主になってからは正規の武士には思いつかないような経済改革を目指すきっかけになったかも知れません。

楽市・楽座を行うということは、既得権の持ち主である寺社勢力と戦うということを意味しています。ですから、**信長が寺社勢力から「仏敵《ぶつてき》」と呼ばれたのは、実は楽市・楽座を大々的に行ったからなのです。**

ごく簡単に言えば、楽市・楽座なんてことをやられたら、俺たち寺社は楽に儲けられなくなるじゃないか、ということなのですが、宗教団体があからさまにそんなことは言えないので、「仏敵」という言葉で信長を非難したのです。

Point

道三の「経済革命」は知られざる功績だ！

多くの人は「比叡山焼き討ち《ひえいざん》」という事象だけを見て、信長というのは宗教弾圧を行った大悪人だと思っているのですが、それは大きな間違いです。信長は宗教を弾圧してはいません。事実、あれほど激しく戦った本願寺《ほんがんじ》に対してでさえ、禁教令を出したことは一度もありません。

信長が寺社と戦ったのは、宗教団体が政治や経済に口を出し、悪徳と言ってもいい商売で法外な利益を得て、庶民を苦しめていたからです。このまま寺社に大きな顔をさせていたら、日本経済の発展もあり得ませんでした。

しかし、この寺社勢力との戦いが厄介だったのは、僧兵という強大な武力集団を持っていたため、武力で相手を叩き潰さなければならなかったことです。

戦国大名は、さまざまな経済政策を行っています。楽市令を出したのも織田信長が最初ではありません。現在、史料によって発布が確認されている最初の楽市令は一五四九年に近江《おうみ》の六角《ろっかく》氏が出したものです。

大名は、領国民を多数動員して築城《ちくじょう》や大河川の治水《ちすい》などを行なったほか、居城《きょじょう》の周囲に重臣や武器・武具などをあつかう商工業者を集住させ、城下町《じょうかまち》づくりを行なった。また通行と物資の輸送を円滑《えんかつ》にするために、関所《せきしょ》を撤廃し、宿駅《しゅくえき》や伝馬《てんま》などの制度をととのえた。さらに大名は、各地の六斎市《ろくさいいち》を保護し、座《ざ》の特権を廃止する楽市令《らくいちれい》を出して、自由な商取り引きを保障した。

（『日本史B　改訂版』三省堂　132〜133ページ）

しかし、信長以前の楽市令は大きな成果をもたらすことはありませんでした。なぜなら、寺社との武力衝突を避けていたからです。

信長の政策はほかの戦国大名と共通する点が多いが、京都や堺などの都市を支配下におき、安土には家臣団を常住させ、楽市《らくいち》・楽座《らくざ》を命じて自由な営業をみとめ、城下町の繁栄をはかった。各地の関所を廃止して、物資や兵力の輸送を容易にし商業の発展をうながした。

（『日本史B　改訂版』三省堂　138ページ）

信長が、なぜ「家臣団を常住」させた城下町で楽市・楽座を大規模に行ったのか、なぜ「兵力の輸送を容易にし」たことが商業の発展に繋がったのか、この教科書の記述だけではわかりませんが、**それは、楽市・楽座を大規模に行うためには、それに反対して武力攻**

撃を仕掛けてくる寺社勢力と戦う必要があったからなのです。

ですから信長が比叡山焼き討ちを行ったのは、宗教的・思想的問題からではなく、経済的かつ政治的な問題を解決するために、寺社を武装解除することが必要だったからなのです。

信長は当時としては卓越した経済センスの持ち主でした。それは間違いありませんが、戦国大名の中でいち早く経済改革に取り組んだ道三との出会いが、そのセンスを刺激し、楽市・楽座という政策を生み出すきっかけになったのではないか、と私には思えてなりません。

道三から信長へ、それは中世日本の経済改革の流れでもあるのです。

第十三章のまとめ

・「国盗り」と称される斎藤道三のヒストリーは、古文書の発見によって、斎藤道三とその父、二代で成し遂げた事績だということが明らかになったのです。

・道三は主家を滅ぼして国主となったため、土岐家以来の家臣・領民たちは、道三に心服してはいませんでした。道三は、そうした人々を納得させるために、土岐頼芸の血を引く義龍を立てたのです。つまり、義龍は頼芸の子供であるという公然の秘密を逆手にとって、人々を「俺の跡はこいつが継ぐのだからいいだろう」と納得させたわけです。

・道三がかつて油商人だった父から「座」の問題点や、寺社の汚いやり方などについて聞かされていた可能性は高いと思います。道三というのは中世日本における経済改革の端緒を開いた人だと言えるでしょう。

第十四章

毛利元就

――日本史上稀にみる「謀略の天才」

重要文化財絹本著色毛利元就公画像
（山口市・豊栄神社蔵／写真提供・山口県立山口博物館）

◇「毛利家を良く思う人は一人もいない」

「戦国大名レース」の優勝者は誰かと聞かれたら、それは間違いなく織田信長でしょう。では、準優勝は誰でしょう。私は毛利元就《もうりもとなり》だと思います。なぜなら彼は、安芸《あき》一郡の領主からのスタートだったにもかかわらず、その一代で安芸、備中《びっちゅう》、備後《びんご》、石見《いわみ》、伯耆《ほうき》、出雲《いずも》、因幡《いなば》、美作《みまさか》、隠岐《おき》、長門《ながと》、周防《すおう》という十一カ国を有するに至り、しかも、当時としては長寿の七十五歳の天寿を全《まっと》うしているのです。

そんな毛利元就とは、どのような人物だったのでしょう。

毛利元就と聞いたとき、ほとんどの人が思い出すのが「三矢《みつや》の訓《おしえ》」ではないでしょうか。

元就は死に際して、三人の若い息子を枕元に呼び、まずそれぞれに一本の矢を渡し、折ってみるように言います。三人の息子はいずれも簡単に矢を折って見せます。すると今度は、三本の矢を束にしたものを渡し、もう一度折るように言います。今度は三人とも折ることができません。それを見て、元就は次のように諭《さと》します。

「息子たちよ、よく見よ。一本では簡単に折れる矢も、三本束ねれば容易に折ることはできぬ。おまえたちも兄弟三人が力を合わせて団結すれば無類の強さを発揮し、毛利家も安泰であろう」

この父の教えを受けて、元就の三人の息子たちは、父の死後も助け合って毛利家をもり立てていった、というのが「三矢の訓」の逸話です。

なかなか感動的ないい話ですが、実はこれは史実ではありません。

元就が三人の息子に教訓状を送ったことは事実です。でも、その中に三矢の例えはありません。しかも、教訓状が送られたのは、息子たちが壮年に達した後のことです。また、元就は長寿だったので、その臨終のときには長男はすでに他界していました。ですから、内容的にも時期的にも合わないのです。

では、なぜこのような話が伝わったのでしょう。

それは、逆説的な言い方ですが、毛利家が「一族が固く団結しなければあっという間に崩壊する危険性を秘めた家だったから」なのです。おわかりでしょうか、三矢の訓という言わば「毛利神話」を代々伝えていくことで、「毛利家は固い団結によって保たれている立派な家だ」と、敵国に対してはもちろん、ある意味自国の人々にも思わせることが必要だったのです。

なぜそのようなことを言い切れるのかというと、毛利元就が長男・降元《たかもと》に残した教訓状の中に、次のような一節があるからです。

これほどにくだりはてたる世の中に候、はかりごと多きは勝ち、少なきは負け候と申す兵書のことば候。能も芸も慰みも、道だても本路だても、何もかもいらず候、ひとへに武略、計略、調略かたの事までに候。

簡単に訳せば、「こんなにまで腐った世の中だ、謀略が多ければ勝ち、少なければ負けると中国の兵法の書にもある。能楽や芸事のような娯楽は一切必要ない。もちろん、義理立てや筋を通すことも必要ない。とにかく、何が何でも人を騙《だま》すことに徹することだ」となります。

なんともすさまじいまでの「人間不信」です。

元就の人間不信を示すものはこれだけではありません。同じ教訓状に、「念押しの註」として次のような言葉があるのです。

当家（毛利家）を良かれと思う者は、他国のことは申すまでもなく、当国においても一人もいないであろう。よくよく用心せよ。

「他国はもちろん、自分の国の中にも良く思う人は一人もいないからよくよく注意しろ」というのですから尋常ではありません。

ではなぜ元就は息子たちにこのようなことを言い残さなければならなかったのでしょう。それは彼が戦国大名レースを、言わば周回遅れのような状態でスタートを切りながら、見事に準優勝に駆け上がったその「手段」に関係しています。

元就と言えば三矢の訓、という印象の強い人には意外かも知れませんが、実は**毛利元就という人は「謀略の人」なのです。**それも一度や二度の謀略ではありません。人生の岐路という岐路に舞い込んだ「幸運」の陰にすべて謀略の存在が見え隠れしているという凄《すご》さなのです。

◇すさまじい人間不信はどうして生まれたのか

毛利元就は一四九七年、安芸国の国人《こくじん》領主・毛利弘元《ひろもと》の次男として生まれます。

Point

すさまじい人間不信が「謀略の人」をつくった！

国人領主というとひとかどの大名のように思うかも知れませんが、現在の行政区にたとえれば、県にも満たない「一郡」の長に過ぎません。毛利家は安芸国のほんの一部を所領として持っていたに過ぎないのです。

しかも元就はその国人領主に過ぎない弘元の次男です。父が亡くなったときに元就は遺産として多治比《たじひ》という土地の一部と猿掛《さるがけ》城を貰います。城持ちといっても大したものではありません。当時、彼が貰った遺産を江戸時代の武士の禄高に換算すると、わずか四〇〇石程度、下級旗本クラスに過ぎません。しかも、父の後は兄の興元《おきもと》が継いだので、ここで何の「幸運」もなければ、元就は「毛利」とすら名乗ることなく、兄のスペアとしてその一生を終えたかも知れないのです。

そして、元就に最初に訪れたのは、幸運ではなく不運でした。

その不幸が起きたのは、元就がまだ「元就」ですらなく、松寿丸《しょうじゅまる》という幼名で呼ばれていた十歳のときのことです。当時、すでに毛利家の当主になっていた兄・興元が、隣接する大名・大内家の傘下に入っていたことから、大内家の命で京へ出陣しているのをいいことに、元就が父から受け継いだわずかばかりの土地も城も、毛利家の重臣の井上一族に横領されてしまったのです。おそらく毛利元就のすさまじい人間不信はこのときのことがトラウマになっているのだと思われます。

そんな不幸の中で唯一の救いが、彼の境遇を哀れんだ亡き父の側室・大方殿《おおかた》という女性が元就の母親代わりになって彼を育ててくれたことです。

こうして何とか成人することができた元就に、最初の幸運が訪れます。それは、兄・興元の死でした。このとき、興元は二十四歳、跡継ぎとなる男子、幸松丸《こうまつまる》がまだ二歳だったため、叔父に当たる元就は当主の後見人の立場を手に入れます。

しかし、最初の不幸の中に小さな幸せがあったように、この幸運には小さな不幸がついていました。それは、幸松丸の母親の父である高橋氏が、当主の外祖父として実質的な幸松丸の後見人として君臨していたことでした。後見人としての実権は高橋氏に握られていましたが、元就はここで、実力で大手柄を勝ち取ります。

当時、毛利家のある安芸国の守護大名は武田氏でした。しかし、武田氏は隣国の大内氏に押され、実質的には安芸国内の一勢力にまで落ち込んでいました。しかし武田家の当主・元繁《もとしげ》は野心家で、領地回復を目指して、安芸国内の国人吉川国経《きっかわくにつね》の勢力下にあった有《あり》田城《だ》という城を攻めました。

元就の妻は、吉川国経の娘であり、国経の跡継ぎである元経《もとつね》の妻は元就の妹でした。このまま武田氏の侵攻を見過ごしたら、次に狙《ねら》われるのは、有田城に近い元就の居城・猿掛城です。そう考えた元就は、幸松丸の名代として毛利軍を指揮して吉川氏の援軍として参戦、見事に敵の大将・武田元繁を討ち取ったのです。

「西の桶狭間」とも言われるこの戦いに勝利したことで、元就は一躍「戦上手」の名声を手にします。

元就に二度目の幸運が訪れたのは、元就が二十七歳のときでした。兄の遺児・幸松丸がわずか九歳で亡くなったのです。九歳ですから、当然子供はいません。そこで、後見人でもあり、当主の叔父でもある元就が、重臣たちの推挙を受けるというかたちで毛利本家を継ぐことになったのです。実は私は、この辺から彼の「幸運」には、少し怪しい部分があるのではないかと思っています。

幸松丸はなぜ亡くなったのでしょう。公式には病死ということになっていますし、何か毒殺や暗殺を暗示するような話が伝わっているわけでもありません。しかしこの後、元就の勢力拡大方法を見ていると、どうしてもこの幸松丸の死が頭をよぎるのです。

どういうことかというと、元就は、この後自分の子供を他家に養子に出し、その養子先に内紛を起こさせては、最終的に養子となった自分の子供が当主となるように仕向けているのです。

こうした方法を彼はいつ思いついたのでしょう。

思い出してください。元就は、ちょうど幸松丸と同じような年齢のときに、重臣に自分の領地を奪われています。そういうひどい目に遭った経験を持つ人間が考えることは、実は二通りに分かれます。ひとつは、絶対に自分の子供にはそういう嫌《いや》な思いをさせたくないと思う人、もうひとつは、そういうことはやった者勝ちだと思う人です。

元就の人生を見ていくと、どうも、彼は後者だったような気がしてならないのです。

◇銀は戦国大名にとって重要なアイテム

本家を継いで当主となったと言っても、この時点の元就は、あくまでも安芸国の一郡の支配者に過ぎませんでした。

その当時の元就の置かれていた状況を少し説明しておきましょう。459ページの地図をご覧いただきたいのですが、元就の領地がある安芸国は、東を尼子《あまこ》氏、西を大内氏というふたつの強大な大名に挟まれていました。

西の大内氏は守護大名ですが、室町幕府の支配力が衰えてからは中国との貿易を独占することで莫大な利益を上げていました。そのため、**大内氏の領国の中心地に当たる山口は当時、京都を上回る繁栄を誇っていました。**

当時の京都は、長く続いた応仁の乱によって荒れ果てていました。そして支配力を失っていた室町幕府には、それを再建するだけの資金がありませんでした。当時日本を訪れたイエズス会の宣教師フランシスコ・ザビエルが、京都があまりにも荒れ果てているのを見て、「日本第一の都会に行きたい」と言ったとき、訪れたのが山口だったと言われています。それぐらい当時の山口は栄えていたのです。

一方、東の尼子氏は、大内氏と比べれば新興勢力でしたが、因幡、美作、備前、備中、備後、伯耆、出雲、石見を有する大国でした。

大内氏の強さの秘密が中国との貿易なら、尼子の強さの秘密は銀山でした。今は世界遺産として有名な「石見銀山」を彼らは持っていました。

日本人はあまり意識していない人が多いのですが、日本という国は小さな島国であるにもかかわらず、金銀の産出量では世界でもトップレベルに位置する国なのです。そして、おそらく中世における世界最大の産銀国は日本だったと思われるのです。この石見銀山（島根県）と生野《いくの》銀山（兵庫県）のふたつの銀山から産出される銀だけで、当時は世界の産出量のかなりの部分を占めていたとさえ言われています。

戦国時代は鉄砲やそれに必要な火薬を国際貿易によって手に入れる必要があったので、銀は非常に重要なアイテムでした。なぜなら、国際貿易は銀によって取引されていたからです。そのため、戦国大名たちは、盛んに鉱山開発を行っています。

●毛利氏の中国制覇関係図

毛利元就家督相続時の
中国地方勢力地図
毛利氏の勢力範囲
尼子氏の勢力範囲
大内氏の勢力範囲
隠岐
毛利元就
出雲
伯耆
因幡
尼子経久
石見
美作
備後
備中
備前
大内義隆
安芸
長門
周防
郡山城
筑前
豊前

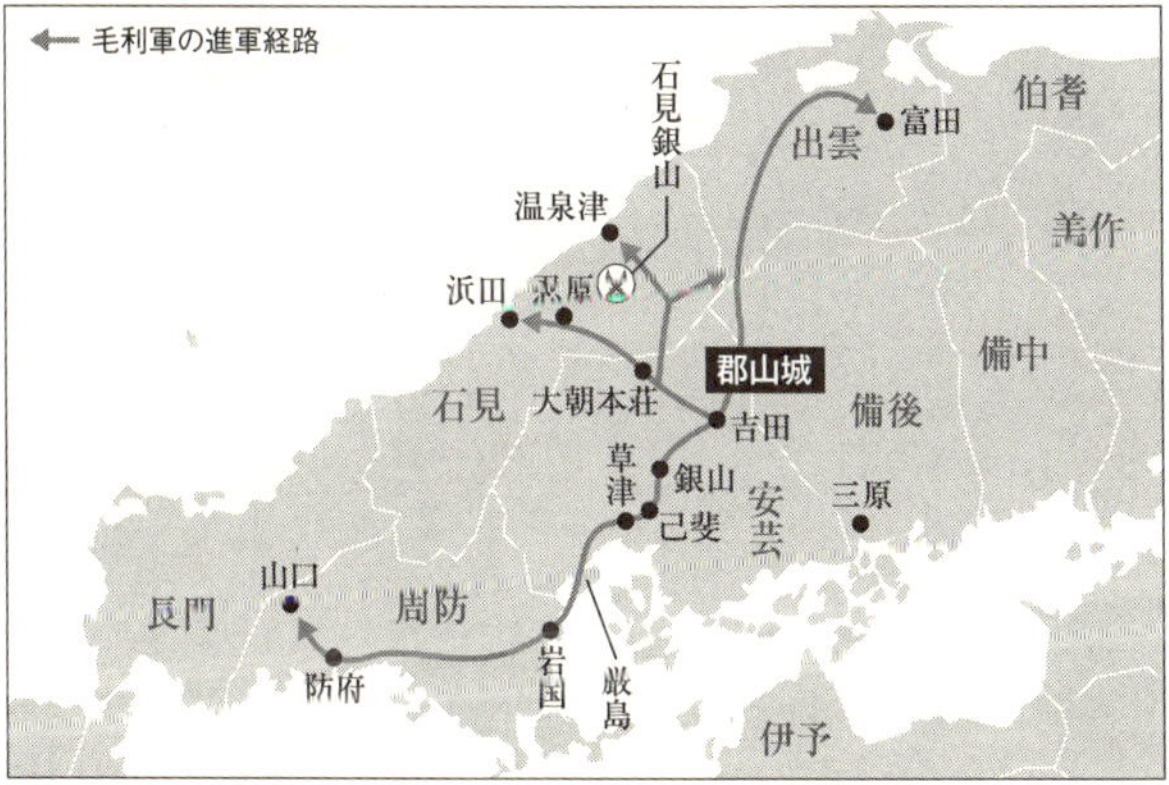
毛利軍の進軍経路
石見銀山
富田
伯耆
出雲
温泉津
美作
浜田
備中
郡山城
石見
大朝本荘
吉田
備後
草津
銀山
安芸
三原
己斐
山口
長門
周防
防府
岩国
厳島
伊予

領国経営の財源を確保するため、鉱山開発もさかんに進められ、中国地方の砂鉄、石見《いわみ》の大森銀山、但馬《たじま》の生野《いくの》銀山、甲斐の黒川金山、越後の金山（高根《たかね》金山など）などが開発された。

（『新日本史B』桐原書店　１６７ページ）

そういう意味で、石見銀山を持っているということは、尼子氏の非常に大きな強みだったのです。後に、元就が中国地方一帯を手にすることができたのも、実は、先に尼子氏を倒し、石見銀山を手に入れることができたのが、勝因のひとつだと言われているほど、戦国大名にとって銀山は大きな存在だったのです。

毛利元就という男が凄いのは、これらの超大国に挟まれた国人領主に過ぎなかった頃から、「いずれ大内も尼子も食って、俺が中国地方から北九州にまたがる大大名になってやるんだ」と考えていたことです。冷静に考えれば、彼の立場でそんなことを考えるのは誇大妄想です。そんなことはできるはずもないのに、どうも元就は最初からそれを考えていた節があるのです。

というのは、かれのやっていくことひとつひとつが、ちょうどその野望を叶えるための布石として働いていくからです。

◇「中国地方の王」を狙うための非常識な決断

毛利本家を継いで間もなく、元就はある重大な決断を行います。

それは、尼子氏と手を切り、大内氏と同盟を結ぶというものでした。実は、これは当時としては常識はずれの破天荒な決断でした。

私たちは大内氏も尼子氏も戦国時代を生き残れなかったことを知っているので、尼子氏を弱小勢力のように思ってしまっていますが、**当時の尼子氏は、「中国地方の王」と言っても過言ではないほどの大勢力だったのです。その力は、守護大名以来の名門である大内氏をも凌《しの》ぐものでした。**

相撲の番付でたとえるなら、尼子氏は横綱、大内氏は大関、毛利はというと、おそらくは関取にも入れない幕下クラスといったところでしょう。

毛利が尼子氏と手を切ることが、どれほど非常識な決断だったかを実感するために、もう一度地図を見ていただきたいと思います。毛利の所領は大内氏より尼子氏に近く、敵対すれば、まさに最前線となる場所に位置しているのです。では、なぜそんなリスクを冒《おか》してまで、元就は大内氏と結ぶという決断をしたのでしょう。

史料は何も残っていないので、これはあくまでも私の想像ですが、おそらく元就は次のように考えたのではないでしょうか。

「確かに尼子は強大だ。だが、このまま尼子についていたのでは、いつまで経っても尼子を倒せないどころか、やがてより強大になった尼子に大内も滅ぼされてしまうだろう。もしそうなったら、自分が中国地方の覇者になるという野望は完全に潰《つい》えてしまう。だから、これは大きな賭けではあるが、今は大内につき、その力をバックに、尼子の領土を切り取っていこう。そうして力をつけて、いずれは尼子を倒し、それから、その力をもって大内を倒してやろう」

私のこの想像が当たっているかどうかはわかりませんが、この後、元就がやってのけたのは、まさにそういうことだったのです。

この決断に当たり、元就は長男・隆元を大内氏の当主・義隆《よしたか》のもとに人質として差し出します。そして代わりに、尼子氏にいた人質たちには密かに抜け出すように命じます。しかし、無事に尼子から戻ってこられた人質は、一説によると一六人中たった一人だったと言います。尼子との同盟解消には、そうした大きな代償が必要だったということです。

◇特筆すべき才能は、「戦術」ではなく「謀略」

当時の領地というのは、国人単位で管理されていました。そういう意味では、大国尼子といえど、直轄地以外のところは元就のような小さい領主が尼子に服従を誓っているに過ぎません。戦上手の元就は、そういうところを狙って攻め、少しずつ自分の領土を拡大していきました。最初毛利を侮《あなど》っていた尼子は、配下の国人たちに元就退治を任せていましたが、戦上手の元就は退治されるどころか、勢力を拡大していく一方でした。そんな状況に一五四〇年、ついに尼子が毛利討伐に動き出します。その頃、尼子の当主は英主と謳《うた》われた経久から孫の晴久《はるひさ》に代わっていました。

戦上手の元就ですが、**彼の特筆すべき才能は、「戦術」よりもむしろ「謀略」にあったと言っていいでしょう。**事実、戦力だけで言えば毛利に勝ち目のないこの戦いを、元就は「謀略」によって、見事に尼子を撃退しています。

そもそものきっかけは、尼子が毛利討伐の動きを見せる少し前のことでした。内別作助《うちわさ》四郎という尼子家の右筆《ゆうひつ》だった男が元就のもとにやって来ました。話を聞くと、晴久が内別作のわずかな失敗を咎《とが》めて所領を没収したので、腹を立て尼子を見限ったから、毛利家で召し抱えて欲しいというのです。

元就は、彼を迎え入れ、毛利家の右筆として召し抱えました。右筆というのは、書類や書簡の管理や主の代筆をする仕事です。軍令も右筆の手を経て出されることがほとんどです。そのため、身分そのものは高くありませんが、軍事秘密など、その家の機密事項を知ることができる立場にありました。そんな重要なポストに、敵対している尼子の家臣だった男を就けることに反対する重臣も多かったのですが、元就は強引に押し切って内別作を採用しました。

そうして暫《しばら》く時が経ち、尼子軍が迫ってきたとき、元就は軍議の席でしきりと「もし、尼子が青山三塚山に陣取ったら、同盟している大内氏と連絡が取れなくなるのでまずい」と繰り返しました。

すると、尼子の襲撃直前、内別作が毛利から姿を消してしまいました。やはり彼は尼子のスパイだったのです。重臣たちが情報が尼子に漏れると焦《あせ》る中、元就だけは笑っていました。そして「これで尼子は青山三塚山に陣取るだろう」と言ったのです。そうです、元就は最初から内別作を尼子のスパイと知った上で雇い入れ、わざと間違った情報を流したのです。この元就の謀略は成功し、尼子は敗退を余儀なくされました。もちろん、**この勝利の陰には、数におごっていた尼子の戦意の低さや、大内氏の援軍などがあったことも確かですが、やはり勝敗の決め手となったのは、元就の謀略でした。**

この戦いに毛利が勝利したことで、尼子はその武威を落とし、毛利は安芸国の支配権を確立したのでした。

◇日本には「騙しの文化」がない

元就は、小競り合いみたいなものも含めると、その生涯に二〇〇以上もの合戦を行ったとされています。いくら戦国時代とはいえ、これはギネス級の多さです。おそらく、世界レベルで見ても一生の間にこれほど多くの戦いを行った人間というのはいないのではないかと思います。

そんな戦いに明け暮れていたように見える元就ですが、実は彼は、合戦以外の方法でも巧《たく》みにその勢力圏を広げています。

その代表が、後に「毛利の両川《りょうせん》」と言われる「吉川家」と「小早川家」の獲得です。

後に分家のように毛利家を支える吉川・小早川の両家ですが、もともとこのふたつの家と毛利家の間に血縁関係があったわけではありません。では、なぜこの二家が毛利を支えることになったのでしょう。

それは、元就が自分の息子たちを両家の養子にしたからです。このように言うと、単に跡継ぎのない家に息子を養子として入れただけのことに思われるかも知れませんが、そうではありません。

次男・元春《もとはる》が養子に行った安芸国の国人吉川家は、元就の妻の実家ですから、親戚筋だったことは確かですが、三男・隆景《たかかげ》が養子に行った小早川家にはそうした関係はありませんでした。非常に興味深いのは、**吉川の場合も小早川の場合も、なぜか養子先で内紛が起こって、気がつくと元就の息子たちがその家の主となっているということです。**

元就の妻の実家である吉川家では、ほかにも後継者がいたにもかかわらず、いつの間にか重臣たちが「元春様を跡継ぎにしてください」と言い出しています。もちろん、最初はそれに反発する家臣もいるのですが、反発する家臣は一人、また一人といつの間にか失脚していき、最終的には元春を跡継ぎにすることに異論を唱える者はいなくなっていきました。

三男・隆景が養子に行った小早川家にも繁平《しげひら》という跡継ぎがいました。跡継ぎがいるにもかかわらず、小早川が毛利から養子を迎えたのは、それまで尼子側についていた小早川家が、先の毛利・尼子の戦いに毛利が勝ったことから、これからは毛利につくという意志を表明するためでした。このように、血縁関係がない家同士が養子を縁に結びつきを深めるというのは、戦国時代には珍しいことではありませんでした。

不思議なのは跡継ぎがいるのに養子を迎えたことではなく、毛利から養子を迎える直前に、跡継ぎの繁平の目が不自由になってしまっていることです。もちろん小早川家でも、跡継ぎはやはり血縁者を据えるべきだという重臣がいたのですが、ここでもそうした人々は粛清されてしまっているのです。

ここまで来ると、いくら人のいい読者でも元就の「幸運」が単なる運だけではないことに気づかれることでしょう。

日本人は「英雄＝正義の人」というイメージを持っているので、兄弟仲良く助け合って戦国の世を生き抜くように「三矢の訓」を残したとされる元就が、実は謀略を駆使して、しかも我が子を使って、その野望を達成していったと聞くとあまりいい印象を持たないようです。

これは日本には「騙しの文化」がないからです。騙しの文化というのは、わかりやすく言えば「騙すのは当然、騙される方がバカなんだ」という文化です。中国には「兵は詭道《きどう》（不正な手段で人を欺くこと）なり」という言葉が孫子にありますし、西洋にも古くから騙しの伝統があります。日本にこうした騙しの文化が欠けていることは、サッカーの国際試合を見るとよくわかります。外国のチームは、実にうまく相手を騙してボールを奪ったり、ぶつかっていないのにいかにも倒されたようにアピールして見せたりしますが、日本チームはそうしたことが実にヘタクソです。

そういう意味では、**毛利元就という人は、日本人離れした騙しのセンスを持った英雄だと言えるのです。**

◇謀略力では戦国の勝者・信長をも凌《しの》ぐ

元就が着実に安芸国の支配を固めていく中、一五五一年、元就にまたもや幸運が舞い込みます。大内家に内紛が起こり、大内義隆が家臣の陶晴賢《すえはるかた》によって殺されてしまったのです。

この陶晴賢という人は、最初は義隆の忠実な家来で、名前も義隆の「隆」の字をもらって隆房《たかふさ》と名乗っていました。それが、相良武任《さがらたけとう》という人物を義隆が召し抱え、重用したことがきっかけで、両者の関係がおかしくなってしまったのです。

最初は文人派の相良派と武人派の陶派の争いでした。この争いは陶が相良を討とうと策し、それに気づいた相良が大内家を逃げ出すということで決着がつくのですが、それ以降、義隆と陶は互いに疑心暗鬼になり、謀反を疑われて討伐されるぐらいなら、ということで、逆に陶がクーデターを起こして義隆を討ち取ってしまったのです。

陶晴賢が大内家を乗っ取ったことを、元就はチャンスと捉えましたが、すぐには動きませんでした。なぜなら、まだこのときは尼子の勢力が強かったので、ここで下手に動くと、背後を尼子に突かれる危険性が高かったからです。そこで元就は、猫を被って陶晴賢に従い、その一方で尼子を弱体化させるための謀略を実行します。

その謀略はなかなか「汚い」やり方でした。

当時尼子には「新宮党《しんぐう》」と呼ばれる有力一族がいました。これは、先代当主・経久の次男・国久《くにひさ》の一族でした。国久には誠久《まさひさ》、豊久《とよひさ》、敬久《たかひさ》という三人の息子がいましたが、彼らはいずれも豪勇の士で、新宮党はまさに尼子氏の「右腕」と言うべき役割を果たしていました。元就は謀略で、この尼子の右腕を、尼子の当主・晴久自らによって切らせてしまったのです。

それは、次のような方法でした。

元就の妻と国久の母はともに吉川家の出身でした。この縁を頼りに、元就はしきりと国久に贈り物をしたのですが、そのとき、自分が国久と懇意にしていることがわざと晴久にわかるようにしました。

そうした中、旅の巡礼が尼子の領内で斬り殺されるという事件が起きます。それだけなら問題にならなかったのですが、その殺された巡礼の懐《ふところ》から、元就が国久に宛てた密書が発見されたのです。その密書には、元就と国久が共謀して尼子の月山富田城《がっさんとだ》を乗っ取る計画が記されていました。そして、この密書を見た晴久は、愚かにもこれを信じ、新宮党を皆殺しにしてしまったのです。

もちろんこの密書は元就が仕組んだニセモノです。

こうして尼子の勢力をそぎ落とし、背後を突かれる恐れがなくなったことを確認した元就は、いよいよ一世一代の大ばくちに出ます。

それは陶晴賢を挑発して、自分を攻めてきたところを逆に討ち滅ぼし、大内の領土を一気にすべて乗っ取ってしまおうという、とんでもない大ばくちでした。

この大ばくちの舞台が、有名な「厳島《いつくしま》の戦い」です。

現在、世界遺産として有名な厳島神社がある宮島《みやじま》を舞台に繰り広げられたこの合戦は、戦上手であり、陰謀上手であった元就の集大成のような戦いでした。

このとき陶晴賢が繰り出した軍勢は約二万、対する毛利の軍勢はわずか四〇〇〇に過ぎません。この戦力の差を前に、元就が最初に取った手はやはり謀略でした。元就は晴賢の腹心である江良房栄《えらふさひで》が毛利と内通しているという嘘の情報を流し、晴賢に江良を殺させたのです。知将として名高い江良を失ったことで、陶の戦力は大きく低下します。

そこに、今度は瀬戸内海で勢力を誇る村上《むらかみ》水軍をぶつけたのです。この村上水軍の攻撃を受けて、晴賢の軍は敗走、負けを悟った晴賢は自ら命を絶ちます。

こうしたやり方を見ればわかる通り、元就は「謀略の天才」です。しかも、最後は味方につけた村上水軍に陶軍を攻撃させているので、自軍の消耗は最小限度に止《とど》まっているのです。

元就は、大軍で戦うには不利な「宮島（厳島）」という場所に敵の陶晴賢軍をおびき寄せるというプランを立て、まんまとおびき寄せることに成功した時点である程度勝機は見えていたのですが、そこでさらに敵の知将を謀略によって敵自身に殺させ、最後の仕上げも自軍ではなく村上水軍にやらせました。謀略力という面では、元就の才能は戦国レースの優勝者である信長を遥かに凌ぐものだったと言えると思います。

◇「騙すはずがない」と思うから騙される

「人間不信の謀略の天才」「日本人離れした騙しの文化を持った英雄」そんな元就の姿を見てきましたが、そんな彼だったからこそ、心に深く刻んでいた言葉が、吉田郡山城《よしだこおりやま》の本丸石垣の下から発見されています。

「百万一心」

そう刻まれた石碑が発見されたのです。これは元就が吉田郡山城を建てたときに、人柱

Point

「謀略の人」だったからこそ団結の大切さを知っていた！

の代わりに埋めたものだと考えられているもので、意味は「すべての人々が心をひとつにする」ということです。

一見すると、人を徹底的に疑い、自分自身も謀略を駆使することで戦国レースを勝ち抜いた元就には似合わない言葉のようにも思えます。でも、常に人を疑い、謀略というものを知り抜いていた元就だからこそ、「人が団結することの強さと大切さ」を知っていたのだと思います。

実際、元就が用いた謀略は、そのほとんどが「敵の団結を崩す」ものばかりです。つまり、それが最も効果があることを知っていたからこそ、彼の謀略はことごとくうまくいったとも言えるのです。そういう意味では「三矢の訓」自体はフィクションですが、彼が息子たちに何があっても惑わされずに団結を守るよう言い残したことは真実なのだと思います。

元就という人は、謀略を駆使するという、かなりダーティーな方法で成り上がった人物です。それでも「魔王」と呼ばれた信長や「まむし」と恐れられた道三のように、彼を象徴する恐ろしげな異名はありません。

実際、さまざまな史料や伝承によれば、元就というのは、かなり人当たりのいい、好人物だったようです。家臣に対しても非常に優しく、細やかな気配りのできる人だったと言

「百万一心」の拓本を元に模刻した石碑。吉田郡山城跡にある毛利一族の墓所の前に建てられた。

われています。

しかし、ではそれが元就の本性だったのかというと、正直言ってわかりません。なぜなら、詐欺師というのは大抵が人当たりが良く、「まさかあんなに優しい、いい人が？」と言われるような人だからです。「こいつはいかにも人を騙しそうだ」と思われる人間に騙される人はいません。「この人がまさか騙すはずがない」と思うから騙されるのです。

◇英雄はなぜ英雄たり得たのか

本書では、さまざまなタイプの「悪人」と「英雄」を見てきました。

本書の中でもたびたび語ってきたことですが、「悪人」や「英雄」といった評価は、時代の価値観によっても変化するものです。それでも、どういう人を「悪人」と言うのか、ということについては比較的わかりやすいと言えると思います。悪人の場合は評価が変わると言っても、それは時の政権が天皇親政であれば天皇に反旗を翻《ひるがえ》す者が悪人であり、幕府が政権を取っていれば、幕府の秩序を乱す者が悪人だからです。

それに対し、「英雄」の評価は一律ではありません。

「英雄はなぜ英雄たり得たのか」

私はかつて『逆説の日本史』（小学館刊）の中で、この問いについて考えたことがあります。

そのとき私は、多くの日本人は英雄に最も必要なものは「能力」だと思っているけれど、**本当の英雄とは能力や運に優れているのではなく、その時代の人々が「非常識」だと思うことを行える人間なのではないか、**と述べました。

本書の最後に毛利元就という人物を取り上げ、私はそのことを改めて痛感しました。

ですから、歴史の中で誰が本当の英雄なのか見極めるポイントは、「その時代においては何が常識で、何が非常識なのか」を見極めることです。戦国レースのツートップ、織田信長も毛利元就も当時の人々にとっては非常識な人でした。今、私たちが彼らにそれほどの非常識さを感じないのは、彼らが非常識なことを行い、日本人の価値観を作り替えてしまったからなのです。

歴史から真実を汲み取るためには、今の自分たちの価値観や感覚で史料を見るのではなく、当時の人の感覚で見ることです。そして、今の日本の歴史教育に最も欠けているのも、実はこの視点だと私は考えています。

第十四章のまとめ

・元就といえば三矢の訓、という印象の強い人には意外かも知れませんが、実は毛利元就という人は「謀略の人」なのです。人生の岐路という岐路に舞い込んだ「幸運」の陰にすべて謀略の存在が見え隠れしているという凄さなのです。

・元就がまだ十歳のときのことです。元就が父から受け継いだわずかばかりの土地も城も、毛利家の重臣の井上一族に横領されてしまったのです。おそらく毛利元就のすさまじい人間不信はこのときのことがトラウマになっているのだと思われます。

・日本には「騙しの文化」がありません。騙しの文化というのは、わかりやすく言えば「騙すのは当然、騙される方がバカなんだ」という文化です。毛利元就という人は、日本人離れした騙しのセンスを持った英雄だと言えるでしょう。

著者紹介
井沢元彦（いざわ　もとひこ）
作家。昭和29(1954)年、愛知県名古屋市生まれ。早稲田大学法学部卒業。ＴＢＳ報道局記者時代に、『猿丸幻視行』で第26回江戸川乱歩賞を受賞。退社後、執筆活動に専念する。独自の歴史観で、『週刊ポスト』にて「逆説の日本史」を連載中。
主な著書に、『逆説の日本史』シリーズ、『逆説の世界史』（以上、小学館)、『英傑の日本史』シリーズ（角川学芸出版）のほか、『なぜ日本人は、最悪の事態を想定できないのか』（祥伝社新書)、『攘夷と護憲』（徳間書店)、『「誤解」の日本史』『学校では教えてくれない日本史の授業』『学校では教えてくれない日本史の授業 天皇論』（以上、ＰＨＰ文庫）などがある。

本書は、2013年３月にＰＨＰエディターズ・グループから刊行された『学校では教えてくれない日本史の授業３ 悪人英雄論』を改題し、加筆・修正したものである。

ＰＨＰ文庫　学校では教えてくれない日本史の授業 悪人英雄論

2015年３月17日　第１版第１刷

著　　者　井　沢　元　彦
発 行 者　小　林　成　彦
発 行 所　株式会社ＰＨＰ研究所
東京本部　〒102-8331　千代田区一番町21
文庫出版部　☎03-3239-6259(編集)
普及一部　☎03-3239-6233(販売)
京都本部　〒601-8411　京都市南区西九条北ノ内町11

PHP INTERFACE　http://www.php.co.jp/

組　　版　株式会社PHPエディターズ・グループ

印 刷 所
製 本 所　図書印刷株式会社

ISBN978-4-569-76287-6